八路军太行纪念馆
研究与展示

李东光 著

山西出版传媒集团

山西人民出版社

图书在版编目（CIP）数据

八路军太行纪念馆研究与展示 / 李东光著. -- 太原：
山西人民出版社，2023.12
ISBN 978-7-203-13127-4

Ⅰ. ①八… Ⅱ. ①李… Ⅲ. ①八路军－纪念馆－介绍
－武乡县 Ⅳ. ①K878.2

中国国家版本馆CIP数据核字(2023)第226772号

八路军太行纪念馆研究与展示

著　　者：李东光
责任编辑：贾　娟
复　　审：李　鑫
终　　审：梁晋华
装帧设计：张秋洪

出 版 者：山西出版传媒集团·山西人民出版社
地　　址：太原市建设南路 21 号
邮　　编：030012
发行营销：0351－4922220　4955996　4956039　4922127（传真）
天猫官网：https://sxrmcbs.tmall.com　电话：0351－4922159
E－mail：sxskcb@163.com　发行部
　　　　　sxskcb@126.com　总编室
网　　址：www.sxskcb.com

经 销 者：山西出版传媒集团·山西人民出版社
承 印 厂：长治市恒信盛印业有限公司

开　　本：890mm×1240mm　　1/32
印　　张：9.875
字　　数：260 千字
版　　次：2023 年 12 月　第 1 版
印　　次：2023 年 12 月　第 1 次印刷
书　　号：ISBN 978-7-203-13127-4
定　　价：88.00 元

作者简介
ZUOZHEJIANJIE

　　李东光,笔名梅子,1965年生,山西省武乡县西堡村人,中共党员,大学本科学历。现任八路军太行纪念馆陈列展览部主任,文博系列研究馆员,正高级职称,现为中国八路军研究会会员、太行精神研究会会员、山西省作家协会会员和山西三晋文化研究会会员;当选国家文物局革命文物专家库成员、中国博协陈列艺术委员会委员、山西省博协陈列艺术与展览交流专业委员会副秘书长和长治市爱国主义教育(示范)基地改陈布展评审专家组成员。长期从事八路军抗战史、太行精神研究展示以及历史题材的文学创作工作。主撰出版了国家出版基金项目文献图书《八路军》和《烽火中坚——八路军抗战将领》,两部书双双荣获国家新闻出版广电总局颁发的中国出版政府奖;执编出版了《"八路军抗战史陈列"图集》《"八路军抗战史陈列"解说词》《八路军纪念馆精品文物故事集》《八路军将领传略》《八路军将领故事集》《八路军纪念馆》等10余部重点图书;主要文学和学术专著有《后赵皇帝石勒传》《前赵皇帝刘渊传》《太行诗魂》《太行烽火铸女杰》《国际主义医士之光》《抗战时期中共中央北方局研究》《山西抗战中的国际友人》《八路军抗日英雄传》《八路军太行纪念馆研究与展示》等9部,代表作长篇历史传记《后赵皇帝石勒传》填补了中华民族史研究的空白;纪实散文代表作《报界女杰》在《人民日报》文学副刊发表,曾荣获全国青年文学与道德暨创作一等奖;在《中国文物报》《文物天地》《陈列艺术》等国家级中文核心报刊上发表学术论文60余篇,其中《八路军总部和驻各地办事机构的关系与作用》一文荣获全国纪念抗战胜利50周年学术研讨会优秀论文奖,《邓小平经济改革思想探源》一文荣获山西省委组织部和山西省委宣传部联合颁发的优秀论文一等奖;策划主编了《八路军抗战史陈列》《八路军将领陈列》《八路军总部在太行》《八路军抗战文化掠影》等主题展览,其中《八路军抗战史陈列》荣获全国第七届博物馆陈列展览十大精品评选特别奖和全国第五届环境艺术最佳范例奖;还荣获全国优秀策展案例奖和山西省文物系统"优秀共产党员"光荣称号。主讲《解读"太行精神"》和《简述纪念类博物馆展览策划中的大纲编辑和版式设计》等重要课题。"学习强国"平台、中央电视台、《解放军报》、山西电视台等新闻媒体多次专题报道其学术成果和先进事迹,并入编《世界华人文学艺术界名人录》《中国百科全书专家人物传》《山西作家大辞典》等大型辞书。

前　言
QIANYAN

　　八路军抗战史是中国革命光辉历程中非常重要的一段历史。回顾抗战岁月，中共中央北方局、八路军前方总部长期驻扎在太行山区，指挥八路军驰骋华北抗日战场，前仆后继，浴血奋战，创造了惊天动地的伟业，堪称中华民族的壮举，为中国抗日战争和世界反法西斯战争的最后胜利，作出了巨大的贡献，谱写了光辉的篇章。研究八路军历史，是总结历史经验、挖掘与弘扬八路军精神的时代需求。随着八路军历史研究的深入，将会不断地丰富和扩充八路军精神的历史文化内涵。八路军将士用鲜血和生命铸就的不怕牺牲、艰苦奋斗、万众一心、无私奉献等宝贵精神，正是新时代我们全面建设小康社会、建设社会主义现代化强国、实现中华民族伟大复兴中国梦所需民族精神的重要力量源泉。八路军精神作为中华民族精神重要组成部分，对于我国政治、军事、经济、文化、外交等方面的建设，将产生深远的影响和巨大的推动作用。编辑和出版八路军太行纪念馆研究与展示成果，也是振兴以八路军抗战文化为内涵的红色旅游经典景区、促进爱国主义教育基地繁荣与发展的光荣使命。八路军抗战历史研究与展示工作的深入开展，必将带动基地宣传教育和文物保护等诸方面工作，开创八路军太行纪念馆一个崭新的局面。

八路军太行纪念馆由邓小平同志亲笔题写馆名，是全国爱国主义教育示范基地、国家一级博物馆、中国红色旅游经典景区、全国唯一一座全面研究与展示八路军8年全面抗战光辉历程的大型专题纪念馆，是挖掘与弘扬八路军精神的重要文化阵地。所以我们有责任研究整理、编辑出版《八路军研究丛书》，从爱国主义教育基地综合发展的全新视角出发，本着研究与展示并重的宗旨，运用历史唯物主义的观点，遵循实事求是的科学态度，全面、完整、系统、准确地汇集八路军史的最新研究成果，倡导成立了中国八路军研究中心，有计划地协调全国有关部门和单位以及党史军史专家，筹备成立中国八路军历史研究会，加强研究队伍建设，出版最新研究成果，同时充分发挥八路军历史研究会的作用，邀请国内外从事八路军专题研究与陈列展示工作的专家有计划地撰写有影响、有分量的研究文稿，并陆续结集出版。希望与新闻出版部门团结协作，共同完成八路军抗战历史研究与展示这项长期而艰巨的系统工程，为进一步弘扬与宣传伟大的八路军精神，让八路精神千秋万代永放光芒，作出新的更大的贡献！

《八路军太行纪念馆研究与展示》一书，集中收录了八路军太行纪念馆陈列展览部主任、研究馆员李东光教授长期从事八路军抗战历史研究和展示工作、精心撰写的26篇主要学术成果，共分文博论丛、军史研究、陈列展示、八路情怀4个部分，是我们新时代进行八路军抗战历史研究与展示工作的宝贵精神财富。

目　录
MULU

军史研究

陈列展示

八路情怀

略谈博物馆业务工作的科学管理

众所周知,博物馆业务工作的有效运作和科学管理,是当今博物馆各项事业走向繁荣发展的重要标志。博物馆的业务工作包罗万象,下面我想趁豫陕晋冀4省博物馆理论与实践研讨会在河南召开之际,结合自己多年从事博物馆学术研究、展览策划、宣传教育、文物保护等业务方面的工作实践,以及在全国各地兄弟博物馆参观学习时的心得体会,重点就如何搞好博物馆业务管理工作、充分发挥业务工作在推进博物馆事业全面发展中所起的重要作用,略谈一下自己的观点与看法,并请教于全国博物馆界的各位领导和专家。

一、博物馆学术研究工作的科学管理

从长期的工作实践我们可以得出,一个博物馆学术研究水平的高低,是衡量这个馆品牌地位和整体发展水平的重要尺度。而且博物馆的展览策划、宣传教育、文物保护等业务工作的开展,都离不开学术研究,确切地说都是学术研究工作的重要实践成果。所以学术研究在整个博物馆工作中扮演着越来越重要的角色,如何高度重视和全力搞好学术研究,就成为博物馆一切工作的重中之重。

(一)建立一支德才兼备的多功能复合型研究队伍。

就目前我国博物馆的发展现状来看,有相当一部分博物馆虽然设有研究部门,但现有的工作人员也只是从事一般的浅显的日常工作,根本谈不上真正意义上的学术研究,所涉重大课题的学术研究、策划展览、对外宣传、文物研究等专题工作,大多靠外聘专家来实施完成,严重制约着博物馆整体水平的提高,究其原因,主要是缺乏一支高素质的学术研究队伍,所以培养人才、引进人才,便成为提高博物馆学术研究水平的关键所在。

1. 加大对现有研究人员的培训力度。

目前各地博物馆研究人员的年龄结构大都呈现中老年居多、年轻人偏少的现象,而且整体专业文化素质和研究水平偏低,当务之急是对现有研究人员进行多渠道、多形式的专业知识和业务能力的综合培训,其具体方法不外乎两种。一是"请进来教"。就是专门邀请一些国内顶尖的博物馆研究专家来馆,分门别类地举办有关博物馆学术研究方面的专题讲座,以及因材施教进行面对面的辅导,从而拓宽研究思路,掌握研究方法。二是"派出去学"。就是不定期地委派研究人员参加全国各地举办的各类博物馆研究方面的培训会议和研讨班学习;或者是到学术研究工作搞得好的兄弟博物馆参观学习,进行面对面的学术交流,取长补短,共同提高研究水平。

2. 面向全国招聘与引进学有所长的专业研究人才,不断充实与加强博物馆学术研究队伍力量。

这方面主要可以考虑两种渠道。一是外聘已有博物馆研究工作经验的专门人才,主要包括在文博研究部门工作的专业学术人才;还可以与全国博物馆联手,进行学术研究人员的馆际交流。二是派人参加各地的高校毕业生人才招聘会,挑选专学博物馆、历史类等相关对口专业的优秀大学生、研究生,通过严格的程序聘用到博物馆研究部门工作。在这里要强调的是无论哪种渠道的招聘,一定要注重所聘人员的品学兼优和德才兼备,要给所聘人员设定一个一年左右的实习期,观察他们的业务工作能力,更重要的是看他的道德品质。实践证明,聘用一个德才兼备的专业研究人才,是博物馆走向兴旺发达的重要力量;相反聘用一个有才无德或者无才无德的人,那将是博物馆一场灾难的开始。从事博物馆工作的全体同仁千万要铭记这一点。

3.大力培养和造就从事学术研究的复合型人才。

纵观博物馆的业务工作,学术研究是手段,搞好陈列展览、宣传教育、文物保护等才是最终目的。据了解,大多数博物馆的研究人员只是从事单纯的编研工作,一遇到展览设计、对外宣传、文物研究等工作就束手无策,无从下手。所以,今后博物馆人才队伍建设的发展思路是:结合各自的工作实际,锻炼与造就一批既精通学术研究,又胜任展览策划;既熟悉对外宣传,又擅长文物研究的多功能复合型学术研究人才,只有这样的人才才能真正算得上是推动博物馆繁荣发展的栋梁之材。八路军太行纪念馆在大型扩建改陈工程中,大胆重用德才兼备的复合型研究人才,无论可研报告、建设方案,还是陈展大纲、讲解词稿,都是全程主笔,成为了博物馆建设史上的优秀案例。

(二)健全机构,科学管理,确立课题,推出更多更好的学术研究成果。

为了确保博物馆研究工作的正常运作和科学管理,首先应考虑的是成立博物馆学术委员会领导机构。领导成员主要由馆领导和馆内具备研究馆员和副研究馆员等文博系列高级专业技术职务任职资格的专家组成,具体从业人员可以放宽到馆内具备中级和初级职称的专业技术人员。学术委员会的主要职能是制定重大决策、确立科学管理制度、保障学术研究经费、策划研究课题,并对全体研究人员的工作进度和任务完成情况进行有效监督,还要不定期地召开专门会议,依据新形势和新情况,布置和落实新的学术研究任务。

在博物馆研究工作中,一个重要的步骤就是科学规划和确立学术研究课题。根据博物馆的双重性质和各自所反映的主题历史文化内涵不同,博物馆的学术研究课题大致可以分为文博研究、旅游研究和主题历史文化研究等3类,每类大课题都可以细化为若干个小课题。遇上重大课题,就要设立专门课题组,并指定优秀学术带头人挂帅,具体负责重要研究项目的完成。对于一般研究课题的任务分配,则可按馆内具备高、中、初三级专业技术职务研究人员研究能力和学术水平的不同,具体承担完成不同层级的学术研究课题。这样通过专门课题的学术研究,从而带动博物馆相关业务工作的开展,并取得编研出版学术著作馆刊、策划主题展览、编写宣传教育文稿、专题文物研究等一系列重要科研成果。在学术研究方面,陕西秦俑博物馆做得比较出色,不仅有雄厚的专业研究力量,而且近年来还推出了一批享誉国内外的重大学术研究成果。

(三)建立健全博物馆科研奖励机制,充分调动广大专业研究人员的积极性和创造性。

学术研究队伍是决定博物馆盛衰荣辱的一支重要力量,可以说博物馆的每项工作都离不开他们的聪明才智和辛勤奉献。所以对学术研究实行科学管理的重要一环,就是建立健全博物馆科研奖励制度,对于取得重大研究成果,包括出版学术专著、发表优秀论文、策划大型展览等方面有突出贡献的优秀学术带头人和研究人员,要旗帜鲜明地给予表彰和重奖,比方说提拔重用、发放奖金、提供外出考察学习和休闲度假的机会,以及提高他们在工作、生活中的其它优厚待遇等。只有建立健全博物馆奖励机制,才能充分调动广大学术研究从业人员的工作积极性和创造性,从而激励他们更好地为祖国的文博事业作贡献。

二、博物馆陈列展览工作的科学管理

对于一个博物馆来说,陈列展览可以说是对外宣传、吸引观众的主打项目,也是集中展示主题历史文化、珍贵历史文物、重要历史人文景观,进而弘扬伟大民族精神的主要阵地。因而搞好陈列展览,并对陈列展览实施科学有序的管理,就显得至关重要。博物馆陈列展览的管理流程,主要包括组建策展人队伍、策划展览内容大纲、设计陈列形式方案、现场陈列布展以及展览对外开放后的后续管理。

(一)博物馆要组建自己的策展人队伍。

目前,国内大多数博物馆的陈列展览工作归属研究部门管辖,也有少数博物馆专门成立有陈列部,但就其工作实效来讲,有相当一部分博物馆形同虚设,一遇到策划主题展览、专题展览和临时展览的任务,就全靠花重金外聘专家来完成,缺乏自己高水平的策展人才,这就给博物馆的策展工作带来诸多不便和困难。所以,博物馆今后要招兵买马,广纳贤才,并经过实践锻炼,精心组建一支既精通内容策划又熟谙形式设计的策展人队伍。我想,博物馆的策展工作大概要经历一个由全靠外聘专家完成,到在专家指导下由馆内专业人员具体操作实践,再到全由馆内专业策展人独立完成的发展过程。在这方面,八路军太行纪念馆提供了成功的范例,比如在策划大型主题展览《八路军抗战史陈列》时,采取的就是在专家指导下由本馆专业技术人员具体操作完成的,这样既高质量完成了重大策展任务,又锻炼了纪念馆自己的专业策展人才。后来在取得成功经验的基础上,又策划完成了大型专题展览《太行精神光耀千秋》和《八路军总部在太行》，受到中央领导和文博界专家们的一致好评。

（二）博物馆策展人要亲历陈列布展管理的全过程。

实践证明，无论是前期的内容策划，还是后期的形式设计，乃至最后的施工布展，博物馆策展人一定要投身其中，参与整个陈列布展管理的全过程。从内容策划开始，先编写主题展览的陈列大纲，经相关专家研讨论证后编写出展览的细化提纲，并在此基础上编制出成形的展览陈列大纲及内容展示方案（即图片样纲），最终提供给展览形式设计单位使用。

在展览形式设计阶段，博物馆策展人还要继续参与从内容设计方案到形式设计样稿的转化工作，并对设计单位的形式展示小样进行反复讨论，提出修改意见，最终与设计单位形成共识，拿出提供布展施工的展览形式设计终审展示样稿。当展览进入现场施工布展阶段时，博物馆策展人千万不能认为是制作单位的事而不管，还得继续以主人翁的责任感进驻现场，一是监督施工方布展时所用材料是否符合质量标准要求；二是审查校对展墙上的展示物及相应文字说明的准确性。真正做到善始善终，不辱使命，将一个内容丰富多彩、形式引人入胜的高水平展览奉献给广大观众。

（三）高度重视展览对外开放后的后续管理工作。

不管是主题展览，还是专题展览、临时展览和合作办展，一般都会认为陈列布展完成并对观众开放后，就觉得如释重负、高枕无忧了，最容易轻视展览的后续管理工作，在这里有必要提醒大家并引起高度重视。展览的后续管理工作，既包括对展览的安全管理和维修工作，又包括对展览内容的整改和对展览形式的更新。因为展览对外开放一段时间后，领导、专家和普通观众都会对展览内容和形式，提出许多反馈意见,而且随着年代的推移和高科技的发展,陈列内容和展示形式都需要不断地整改与更新,从博物馆业务角度说,本身就是对陈列展览的负责任管理。只有这样,才能让博物馆展览永葆青春活力,赶上瞬息万变的时代潮流。中国人民抗日战争纪念馆的大型主题展览《伟大胜利》、重庆红岩革命纪念馆的大型主题展览《红岩魂》、八路军太行纪念馆的大型主题展览《八路军抗战史陈列》等,都非常重视展览的后续管理工作,对展览内容和展示形式进行不断充实与改进,其典型做法受到业内专家的大力推崇。

三、博物馆宣传教育工作的科学管理

从博物馆的功能来说,宣传教育是一项非常重要的工作,是博物馆对外开放交流的窗口,也是博物馆为公众服务的重要平台。对博物馆宣教工作的科学管理,主要包括讲解员队伍建设、健全与完善宣教工作管理制度以及全面提升为公众服务的综合能力和水平等。

(一)全力搞好讲解员队伍建设,全面提高宣教队伍的综合素质。

讲解员队伍是博物馆宣教工作的主力军,是沟通博物馆与观众的桥梁和纽带。如何搞好讲解员队伍建设,是博物馆实现"内强素质,外塑形象"发展战略所面临的主要问题。我觉得在这方面应该重点抓好两件事。一是把好招聘关。博物馆招聘讲解员时,不仅要看她们的年龄、身高、相貌,更重要的是观察她们的文凭、学识和综艺展示能力,具体说讲解职业也要尽量招聘复合型人才,要求她们具备一定水平的文化素质、专业知识和基本技能,既能用普通话进行讲解,还得能歌善舞,会主持节目,并具备一定的研究和写作能力。严把招聘关,就为讲解员队伍建设奠定了坚实的基础。二

是加大培训力度。具体培训项目包括文博知识、旅游知识、主题文化知识、讲解和表演技能、礼仪服务常识等,既可以请专家来馆举办专题讲座,也可以选派优秀讲解员去兄弟博物馆观摩学习,或者参加全国各地主办的博物馆讲解员(导游员)专业培训班学习。这样通过名师指点,使得讲解员开阔了视野,增长了见识,并在工作实践中摸索与锻炼,对全面提高宣教队伍的综合素质,必将起到很大的推动作用。井冈山革命纪念馆、延安革命纪念馆、西柏坡纪念馆、邓小平故里纪念馆等在培训讲解员方面,给我们提供了成功的范例。

(二)进一步健全与完善宣教工作管理制度。

实践证明,要想搞好博物馆宣教工作,重在管理。依据博物馆的特殊功能,其亟待健全与完善的宣教工作管理制度,重点包括讲解员纪律考勤制度、班前例会制度、学习培训制度、示范讲解制度、外出宣传制度和业务测评考核制度等。严格执行各项管理制度,是搞好博物馆宣教工作的根本保证。

1. 纪律考勤制度。主要包括讲解员作息时间、依序上岗、衣着礼仪、因事请假、奖勤罚懒等方面的规章制度。馆领导要不定期地到展厅抽查纪律制度落实情况,发现违纪行为要严肃处理;遇见好人好事就表扬和嘉奖。

2. 班前例会制度。每天上班前,宣教部都要召开一个简短的例会,主要是会商解决昨天讲解工作中出现的新情况和新问题,共性和个性的问题都可以在例会中得到圆满解决。

3. 学习培训制度。博物馆要定期组织馆内副高以上专家,举办专题学习讲座,对讲解员进行业务知识、礼仪知识、主题历史文化知识和公众服务知识等方面的培训,以提高她们的知识和技能水平。

4. 示范讲解制度。 为促进讲解工作的全面发展,宣教部要挑选优秀讲解员,定期在展厅进行示范讲解,最终达到以点带面、共同提高的宣教效果。

5. 外出宣传制度。 博物馆讲解员除搞好展厅阵地宣传外,还要根据宣教工作的需要,到外地进行宣传,主要是指组织讲解员到各地从事巡回展览的解说工作;派遣宣讲团或文艺小分队赴外地进行文艺宣传。规范外出宣传管理制度,是博物馆树立良好对外形象的重要举措。

6. 测评考核制度。 博物馆要对讲解队伍进行月度、季度和年度业务工作的测评考核,主要包括博物馆主题文化知识、礼仪知识、才艺综合展示和展厅现场讲解等,最终评选出不同层次的星级讲解员,这是促进与提高博物馆宣教工作水平的有效手段。

(三)博物馆宣教工作是一项综合管理业务。

由于宣教工作的主体力量是在展厅从事讲解业务的讲解员,一般认为对宣教工作的管理就是管好讲解员,但事实上博物馆宣教工作是一项综合管理业务,它不单是对讲解工作的管理,还包括对展厅内的展览及多媒体景观设施、多功能会议接待厅、纪念品营销部以及在展厅从业的维修人员、安保人员、保洁人员、营销人员的综合管理。从这个概念上说,博物馆的宣传教育部或者公众服务部应该更名为展厅管理部最为准确。在这方面延安革命纪念馆为我们做出了表率,其新馆对外开放时就专设了展厅管理部,对展厅的宣教业务工作进行综合管理,展厅从业人员齐心协力、配合默契,共同推动了博物馆宣教事业的蓬勃发展。

四、博物馆文物保护工作的科学管理

在日常工作中,人们通常把珍贵文物比作是博物馆的灵魂与生命。所以对文物保护工作的科学管理,也就成为衡量一个博物馆整体发展水平的重要指标。博物馆文物管理工作主要包括培养和建设一支具备科研能力的高素质文物管理人才队伍;严格执行《中华人民共和国文物保护法》,搞好库存文物和展览文物的科学管理;增加科技含量,实现馆藏文物的数字化管理等。这是建设现代化博物馆所必备的基本条件。

(一)培养和造就一支高素质的博物馆文物管理队伍。

总体来说,我国博物馆文物管理队伍的现状是,多数博物馆的文物管理人员由于文化素质和专业知识所限,充其量只不过是馆藏文物的守护者和保管者,仅从事简单的文物摆放和文物查询工作,既谈不上文物的鉴定和鉴赏,更不具备研究文物和利用文物的技能与水平,严重制约了博物馆文物管理工作的科学发展,同时也直接影响了博物馆的对外形象。为了顺应博物馆科学发展的时代潮流,就必须培养与造就一支高素质的文物管理队伍。其办法无非是两种。一是邀请文物专家来馆,对现有管理人员进行有关文物鉴定与鉴赏、文物研究和利用等方面的专业知识与技能的培训;或者是委派文保部的工作人员到国内文物管理工作搞得好的博物馆学习考察,与同行们进行面对面的交流和探讨,借鉴与吸收人家的文物管理先进经验,从而提高自己的业务素质和管理水平。二是今后博物馆对外招聘工作人员时,要重点吸收一些具备文物研究知识与技能的专业技术人员,充实到文保部工作,从而增强与壮大文物管理队伍的力量。

与此同时,博物馆还要注意培养和造就文物科学管理方面的复合型人才。依据现代博物馆的发展理念,一个合格的文物管理工作者不能满足于看好管好文物的现状,而且要达到博学多用,既要有征集文物的对外交往能力,还要具备文物研究、鉴定和鉴赏实力,更重要的是要提高管理人员挖掘与利用文物进而充分发挥馆藏与展示文物宣教功能的综合实践能力。比如说,通过对馆藏文物的分类研究,编研出版带有鉴赏性质的文物故事等读物;策划文物专题展览;编制主题展览文物配置大纲及布展方案;设计博物馆网站文物展示专题网页;编写由文物故事演绎的文艺宣传节目剧本等。只有真正具备了这些综合能力,才能达到全面提升博物馆文物科学管理水平的时代要求。

(二)依法搞好库存文物和展览文物的科学管理。

根据《文物保护法》相关法规和精神,加强对馆藏文物的科学管理,是博物馆的一项中心工作。具体讲就是要依法搞好库存文物和展览文物的科学管理工作。

1. 对库存文物的管理。从馆藏文物的管理方式说,绝大多数文物归属库存文物。所以文物仓库就成为博物馆文物管理的重要场所。对库存文物的管理除了温度和湿度的特殊要求外,最重要的是以防火、防盗为主的文物安全管理。严格执行新增文物的入账和入库制度;因借展、交换、查询、搬迁而产生的文物出入库制度;馆内文物管理人员的进出库制度;馆领导和文保部负责人、管理人员的离职离任文物交接制度等。国家博物馆、首都博物馆、上海博物馆、重庆三峡博物馆等在对库存文物的管理方面,有许多值得我们学习借鉴的好经验。

2. 对展览文物的管理。对主题展览、专题展览、临时展览中展示文物的管理,文保部负责人要与展厅负责人签订文物安全责任书。而对于到外地举办的巡回展览、异地举办的馆际交流展览中的展示文物管理,则要高度重视文物运输安全问题,还要和接展方签署展示文物的安全责任协议,以确保展览文物的安全管理万无一失。在对展览文物的管理方面,浙江省博物馆、陕西省历史博物馆、河南省博物院、新疆维吾尔自治区博物馆、山西省博物院等,在国内都是搞得比较好的范例。

(三)增加科技含量,最终实现博物馆馆藏文物的数字化管理。

就现状而言,我国有相当一部分博物馆的文物管理工作严重滞后,就连最起码的文物库房和储藏台柜都显得陈旧与落后,而且管理方式也是以人工为主,更谈不上库存文物的现代化设施及数字化管理。这就要求我们加大对博物馆文物仓库建设的资金投入,不仅要修建一流的文物仓库,还要配备现代化的防火、防湿、防盗等方面的文物安全监控设施,同时要相应地提高文物管理人员的高科技操作技能水平,最终实现入库登记、分类造册、查询检索等方面的数字化管理目标,为博物馆的现代化建设和科学管理注入新的生机与活力,从而谱写我国新时代文博事业繁荣发展的时代篇章。

(原载2011年12月文心出版社出版的《豫陕晋冀四省博物馆理论与实践研讨会论文集》)

博物馆免费开放后的发展对策

　　八路军太行纪念馆隶属于山西省文物局,是全国爱国主义教育示范基地、国家一级博物馆,也是全国红色旅游经典景区,挖掘与弘扬伟大太行精神的重要文化阵地。2008年3月18日,根据中宣部、财政部、文化部和国家文物局《关于全国博物馆、纪念馆免费开放的通知》精神,我馆作为山西省首批免费单位,正式对社会公众实行免费开放。免费开放一年多来,观众参观量猛增,月平均接待人数达6万人次,取得了良好的社会效益,出现了前所未有的繁荣发展大好局面。下面我结合我们八路军太行纪念馆的工作实践,从完善基础设施、人才队伍建设、开发特色文化产品、扩大品牌宣传力度、开拓市场营销、加强馆区安保工作等6个方面就"博物馆免费开放后的发展对策"这个话题,略谈一些自己的感想与体会。

　　一、加强和完善基础设施建设,增设新的景点,全力营造独具魅力的参观环境

　　实行免费开放后,原有的基础设施远远不能满足广大观众对博物馆的期待与需求,这就要求加大博物馆基础建设与完善的力度。为此,用"以人为本"的科学发展观理念,加强和完善基础设施建设,是博物馆免费开放后急需解决的首要问题。八路军太行纪念馆虽然经过2005年的大型扩建改陈工程,整体面貌发生了巨大变化,但距免费开放对基础设施的要求还存在一定的差异,所以我们依据馆区各个参观点的特色,继续完善了基础设施建设。在八路军抗战史陈列馆,我们重点完善了盲人、残疾人等特殊群体参观时必备的辅助设施;针对观众增多而讲解员偏少的现状,增设主题展览《八路军抗战史陈列》的语音导览,观众可以选择重点倾听对展览的解说;在展览中间设计了休闲区,观众可以坐下来休息,并观赏反映八路军抗战精彩历史的影视片播放,大大缓解了主展馆内观众过于拥挤的压力。在窑洞战模拟景观,我们在地道沿途中设计了"救护伤员""改造伪军""瓮中捉鳖""同仇敌忾"等仿真艺术景观,并配有声控语言导览系统,为体验窑洞战情景的观众提供解说;同时为了避免洞内观众因灯光昏暗造成踩踏事故,整个地下通道沿途都安装了声控的指路明灯,还增设了对外通风口,保证了洞内空气的新鲜。

在八路军抗战纪念碑,我们增加了"八路军英烈墙"缅怀区,就是把抗战时期英勇牺牲的八路军正团以上将领的英名镶刻在弧形浮雕墙的后面,供登临纪念碑的观众瞻仰。在凤凰山碑林公园,我们重点实施了盘山人行道路全程的修复改造工程,所使用的铺路石材尽量与场馆的道路设计相匹配;加大了公园内花草树木的种植绿化力度,特别是在碑林周围,上山天梯、环山人行道两旁重新种植了许多松柏树和奇花异草,让观众徜徉在沿途美景中,观赏八路军将领题词碑林,接受爱国主义教育熏陶。另外在馆区的东部还专门修建了"和平颂"主题公园,绿林掩映,湖水环绕,真正实现了"环境公园化"的目标。与此同时,我馆为吸引观众,还增建了两个特色参观景点,一个是百团大战半景画馆,采用声、光、电等现代展示手段,再现了抗战时期八路军发动震惊中外的百团大战的雄壮场景;一个是在纪念馆院内中轴线靠近大门的一侧,塑造了名为"太行山"的八路军将领群雕,成为一处为广大观众展示八路军将领高大形象的红色风景。

与周边参观环境和谐协调发展,共同营造八路军抗战文化氛围,也是博物馆应对免费开放新形势的一项重要策略。与我们纪念馆南北呼应的八路军纪念广场,中心纪念碑高耸入云,"八"字形彩色音乐喷泉水景和绿树草坪交相辉映,给观众提供了一个具有特殊纪念意义的休闲娱乐场所。在八路军纪念馆东面和马牧河西岸之间,驻地县政府正在修建"八路军文化园",该公园集中体现八路军抗战文化元素,主要由八路村、文艺社、胜利坛、和平林等4部分组成,这项工程估计将于年底前结束。该景点建成后,将为八路军纪念馆的参观环境增光添彩。此外,与八路军纪念馆相距不远的八路军总部砖壁旧址正在修建"八路军游击园";王家峪总部旧址相应修建"红星杨公园"。今年驻地县政府正在举办"八路军文化年"系列活动。我们相信,这些重要举措,必将为八路军纪念馆的繁荣发展,创造更加美好的大环境。

二、充实队伍,提高素质,加强管理,进一步提升优质服务的质量与水平

实行免费开放以后,人才短缺成为制约与影响博物馆发展的主要因素。所以大量充实员工队伍,已成为开展博物馆工作的当务之急。我馆大型扩建改陈工程后场馆面积和景点增加,又加之免费开放以后参观人数骤增,工作人员的数量及职位明显偏少,远远不能满足形势发展的需求。为此,我馆依据各科室工作的实际需求,分别公开招聘了历史研究、展览讲解、文物管理、治安消防、机电后勤等方面的专门人才,到目前为止工作人员已从25人增加到100余人。并且在招聘过程中,根据本馆行业特色,制定了必备的硬条件,例如所招聘的讲解员不仅能说流利的普通话,有一定的演讲能力,而且还得兼备唱歌、跳舞的特长;保安人员除测试文化水平和身体素质外,还有一条重要条件,就是必须是退伍军人身份,受过严格的军事训练。就连后勤保洁人员我们都要求有一定的文化素养,能与观众进行普通话口语交流。这就为我馆人才队伍的发展壮大,奠定了一定的基础。

在长期的博物馆工作实践中,我们也认识到员工业务素质的好坏,直接影响着公众服务质量与服务水平。实行免费开放以后,我馆逐渐加大了对各科室特别是新招聘职工的培训力度。培训办法主要有两个方面,一是"走出去学",我馆经常不定期地委派各科室的骨干人员到全国各地兄弟纪念馆参观、学习、培训,然后把学习的知识与经验带回来,以会议报告的形式,传授给全体工作人员,从而起到以点带面、共同提高的作用。二是"请进来教",这种学习方法包括理论辅导与指导实践。比方说在观众参观淡季,我们专门邀请全国知名的军史专家、礼仪专家来馆,召集全体干部职工上大课,系统全面地给大家现身说法,讲述八路军抗战基础知识和接待礼仪方面的专业知识与技能,从而进一步提高广大员工的业务素质与知识水平。

众所周知,员工数量的逐渐增加,也给博物馆的人才管理提出了更高的要求。在这方面,我馆主要采取了以下几方面的措施:(一)全体职工在上班时间,必须依据工种的不同特色统一着装,严禁穿奇装异服上班。(二)在接待工作中,与观众交流时必须最大限度地使用普通话。(三)每个员工必须熟知本馆的基本情况介绍和八路军抗战简明知识。(四)制定并执行各科室的工作职责制度。馆领导要定期抽查各科室的业务工作完成情况。(五)制定并执行严格的考勤和考核制度,对全体职工进行纪律考勤和业务考核。每个季度进行小考核,每年年终进行大考核,而且馆领导还要不定期深入各个岗位进行明察暗访,抽查监督工作制度的执行情况。在考核工作中,我馆的思路是以讲解员的综合考核作为试点,逐步在其他科室岗位推广执行。这些人才管理措施的实施,将大大提升为观众服务的质量和水准。

三、挖掘与利用独特的文化资源,大力开发文化产品,全面推进博物馆文化产业的蓬勃发展

随着免费开放以后参观人数的增多,观众欣赏品味的不断提高,对博物馆文化产品的开发与宣传提出了更高的要求,也成为博物馆文化产业发展的努力方向与目标。

首先,开发与利用丰富的展览资源,是博物馆开发文化产品的主导产业。所以,我馆开馆20年来,始终把策划与制作特色展览作为发展文化产业的重中之重。在这方面我们已经进行了成功的探索。2005年纪念抗战胜利60周年,我馆策划制作了大型巡展《太行精神光耀千秋》,先后赴北京、哈尔滨、长沙、重庆、太原等地进行巡展。这种做法得到党和国家领导人的充分肯定,也使得在八路军抗战熔炉中铸就的伟大太行精神在神州大地上家喻户晓。从此太行精神成为与长征精神、井冈山精神、延安精神同等重要的中华民族宝贵的精神财富。特别是实行免费开放以后,我馆更是把策展工作排到了重要位置。鉴于抗战时期,八路军前方总司令部曾长期驻扎在这里,我馆就形象地打出了"抗战圣地,八路之都"这个文化品牌。并围绕这一历史主题,策划制作了大型展览《八路军总部在太行》。这一品牌展览作为向观众推出的特色文化产品,已在长治、晋城等环太行山地域成功展出,结合庆祝新中国成立60周年,作为我馆开展爱国主义教育活动的一个重要项目,将把《八路军总部在太行》专题展览,搬到全省60余所大专院校进行巡展,给广大青年学生提供丰富的精神文化食粮。

其次是利用丰富而独特的文物藏品资源,开发文化产品,奉献给广大观众。我馆到目前为止收藏与展示革命文物共达6000余件,其中三级以上文物500余件。免费开放后,我馆正在策划制作《八路军抗战精品文物展》和《八路军将领经典文物展》等特色文物展览,先在本馆临时展馆展出后,将奔赴省内外进行巡展,从而给广大观众奉献更加新鲜的特色文化产品。

再次,具有地域文化特色的文艺节目的包装与展示,也是博物馆开发文化产品的一种重要途径与手段。我馆早在1990年就以讲解队伍为主体,组建了八路军精神宣讲小分队,一直致力于以文艺形式宣传与弘扬伟大的抗战精神。免费开放之后,我馆多次邀请省内外歌舞、小品方面的专家老师,来馆根据馆内现有的表演人才资源、以八路军抗战文化内涵为基调,策划编导了大型音乐情景剧《永恒的记忆》、大型舞剧《大刀进行曲》和《绣军鞋》,以及情景说唱《走进八路军纪念馆》等特色文艺节目,让小分队排练演出,进行舞台包装,作为免费开放后广大观众的一个观赏项目,也是我馆奉献给参观者的一份八路文化大餐。

最后,博物馆还有一个发展文化产业的主要标志,就是别具特色的各种纪念品的开发与提供。随着免费开放后观众人数的猛增,扩大了对博物馆纪念品的需求量。为此,我们根据不同层次观众对纪念品的不同爱好,开发了诸如水杯、钟表、背包等生活用品以及飞机、坦克、大炮等模拟造型装饰品。

四、深化研究领域,拓宽宣传渠道,进一步加大博物馆品牌宣传的力度

免费开放给博物馆带来前所未有的观众潮,也给博物馆的主题历史文化研究提出了崭新的课题。就拿八路军纪念馆来说,研究的中心课题是八路军抗战历史。以前的研究专题都比较深奥,不便于观众的学习与了解。免费开放后,我们为了让普遍观众能更好地阅读、了解这段历史,先后研究编写出版了文图并茂的《"八路军抗战史陈列"解说词》和《八路军纪念馆精品文物故事集》等图书,好让广大观众对八路军抗战这段历史有一个形象直观的印象。今后我们还计划研究推出《八路军抗战史简明读本》,力求通俗易懂,浅显普及,这将是我馆奉献给广大观众的八路军历史教科书。同时,由于我馆不仅是八路军抗战历史的研究中心,也是挖掘与弘扬伟大太行精神的主要文化阵地。所以我馆现在已逐渐由对八路军历史的研究,深化到对在八路军抗战中孕育的伟大太行精神的研究领域。重点研究太行精神的历史背景、主要历史文化内涵和太行精神的时代教育意义,也将陆续向广大观众编写出版一些关于学习"太行精神"的通俗读物。

开展多渠道的爱国主义宣传教育,是博物馆工作的重要方面。我馆历来十分重视对外宣传工作。常用的宣传方式有主题展览宣讲;出版报刊图书;举办专题报告会和大型节庆活动;举办特色巡回展览;表演文艺节目;举办观众互动项目;策划影视广告和路牌广告等。实行免费开放后,我们就把宣传的重点方式聚焦在网络、影视等传播快、覆盖面大的电子媒体上。一方面经营我馆"中国八路军网站",扩充了栏目,丰富了网页内容,及时向观众登载介绍发生在我馆的重要活动和新闻事件。另一方面加大了影视媒体的宣传力度。比如说,为了迎接新中国成立60周年,我馆专门组织研究人员,联合山西春秋音像出版社,以八路军历史音像图片资料为主体,研究编辑出版了全方位介绍八路军光辉历史的《八路军》大型电子图书。与此同时,我馆还计划组织人马,研究编写《八路军总部在太行》军事题材电视连续剧剧本,以文艺直观的方式,进一步扩大八路军历史及精神和八路军纪念馆的品牌宣传效益,激励与引发国内外更多的观众前来我馆参观学习,踏上他们梦寐以求的太行红色之旅。

五、加强合作交流,大力扩大市场营销,促进博物馆的繁荣发展

我认为,加大市场营销力度,是博物馆免费开放之后生存与发展的必由之路。实行免费开放之后,我馆的营销宣传不但没有停止,反而逐年加大了促销力度。我们先后到周边陕、豫、冀、蒙等地参加多场大型红色旅游促销会议,还专门派人参加一年一度的北京国际旅游博览会,向国内各省市、港澳台地区和世界各参展国,宣传与展示八路军纪念馆的品牌,以便吸引更多的观众到我馆参观旅游。同时,我们也和国内许多知名旅行社签约,让他们组织客源,促成与周边景点的资源整合,联合推出别具魅力的环太行山红色之旅。

与国内外博物馆联手合作举办临展,也是博物馆免费开放后扩大市场营销的一个重要手段。我馆先后与韶山市委宣传部合办了《毛泽东家史家事展》;与长春伪满皇宫博物院合办了《从皇帝到公民》展览;与天津周邓纪念馆合办了《党风楷模周恩来》展览。另外我馆还计划与日本"女人们的战争与和平纪念馆"合作举办《抗战时期日军性暴力图片展》。结合新中国成立60周年,我馆还与中国爱国工程联合会合作举办《没有共产党就没有新中国——庆祝新中国成立60周年新闻史料全国巡展》，用特色展览增强八路军纪念馆的参观魅力。

承接大型文艺演出和节庆活动，带动并提升红色文化品牌宣传知名度，同样是促进博物馆免费开放后繁荣发展的重要途径。我馆先后成功地协助承办了中央电视台"心连心"艺术团的演出；公安部文艺慰问演出；延安精神研究会艺术团的慰问演出；山西电视台《走进大戏台》现场录制等大型演出活动。在这方面已积累了许多成功的经验。庆祝新中国成立60周年，我馆将结合馆前广场"八路军将领群雕"的落成典礼，与有合作意向的机关单位签约，举办一场以弘扬爱国主义精神为主旋律的大型文艺演出活动，以此带动我馆红色旅游的发展，从而掀起今年红红火火的国庆长假参观高潮。

六、购置与完善先进安保设施，建设高素质的安保队伍，奋力打造全国一流的平安博物馆

大型扩建改陈工程之后参观景点的增加，再加上免费开放后参观人数的猛增，给博物馆的安保工作带来了巨大的挑战，造成了很大的压力。为此，我馆采取了几项强有力的措施，以应对这一新的局面。

首先是购置与完善了馆内的先进安保、消防设备。在主展馆、东展馆、西展馆、百团大战半景画馆和窑洞战景观等参观点都专门配套安置了目前国内最先进的安全保卫和消防设备，专门配备成立了安全监控中心，每个房间和重点场所都安装了红外线报警、消防喷淋灭火设备，并对各个部位实施全天24小时全方位监控录像。去年8月又结合奥运安保工作的要求，添购了先进的"人检"和"物检"报警设施，主要安装在参观人员相对密集的八路军抗战史陈列馆门口。这样一流的设施为创建平安景区打下了坚实的物质基础。

其次是招聘、扩充保安人员,提高安保队伍的整体素质。除制定严格的招聘条件外,上岗前,对每个安保人员都要进行治安、消防知识和技能的培训学习,还要进行高标准的军事化训练,并参加各类专业技术培训,学会操作先进的安防和消防设备,着力建设一支高素质、高技能的安保队伍。

再次是制定和实施一整套严格的安防和消防制度。我馆根据《中华人民共和国文物保护法》和《中华人民共和国消防法》相关精神,又结合本馆的具体安保状况,先后制定并实施了《保卫科工作职责》《安全监控中心职责》《消防工作制度》《保安人员工作守则》《馆领导巡查安全工作制度》等,为纪念馆的治安保卫工作,提供了政策和法律保障。

最后一点,就是组织博物馆全体工作人员进行安防、消防知识培训和实地实战技能演练,共同构筑全民参与的安保工作钢铁长城。我馆经常利用参观淡季,组织全馆工作人员,集中进行安保、消防知识专题培训学习,具体讲明各种安保、消防设施的操作技能,重点排查馆内各部位的安全隐患,并依据本馆制定的《安防消防应急预案》,多次在上班期间或双休日进行安保消防实兵演练,确保全馆干部职工以饱满的热忱、昂扬的斗志,全力应对纪念馆的突发性事件,从而为免费开放后的广大观众,提供一个安全舒适的参观旅游环境。

(原载 2009 年 8 月《中国博物馆论丛》)

开创教育与观光相结合的发展前景

八路军太行纪念馆坐落在山西武乡县城西风光旖旎的凤凰山麓,由邓小平同志亲笔题写馆名,是全国唯一的一座系统再现八路军全面抗战史实的大型博物馆。开馆以来,成为山西省四大文明景区之一,全国爱国主义教育示范基地。为了更好地宣传八路军在抗日战争这一伟大的民族解放战争中不朽的历史功绩,加强爱国主义和革命传统教育,在党中央以及各级领导的亲切关怀和大力支持下,国家投资1000多万元,进行扩建八路军太行纪念馆,主要有6个项目。

八路军抗战纪念碑将修建在风景宜人的凤凰山巅,这是二期扩建工程中重点建设项目。在烽火连天的抗战岁月里,英勇无畏的八路军遵照党中央和毛主席的战略方针,以三师之众,出师华北,开辟了华北敌后游击战场,创建了晋察冀、晋绥、晋冀豫、冀鲁豫、山东等抗日根据地。在悲壮辽阔的抗日战场上,八路军健儿英勇杀敌、浴血奋战,他们与中共领导下的新四军、东北抗日联军、华南抗日游击纵队等抗日部队一道构成了全民族抗战的中流砥柱,是取得抗战胜利的决定性力量。八路军将士在这场战争中,共计对日军作战10万多次,毙伤、俘虏日伪军125万人,34万八路军将士为了中华民族的独立与解放,献出了自己宝贵的生命。修筑"八路军抗战纪念碑",就是要刻石铭记八路军将士在中国革命史上的丰功伟绩。巍巍丰碑昭示后人,我们只有继承和发扬不怕牺牲、艰苦奋斗、万众一心、勇于献身的八路精神,中华民族才能有希望实现真正意义上的伟大复兴。该碑建成后将成为我馆一个重要景点，人们沿着林荫小路拾级而上，一种曲径通幽的感觉顿生心头，登临山顶，既可瞻仰松柏簇拥、威武雄壮的八路军丰碑，又可鸟瞰沧桑巨变、换了人间的老区新貌。

八路军将领馆是二期扩建工程中的又一重要项目。全面抗战中，八路军将领们统率八路军健儿驰骋于长城内外，转战于大河南北，运筹于帷幄之中，决胜于千里之外，他们文韬武略，戎马一生，战功赫赫，为中华民族的独立与解放，为人民军队的发展与壮大，作出了不可磨灭的巨大贡献。"八路军将领馆"将采用图片展览与文物陈列相结合的方式，全面再现和领略新中国成立后授衔的八路军将领们的不朽功勋和革命风范。

青少年德育培训基地主要是对大专院校和中小学生进行分期分批培训。具体项目依据青少年的特点而设计，首先从学习、训练、食宿等周边环境就营造一种战争年代氛围，例如吃抗战饭；住八路军兵营；穿八路军服装参加投弹、射击、升国旗等军体活动；举办"八路军精神"专题讲座；举行喜闻乐见的演讲会、故事会、抗战歌咏比赛、诗歌朗诵会；观看营房里闭路电视播放的抗战影视剧专题片等形式，寓爱国主义教育于生动形象的游览观光之中，同时通过体验八路军生活，让孩子们耳濡目染地学习八路精神，从而升华为他们刻苦学习、报效祖国的精神支柱。

碑林筑历史，题词写辉煌。二期扩建中将扩大60多亩地，开辟一块碑林，定名为"凤凰山碑林公园"。把馆藏老八路在战争年代抒写的诗赋和新中国成立以来为老区人民以及八路军太行纪念馆挥毫抒写的300余幅题词刻碑兴建"八路军碑林",并突破了中国传统的碑林方式,根据地形地貌设计了各种造型的建筑小品作为碑座,布阵于苍松翠柏、鲜花簇拥的公园里。鸟瞰全园,气势恢宏,碑林绿坪,交相辉映。凤凰山碑林公园是一个净化人们心灵的场所,又是一个强国兴邦的课堂,更是一处集历史、文化、艺术和爱国主义教育于一体的观光胜景。

"兵民是胜利之本。"在八年全面抗战中,八路军将士和各根据地的民兵自卫队一道,机智灵活地采用了多种神奇而巧妙的游击战术,演出了一幕幕人民战争的活剧,使日军陷入了人民战争的汪洋大海,创造了中国战争史上的奇观。八路军游击战演示馆除采用图片展览的传统表现形式之外,还将运用绘画、造型、塑形、声光等多媒体现代化科技手段,通过复制艺术景观,栩栩如生地再现当时的历史场景,让历史在最大程度上贴近游客与观众,产生"如临其境、如闻其声"的视听效果。该馆的一项主要参观景点即是"窑洞战景观"。将在凤凰山下开掘600多米可供游人参观的窑洞战演示实景。并将采用现代化立体音响技术,把解说和表现当时战斗气氛的音响合成。游人置身于形象而逼真的窑洞战景观中,既可体味八路军游击战术的神奇魅力,又潜移默化地上了一堂生动感人的爱国主义教育课。

本着寓教于乐、服务现实的宗旨,还将修建一座"八路军抗战影视中心"。该中心将集观赏、餐饮、娱乐于一体,利用影视艺术这一喜闻乐见的大众传媒,形象生动地宣传八路军将士前赴后继、浴血奋战的悲壮事迹,激发广大观众立志振兴中华的爱国主义热忱。该中心将根据不同层级、不同年龄的观众要求,有选择地放映一些反映抗战内容的故事片和电视纪录片。与此同时,我馆也将陆续拍摄制作几部能引起观众浓厚兴趣的电影、电视纪录片,诸如《八路军驻各地办事处的历史功绩》《八路军文艺工作掠影》《少数民族与八路军抗战》等,供游人观看。当观众步入"抗战影视中心"时,银屏上播放的逼真的立体画面,宛如把观众带到了那硝烟弥漫的抗日战场。通过心灵的震撼,悠远的遐思,观众可以永远铭记八路军将士的丰功伟绩,弘扬他们的精神,从而开创八路军抗战影视中心宣传和经济效益双丰收的大好局面。

目前,八路军太行纪念馆这些扩建项目正在紧张施工,到2002年8月,一座集教育宣传、旅游观光为一体的现代化大型革命纪念馆,将矗立在三晋大地上。

（原载 2002 年 6 月《红色旅游》期刊）

纪念馆在传播先进文化中的重要作用

　　我们八路军太行纪念馆位于革命老区山西省武乡县城，于1988年建成开馆，由邓小平同志亲笔题写馆名，现为全国重点博物馆之一、全国爱国主义教育示范基地。主要参观项目有八路军抗战史陈列馆、八路军将领馆、八路军抗战纪念碑、凤凰山碑林公园等，是我国唯一一座再现八路军和华北各根据地八年全面抗战史实的大型军事专题纪念馆，也是中国北方集教育、科研、观光、休闲为一体的著名红色旅游景区，并与八路军前方总部王家峪、砖壁旧址；中共中央北方局埋里旧址；黎城黄崖洞保卫战旧址及河北涉县赤岸八路军129师司令部旧址等革命纪念地一道，构成了别具特色的环太行山"红色之旅"景观群。下面我想趁此机会，结合我们八路军太行纪念馆的工作实践，具体探讨一下在新的形势下，如何充分发挥革命纪念馆在传播与弘扬先进文化中的重要作用这一课题，浅谈自己一些观点，并与全国文博界同行们商榷与共勉。

　　首先，革命纪念馆肩负着传播先进文化的神圣使命。纵观全国星罗棋布的革命纪念馆，大多是为近现代革命史上重大事件或杰出人物，并依托于有关的革命遗址、纪念建筑而建立的纪念馆或博物馆，它们所蕴藏着的丰富的历史文化内涵，正是演绎与构建中国特色社会主义先进文化的重要组成部分，同时以其独特的政治优势，义不容辞地担负起了传播中国当代先进文化的历史重任。我们八路军太行纪念馆作为再现八路军全面抗战业绩的大型革命纪念馆,在这方面有着成功的尝试。特别是主展馆"八路军抗战史陈列馆",无论从陈列内容,还是表现形式,都用大量篇幅栩栩如生地反映了雄浑灿烂、博大精深的八路军抗战文化。同时我们在布展中也深刻认识到,正是由于诞生在战火硝烟中的以八路军为中流砥柱的中国抗战文化洪流,代表了中国抗日当年中华民族先进文化的发展方向,所以才组成最广泛的抗日民族统一战线,最终取得了全民族抗战的伟大胜利。为此,我馆重点与全国各地有关机关团体、厂矿企业、部队民兵、大专院校加强了联系,携手共建,邀请与组织大批团队来我馆分期分批参加以"弘扬太行精神,实践先进文化"为主题的基地革命传统教育活动,以实际行动,把我馆建设成为新时期党和人民进行党史军史学习与实践的重要基地。

其次,革命纪念馆为培育民族精神,弘扬爱国主义主旋律,提供了得天独厚的阵地。正当我国改革开放事业进入关键的攻坚阶段,更需要极大地振奋统一意志、共渡难关的民族精神,而以再现与宣传近百年来中国近现代史上中华民族为解放与独立而抗争奋斗为主线的革命纪念馆,便成为培育这种民族精神的坚强阵地。特别是在20世纪30年代发生的那场拯救民族存亡的抗日战争中,八路军将士用鲜血和生命铸就的艰苦奋斗、无私奉献、万众一心、勇于牺牲等可贵精神,极大地丰富与发展了中华民族精神的思想精髓。所以,我们八路军太行纪念馆在基地建设的实际行动中,坚持与时俱进、文化创新的现代博物馆陈列理念,更加突出了"培育民族精神,弘扬爱国主义主旋律"这一重要主题。比如,八路军抗战纪念碑就是刻石铭记八路军将士在中国革命史上的辉煌战绩,昭示中华儿女继承与弘扬可贵的太行精神,让伟大的祖国巍然屹立于世界先进民族之林。八路军将领馆将采用图片展览与文物陈列相结合的方式,形象地再现抗日战争时期900多位八路军高级将领的丰功伟绩与革命风范,观众不仅可以了解他们运筹帷幄、决胜千里的戎马生涯,也可领略他们"民族利益高于一切"的高尚情操。八路军窑洞战景观则突出反映抗日当年八路军与华北各根据地的民众精诚团结、抗日御侮的悲壮场面,观众可以从中汲取到在中国特色的社会主义现代化建设中万众一心、众志成城、排除万难、敢于胜利的精神力量。凤凰山碑林公园镌刻了许多八路军抗日将领与新中国成立后党和国家领导人的题词墨宝,游人漫步其间,既可体味金戈铁马的民族浩气,又可沐浴气吞山河的八路雄风。

再次,革命纪念馆在建设社会主义精神文明、推进以德治国教育中,发挥了主渠道宣传作用。革命纪念馆作为传播社会主义精神文明的重要窗口,担负着"以高尚的精神塑造人"的历史重任。我们八路军太行纪念馆所宣传的"八路军精神",作为中华文明史上的一种前所未有的文化现象,为中华民族固有的传统美德,增添了许多新的内蕴,同时与体现时代要求的道德观念相融汇,构成了建设有中国特色社会主义精神文明的主流。为了大力宣传可歌可泣的八路军精神,促进社会主义精神文明建设,我馆除运用新闻出版、报刊影视、旅游图册、会议洽谈等宣传促销手段外,还特别组建了一支"八路军精神"宣讲小分队,飒爽英姿的小分队员们的足迹踏遍祖国大江南北,她们奔赴乡村厂矿、部队机关、大专院校,用丰富多彩的文艺节目,结合宣传八路精神,广泛传播面向现代化、面向世界、面向未来的民族的科学的大众的社会主义先进文化,以不断丰富人们的精神世界,增强人们的精神力量。与此同时，八路军太行纪念馆景区旅游网站也得到了进一步充实完善，网页图文并茂，资讯丰富多样。如今，互联网站已成为我馆宣传社会主义精神文明、传播先进文化的重要阵地。此外，为了搞好窗口建设，我馆还重点抓了干部职工队伍的组建与配备，让"内强素质，外塑形象"成为我馆广大干部职工的思想共识和奋斗目标，从而为革命纪念馆的社会主义精神文明建设，作出了应有的贡献。

最后，革命纪念馆作为传承民族精神的历史文化载体，为新时期中华儿女全面建设小康社会，建设社会主义现代化强国，实现中华民族伟大复兴，提供了强大的力量源泉。革命纪念馆是净化心灵、陶冶情操的人生驿站，也是鞭策与鼓舞人们在新时期实现宏伟蓝图的万里航程中，乘风破浪，勇往直前的精神家园。我们八路军太行纪念馆在发挥服务社会、鼓舞人民这一特殊的宣传功用方面，已迈出了可喜的一步。另外，我馆还将策划与举办"弘扬八路军精神，全面建设小康社会"以及"发扬老八路传统，实现中华民族伟大复兴"等专题性精品展览和讲座，让广大观众通过参观、学习，领悟并汲取到建设祖国、振兴中华的精神动力。在今后漫长的工作中，我们馆决心按照"发展要有新思路，改革要有新突破，开放要有新局面，工作要有新举措"等新思维、新理念，聚精会神地搞好爱国主义教育基地建设，一心一意谋求革命纪念地红色旅游景区发展，在激发与鼓舞我国人民全面建设小康社会坚强意志的不懈奋斗中，争当传播与弘扬先进文化的排头兵，并与其他兄弟的革命纪念馆一道，携手并进，共同铸就祖国文博事业的辉煌明天。

（原载 2008 年 9 月《党支部建设》）

浅谈革命纪念馆的历史研究

纵观全国的革命纪念馆,大多是以中国近现代史上的某一重要人物、重要事件为文化内涵所设立的永久性革命纪念地,是向全国人民展示与宣传近现代革命史、传承与弘扬伟大民族精神的重要场所。所以历史研究在革命纪念馆的日常工作中就显得至关重要,就拿我们八路军太行纪念馆这次大型扩建改陈工程来说,从事八路军历史研究的同志刻苦钻研,倾情奉献,从参与主撰景区红色旅游建设方案、基建可研报告,到主展馆"八路军抗战史"陈列大纲及布展方案、文物配置大纲、图表设计大纲以及解说词、重点讲解故事集的编写,都是全程主笔,为扩建改陈工程作出了有目共睹的特殊贡献。下面,我想结合我们八路军太行纪念馆近年来的工作实践与体会,从几个方面略谈一下历史研究在革命纪念馆工作中所处的重要地位,以及对推进爱国主义教育基地的全面建设和综合发展中所起的重大作用,并以此与革命纪念馆界同行们商榷。

加大历史研究力度,拓宽历史研究领域,是革命纪念馆提升知名度、树立纪念馆权威品牌的重要举措。我馆是目前全国最大的再现八路军全面抗战光辉历程的大型革命纪念馆,历来十分重视历史研究工作,不仅充实人员壮大了战史研究的队伍实力,而且还精心创办了《八路军太行纪念馆馆刊》;编研出版了《我们在太行山上》《八路军抗战辞典》《八路军纪念馆》等;与军事博物馆专家合作,编著出版了《八路军抗战简史》《八路军将领故事集》《八路军将领传略》等"八路军研究系列丛书";在国内创办了首家"中国八路军网",精心设计网页,图文并茂地向观众展示八路军历史文库。此外,我馆还派出有造诣的专家学者,参加定期举办的全国革命纪念馆协作发展研究会和全国八路军、新四军纪念馆学术研讨会,与国内同行们广泛交流,切磋技艺,取长补缺,大大提高了我馆的历史研究水平。同时,我馆还正在积极筹备,在全国范围内倡导成立"中国八路军研究会",组建国内最具权威的"八路军研究中心",按八路军政治、经济、军事、文化、新闻、统战、外交等不同选题,组织国内外专家,编研出版一批具有权威性的八路军研究丛书,为八路军研究向纵深发展,打造八路军抗战文化知名品牌,奠定坚实的基础。

深入开展历史研究,对革命纪念馆景区的总体环境和景点的规划设计,以及周边红色旅游纪念地的整体开发与利用,具有重要的现实指导作用。我馆是中国红色旅游经典景区,每个景点都蕴含着八路军抗战文化特有的雄浑壮美的历史氛围。八路军游击战术堪称是中外战争史上的奇观。我们就通过对抗战旧址考察,重点寻访了几处太行山典型的窑洞战遗址,并加以历史考证研究,在景区重点设计了一公里长的华北窑洞战演示模拟景观,展示"鬼子进村"后八路军和根据地民兵利用窑洞战打击日军的仿真场景,让观众在参观八路军游击战术演示馆时,能亲身体味"拐三弯、设三关;楼上楼,天外天"等八路军游击战术的神奇魅力。还有我馆在凤凰山碑林公园内设计"八路军抗战纪念碑"时,碑身上就溶入了"小米加步枪"象征八路军符号的历史图案,在纪念碑后面,又依据八路军历史的发展脉络,用弧形铜雕墙的形式,艺术地再现了八路军从东渡黄河开赴华北抗日战场到抗战取得最后胜利的重大历史场面。这些景点的生动展示,其中历史研究的作用功不可没。

另外,通过历史研究和实地考察,我们发现并开发了许多新的重要的革命旧址和纪念场馆。就拿我馆所在的太行山区武乡县来说,抗日当年八路军前方总司令部和中共中央北方局等重要的首脑机关在这里长期驻扎,是华北抗战的指挥中心。我们通过对历史文献的考证,又走访在这里战斗、生活过的八路军老首长,通过他们的历史记忆,研究考证出当年八路军前方总部在此驻扎期间,总部下设的政治部、卫生部、后勤部、特务团等主要机构所驻扎过的村庄,具体确认了各部机关所驻的房屋原址。如今经过开发和利用,这些星罗棋布的革命旧址遗迹,现已连片开发,整体开放,和我馆一道汇入了环太行山红色旅游经典景区之中,为发展老区红色旅游经济,撑起了半壁江山。

通过科学而缜密的历史研究,理清历史发展的思路与脉络,是革命纪念馆策划与制作高水平高质量大型专题展览的重要前提和关键所在。"八路军抗战史陈列"是我馆这次扩建改陈工程的重头戏,其中改陈的展示内容由原来只反映八路军太行抗战史,扩充到全面再现八路军8年华北抗战的全景式历程。于是我们按中国共产党领导的八路军在抗日战争中发展壮大的几个时段,通过刻苦钻研,编写了《八路军抗战史陈列大纲及布展方案》,中宣部在审定这个展陈方案时评价说:"思路清晰,内容翔实,是一个较为成熟的展陈方案。"整个展览共分为6大部分,全面而系统地再现八路军抗战的光辉历史。在研究与策划中,我们发现中共六届六中全会不仅是抗战进入相持阶段后中共党史上的一次重要会议,

而且由于制定了"巩固华北、发展华中"重大战略,所以在
八路军的抗战史上也具有重要里程碑意义,为此我们在展览
中专设"党的六届六中全会召开"单元,加以重点展示。同
时为了帮助观众形象直观地了解历史,我们在展览中构思和
设计了多处部队系列表和指挥系统表。比如百团大战是八
路军抗战史上最大的一次战役,都说是当时有105个团参战,
具体是哪些团亲自参加对于广大观众来说是个谜,我们通
过广泛查阅抗战史籍,再加以研究整理,详尽而明了地设计
了"百战大战中八路军指挥系统表",观众在此表前总是长
期驻足,引起浓厚的兴趣,就连军史专家观摩后也叹为观止。
在展览中,我们还突出展示了"支援华中新四军""八路军
南下支队""八路军挺进东北"等象征八路军重大战略行动
的专题单元。在展示手段上也首次运用声、光、电等现代手
法,平型关大捷、黄土岭战斗等重大战斗用电动景观及幻影
成像展示,百团大战则用半景画馆展示,同时还辅助展示了
雕塑、油画等艺术作品。整个展览显得雄浑大气,宏伟壮观。
对外开放以来,无论是领导专家,还是普通观众,参观后赞
不绝口:"展览内容和展示手段,都堪称是国内一流、世界领
先的展馆。"今后,随着战史研究的进一步深入,我馆将在东
展馆和西展馆陆续策划和制作《八路军驻各地办事机构掠
影》《港澳台同胞与八路军抗战》《海外侨胞与八路军抗战》
和《国际友人与八路军抗战》等大型专题展览,进一步发挥
历史研究在陈列布展工作中的巨大威力,真正塑造展示八路
军抗战史方面"中国第一馆"的品牌形象。

　　长期的工作实践证明,革命纪念馆细致入微的历史研
究,不仅可以顺藤摸瓜,发现与征集到珍贵的革命文物,而且
还可以进一步考证充实专题展览的文物配置。在搞"八路

军抗战史陈列"大型展览时,我馆依据八路军历史的发展脉络,对现有馆藏革命文物的历史文化内涵,逐一进行科学考证鉴定,分析归类,比较系统而全面编制了《八路军抗战史陈列文物配置大纲》和《百米文化墙抗战书刊文物展示大纲》。由于陈列内容已扩大到整个八路军华北抗战历史,现有文物远远不能完全满足展览文物配置需要,于是我们就分兵出动,派人分别到抗日当年八路军战斗生活过的陕甘宁、晋察冀、晋绥、晋冀豫、冀鲁豫、山东、河南等根据地所属地域,进行大规模的抗战文物征集活动。针对一些重点单元展览,我们还有意识地进行了对应文物的重点征集。在"晋冀豫抗日根据地"单元里有一张再现1938年3月东路军高级将领会议的珍贵照片,但缺乏相应的文物配置,我馆经过历史考证,派人到当时高干会议会址山西沁县小东岭村,采访当年老房东,终于征集到了一组东路军将领会议时使用过的珍贵文物。为了充实"山东人民抗日武装"单元的文物,我们专门派人到当年曾任八路军山东纵队二支队队长的孙继先将军家中,经过家属子女,征集到孙将军抗日当年用过的一件毛毯,陈列于展柜之中。"开辟河南新区"单元展陈文物时,我们反复查阅历史资料,编制了八路军河南军区主管序列表,我们终于在当年曾任河南军区参谋长的熊伯涛将军家里,征集到了熊将军抗日当年用过的子弹袋(含20发子弹),这一珍贵文物的展出,最终弥补了河南抗日根据地陈展文物的历史空白。

利用展厅宣讲、书刊报纸、文艺表演、网络影视等多媒体形式,进行生动的爱国主义教育与宣传,是时代赋予革命纪念馆的重要历史使命。但无论是哪种形式的宣传,都蕴含着历史研究人员的艰辛与奉献。就拿这次新推出的"八路军抗战史陈列"展览来说,我馆战史研究人员按整个展览的思路,研究编写了《"八路军抗战史陈列"解说词》,同时为了让展览讲解有血有肉,更加生动感人,我们还大量翻阅抗战史料典籍,将八路军8年浴血抗战中涌现出的左权、赵宗德、周建屏、叶成焕、续范亭、范筑先、马本斋、陈潭秋、彭雪枫、范子侠、张思德、陈嘉庚、李林等抗日英烈和民族英雄的事迹,收集起来,汇编成感人肺腑的《八路军抗日英雄传》,让讲解员依次讲给观众听,受到上级领导和广大观众的夸赞与表扬。此外,我馆还组织战史研究人员将八路军的感人事迹改编成歌曲、舞蹈、小品、诗歌、相声等文艺节目,提供给"八路军精神宣讲小分队"演职人员,让他们外出表演宣传;同时还通过研究与探索,创办了国内颇有影响的"中国八路军网",将八路军抗战的光辉历程,图文并茂地展现在广大观众面前。今后我馆还打算组织战史研究方面的精兵强将,以八路军总部在太行活动为主线与背景,创作一部全面再现八路军战斗生活的电视剧,这样,即宣传了八路军的闪光历史,也带动了环太行山红色旅游经典景区的火爆。

随着革命纪念馆的历史研究向纵深发展,进一步挖掘所蕴藏的历史文化内涵,为熔铸与提炼伟大的民族精神,提供了丰富的历史源泉。抗战时期,八路军前方总部长期驻扎在太行山上,中国共产党领导的八路军与太行儿女以太行山为依托,同仇敌忾,共赴国难,筑起了抗日救亡的铜墙铁壁,谱写了中华民族抗击外来侵略的光辉篇章,培养和铸就了伟大的太行精神。在研究过程中我们深刻认识到,太行精神是国家和民族处于危亡的关键时刻,中国共产党人领导太行儿女展现的不怕牺牲、不畏艰险的革命英雄主义精神,是在极其艰苦的条件下展现的百折不挠、艰苦奋斗的精神,是为民族解放展现的万众一心、敢于胜利的精神,是为人民利益展现的英勇奋斗、无私奉献的精神。太行精神凝聚着中国共产党人的优秀品质,凝聚着中国人民的坚强性格,凝聚着中华民族光荣的历史传统。鉴于这种重要性,我们很有必要通过展览的形式,将太行精神概括体现出来,传播到全国各地。于是我们在《八路军抗战史陈列图片大纲》的基础上,挑选并编写了集中再现太行精神的新的陈展提纲,定名为"太行精神光耀千秋"大型专题展览,结合纪念抗战胜利60周年,分别在北京、太原、武乡、哈尔滨、长沙、重庆等地进行了大规模巡展。期间,胡锦涛、李长春、刘云山等党和国家领导人专程观看了这一重要展览,并给予了高度评价,使得太行精神传遍神州,家喻户晓,成为与井冈山精神、长征精神、延安精神、西柏坡精神同样齐名的中华民族的宝贵精神财富。全国广大观众通过观看生动形象的展览,回顾我党我军的这段光辉历史,缅怀革命先烈等仁人志士的丰功伟绩,继承和发扬老八路光荣传统,大力宣传与弘扬了太行精神。这种宝贵精神必将激励和动员全国各族人民艰苦奋斗,开拓进取,为构建社会主义和谐社会,建设创新型国家,实现中华民族的伟大复兴,促进世界和平与发展,做出卓越的贡献。

（原载2008年12月军事科学出版社出版的《奋进20——八路军太行纪念馆20年发展历程》一书）

从静态宣传到动态宣传

——八路军太行纪念馆宣教模式的实践

　　随着人类社会的进步和公众对纪念馆文化需求的不断提高，纪念馆宣教工作面临着新的机遇和挑战，如何破解与改变宣教工作存在的问题与现状，走出困境，走向繁荣，成为多数革命纪念馆亟待解决的重要课题。从八路军太行纪念馆30多年的工作经验来看，大力开辟宣教方式与渠道，着力拓宽宣教市场与平台，是目前纪念馆宣教工作繁荣发展的生存出路和重要手段。

　　展厅讲解是纪念馆的主要宣教方式。讲解员是纪念馆宣传教育工作的主力军。八路军太行纪念馆的展馆讲解摒弃了原来呆板的说教模式，在主题展览《八路军抗战史陈列》《八路军将领陈列》以及其他专题展览的讲解中，渗透进了许多抗战人物故事和文物故事，还不时伴有浓厚太行风韵的抗战歌声，使得讲解有血有肉有骨架，声情并茂，娓娓道来，感人肺腑。2001年我馆讲解队伍曾荣获全国"延安杯"讲解员大赛"创新奖"。生动活泼的讲解使我馆爱国主义教育活动办得有声有色，得到了领导、专家和广大观众的赞赏和肯定，宣传教育工作收到巨大的社会效益。

　　举办巡回展览，是纪念馆拓宽宣教阵地，变静态宣传为动态宣传的一种重要方式。在搞好大型主题展览《八路军抗战史陈列》的阵地宣传外，八路军太行纪念馆积极组织制作可供流动宣传的专题展览，在当地和全国各地开展巡回展示。2005年在抗日战争胜利60周年之际,八路军太行纪念馆与山西省委宣传部联合举办了《太行精神光耀千秋》大型巡回展览,并在北京、太原、重庆、哈尔滨、长沙等地展出。通过巡展,让各地观众真正了解了八路军抗战的辉煌历史,使得太行精神成为与井冈山精神、长征精神、延安精神、西柏坡精神齐名的中华民族精神,得到了中央领导的首肯。2007年8月策划制作了《八路军总部在太行》专题展览,并组成巡展小分队,先后在长治、晋中、晋城、大同、阳泉、朔州、临汾、运城、忻州等地市进行了巡展,在社会上引起强烈反响,收到了极大的社会宣传效益。2009年我馆启动了"太行精神进高校"系列活动,专门制作专题展览《八路军抗战文化掠影》,到全省各大专院校进行巡展,得到高校广大师生的一致好评。2017年纪念全民族抗战爆发80周年,我馆策划推出了大型专题展览《国家记忆山西抗战——山西军民抗战史实展》,先后在太原、长治、晋城等地进行巡展巡演,引起轰动。

组织编研出版宣传图书,是纪念馆开展宣教工作的重要手段。为了进一步宣传八路军历史,弘扬八路军精神,八路军太行纪念馆研究人员与军事博物馆专家合作,编著出版了《八路军抗战简史》《八路军将领故事集》《八路军将领传略》等系列丛书。2008年我馆结合纪念建馆20周年,编著出版了《奋进的历程——八路军太行纪念馆20年回顾》《"八路军抗战史陈列"图集》《"八路军抗战史陈列"解说词》《八路军太行纪念馆精品文物故事集》等图文结合的研究宣传丛书和宣传册。此外,我馆还在全国范围内倡导成立"中国八路军历史研究会",组建"八路军研究宣传中心",按八路军政治、经济、军事、文化、新闻、统战、外交等不同研究选题,组织国内外专家,编著出版一批八路军专题研究宣教读物,为八路军研究宣传向纵深发展,开辟了更加广阔的宣教领域。

运用观众喜闻乐见的文艺形式,进行宣教工作展示,是近年来纪念馆宣教工作奋力开拓的崭新模式。1990年八路军太行纪念馆组建了"八路精神宣讲小分队",同时组织战史研究人员将八路军抗战的珍贵历史片段编排成文艺节目,让小分队深入乡村田间、机关厂矿、部队院校,通过歌舞、相声、小品、演讲等群众喜闻乐见的形式,多层面地宣传伟大而永恒的八路精神。同时,我馆的文艺小分队还派出参加北京、西安、郑州、太原、邯郸等全国各地的红色旅游促销活动,助兴表演节目,宣传了我馆的知名度。到目前为止,我馆文艺小分队共对外演出500余场,受到各地观众的普遍赞誉,被誉为"活跃在纪念馆宣教战线的文艺轻骑兵"。

现代网络技术的发展,给纪念馆的宣教工作带来生机和希望,通过网站及微博、微信、客户端、抖音、快手等新媒体手段,进行宣传教育,已成为纪念馆宣教工作的时尚。八路军太行纪念馆1994年开始建立自己的中国八路军网站,20多年来,精心设计网页、策划宣传内容,具体设立了本馆概况、光辉历程、在线展览、文物史话、英烈传记、文博论坛、红色庆典、基地风采、未来展望、网上游览等栏目,竭诚为全国广大网友服务。我馆还在网站上设计了360度基地全景展示宣传栏目。与此同时,和百度公司联合推出八路军纪念馆首页关键词搜索宣传展示项目,如今观众一打开 www.Balujun.org,一个图文并茂、栩栩如生的网上八路军纪念馆就会浮现在你的面前。据统计,本馆网站的年平均点击人数已达到50万人次,其中青少年点击率占45%,并且与全国100多家大型革命纪念馆、博物馆实行友情链接,共展爱国主义教育示范基地宣教工作的时代风采。此外,我馆正在开发微博、微信、客户端等新媒体宣传平台,以及互联网＋宣教活动,使得宣教工作迈上了顺应时代发展的快车道,从而为广大观众提供时尚快捷的纪念馆文化大餐。

举办流动报告会,是纪念馆开展宣传教育工作的大胆尝试。自20世纪90年代开始,八路军太行纪念馆组织讲解员、专业研究人员担任专题报告会的主讲人,收到了很好的社会效益。特别2005年以后,我馆除在单位举办报告会以外,还经常组织军史专家、讲解员与老八路,老民兵一起,深入机关厂矿、部队院校,联合举办革命传统教育故事会和专题报告会,通过与听众互动对话的方式,收到良好的宣传教育效果。

通过主办大型纪念、节庆、学术、促销活动的方式,抓住机遇,进行集中宣传,是纪念馆提高影响、扩大社会教育效益的宣教方式。八路军太行纪念馆建馆以来,先后举办过山西省纪念抗日战争胜利50周年暨八路军总部在太行58周年大会、"山西行·太行情"为主题的山西省红色旅游启动仪式、中央电视台"心连心"艺术团慰问演出活动、全国八路军新四军学术研讨会、全国革命纪念馆协作发展研讨会、山西省"老红军子女重走长征路"启动仪式、"鲁能杯"全国乒乓球超级联赛、"将帅子女太行行"大型纪念活动、"革命后代情系太行"大型红色纪念活动等,利用这些大型活动的宣传窗口与平台,开展丰富多彩的宣教工作,是纪念馆提升宣教品牌的助推器。

利用通讯社、电视台、广播电台、新闻报刊等新闻媒体,发布专题新闻或发表专题文稿,进行宣传教育,是纪念馆扩大宣教工作覆盖面的有效途径。八路军太行纪念馆除了组织国内新闻媒体来馆进行现场采访宣传报道之外，还积极发动全馆员工撰写有关宣教工作的新闻稿和专题稿，并以资奖励，充分调动了广大职工助推纪念馆宣教工作的积极性和能动性，无形之中提高了纪念馆的声望和知名度。

通过文创产品的开发与推广，进行辅助性宣传，是纪念馆开展宣教工作的创新与发展。八路军太行纪念馆近年来先后设计开发了八路军帽、军衣、水杯、手表、挎包、八路军将领水晶雕、扑克、飞机、大炮、坦克等一系列纪念性、工艺性文创产品，观众通过购买、珍藏、展示等方式进行家喻户晓的宣传，让观众潜移默化地当上了纪念馆的义务宣传员，从而壮大了纪念馆宣教队伍的社会力量。

（原载2018年6月国家文物局《中国文物报》博物馆周刊）

略述抗战类博物馆文物藏品的
征集与利用

众所周知,文物藏品是一个博物馆的灵魂与精华,文物工作又是博物馆工作的重点和核心部门,抗战类博物馆也不例外。下面我想结合八路军太行纪念馆的工作实践,就抗战类博物馆文物藏品的征集与利用、文物藏品的展示和宣传等课题,略述一下自己的看法和见解,并与同行领导与专家商榷。

开辟红色藏品征集途径

抗战类博物馆的长期工作实践证明,文物征集工作要想走出困境,就必须奋力开拓多渠道、多形式的文物征集之路,最终达到文物工作蓬勃发展的理想目标。以八路军太行纪念馆为例,抗战类博物馆文物征集工作在摸索中前进,探索出一条多渠道、多层面的红色文物征集途径,主要包括兄弟馆调拨和支援;部队调拨援助;老将军、老战士及其亲属子女捐赠;民间征集;信函征集;网络征集;与红色文物收藏者合作征集等方式。

兄弟馆调拨和支援,是抗战类博物馆文物征集的主要渠道。1988年八路军太行纪念馆建成开馆时,为了充实主题展览《八路军太行抗战史陈列》的配套文物展陈,在调拨"武乡县革命历史纪念馆"展陈文物的同时，又分别从长治、邯郸、邢台、涉县、林县等环太行山地带的兄弟纪念馆调拨了近200余件抗战文物，使展陈文物的数量大大增加。2005年扩建改陈时，大型主题展览《八路军抗战史陈列》急需填充大量展陈文物，当时通过山西省文物局领导的会商协调，从山西省博物院文物库房，调拨了抗战时期报刊、图书、地图、武器、生产生活用具等2000多件珍贵革命文物，并签约借展，从而使该展览的红色文物展陈呈现出一道道亮丽的风景线。

部队调拨援助。历年来抗战类博物馆的红色文物征集工作得到了相关部队的大力支持，例如八路军太行纪念馆先后从原沈阳军区、天津警备区、山东省军区等部队单位支援调拨了枪支、大炮、飞机、坦克等大中小型革命文物800余件套，大大丰富了主题展览"武器台"展台的展示效果。

老将军、老战士及其亲属子女捐赠，也是抗战类博物馆征集文物的重要途径。八路军太行纪念馆的主题展览《八路军抗战史陈列》和《八路军将领陈列》相继对外开放后，吸引了许多八路军将领、战士和亲属子女前来拜谒参观，从而引起他们捐赠红色文物的浓厚兴趣。一方面该馆依据各方线索专门派出文物征集队伍，奔赴八路军将领集中居住的城市去将领家里进行征集。另一方面，我馆每年也不定期接收许多八路军将领亲属子女的来馆捐赠。2013年12月9日，八路军著名将领梅宏德将军子女一行4人专程来到八路军太行纪念馆，无偿捐赠了其父亲在抗战时期使用过的军刀、皮马甲、马褂子、地图、图书、印章等珍贵革命文物20余件，充分体现了他们的高风亮节和革命情操。

民间征集。按照工作惯例,抗战类博物馆工作人员每年都有深入民间广泛征集红色文物的任务,年初布置,年终验收,成为考核抗战类博物馆干部职工的硬性指标,这样大家齐动手,已成为抗战类博物馆红色文物征集的重要方式。

信函征集。为了扩大红色文物的征集范围,抗战类博物馆每年都要根据各方提供的线索,编写印刷大量红色文物征集信函传单,邮寄全国各地,通过这一途径,也征集到了许多珍贵的红色文物。

网络征集。随着时代的发展,网络宣传征集也成为抗战类博物馆征集红色文物的时尚手段。近年来,八路军太行纪念馆在中国红色旅游网、八路军纪念馆网等网站上编发全国范围内征集八路军抗战红色文物的征集启事,同时通过兄弟纪念馆网站的友情链接进行宣传征集,收到事半功倍的征集效果,广大红色文物持有者通过网站取得联系,从而征集到大量珍贵革命文物。

与红色文物收藏者合作征集。在长期的红色文物征集工作实践中,抗战类博物馆通过各种途径,与全国各地红色文物收藏者取得联系,采取实地考察实物、面对面洽谈等方式进行交流,最终采用有偿购买或者借展等方式,征集到大批量的适合抗战类博物馆馆藏与展示的珍贵革命文物。

拓宽藏品宣传的展示平台

革命文物藏品是沟通抗战类博物馆与广大观众的重要纽带和桥梁。为了充分发挥红色文物收藏、展示、宣传、教育等功能,以八路军太行纪念馆为例,抗战类博物馆把征集到的重点革命文物,进行了多形式、全方位的集中展示,奋力拓宽展示平台,主要采用展馆展示、图书展示、报刊展示、网络展示、文艺展示等手段,使得红色文物走出库房、面向公众,起到潜移默化、资政育人的重要作用,真正做到了"让文物活起来"的展示效果。

展馆展示。展馆展示是抗战类博物馆红色文物展示的主要平台。八路军太行纪念馆《八路军抗战史陈列》和《八路军将领陈列》等两个基本陈列里面,展陈了2000余件经典红色文物,其中以展示抗战时期书刊为主的百米抗战文化墙展示,和以展示枪械、大炮、地雷、刺刀为主的典型武器台展示,打造了抗战类博物馆红色文物的特色展示品牌。

图书展示。扩大对红色文物的图书宣传,也是抗战类博物馆文物的重要展示手段。八路军太行纪念馆先后组织专家编写了《"八路军抗战史陈列"图集》《"八路军抗战史陈列"解说词》《八路军太行纪念馆精品文物故事集》等专题图书,出版发行后成为广大观众和读者学习了解红色文物的必备教科书。

报刊展示。抗战类博物馆红色文物的报刊展示,包括新闻记者在报刊上发表的相关红色文物的宣传报道,和馆内人员在报刊上发表的红色文物方面的研究专稿。报刊发表手段为进一步展示红色文物,起到了重要的宣传作用。

网络展示。为了加大红色文物藏品的对外宣传力度,抗战类博物馆先后在相关链接网站上,专门开辟了"红色文物"栏目,文图并茂地展示与宣传馆藏的红色经典文物,极大地提升了抗战类博物馆红色文物宣传知名度。

文艺展示。通过喜闻乐见的文艺表演展示红色文物,已成为抗战类博物馆宣传红色藏品的时尚形式。为此,抗战类博物馆纷纷组建了以讲解员为主体的抗战精神宣传小分队,把许多经典历史图片和珍贵文物故事编写成演讲、诗歌、快板、小品、音乐情景剧等文艺形式,让小分队员奔赴全国各地进行宣传演出,宣传效果很好,这种做法得到了广泛的借鉴与推广,成为全国博物馆效仿和学习的榜样。

(原载2018年4月国家文物局《中国文物报》博物馆周刊)

网上纪念馆栏目设计初探

当今世界现代信息技术的迅猛发展,给革命纪念馆固有的传统宣教方式提出了新的机遇与挑战,而顺应时代要求应运而生的网上革命纪念馆,以其信息涵盖量大、数字化的文图效果和传播速度快等特有的优势,在宣教市场上独领风骚,已逐渐成为革命纪念馆进行爱国主义教育和革命传统教育的时尚主流。我们八路军太行纪念馆作为全国著名的爱国主义教育示范基地,从1994年建立以宣传八路军历史、弘扬太行精神为主题的网站以来,精心设计网页,全力策划宣教内容,竭诚为国内外广大网友服务,点击人数年平均达50万人次,并与全国100多家大型革命纪念馆、博物馆实现友情链接,共展宣教风采,收到良好的社会效果。下面我想结合我们八路军太行纪念馆开展网络宣传的实际经验,就革命纪念馆网页栏目设计这一课题,进行尝试性探讨,并与全国文博界同行们商榷与交流。

网上革命纪念馆作为爱国主义教育和革命传统教育的宣传阵地,首先应该序幕般地隆重推出旨在介绍纪念馆综合情况的栏目"基地概貌"。在我们八路军太行纪念馆,"基地概貌"栏目具体又包括"发展历程""领导关怀""文博新闻""馆内动态"等小栏目。"发展历程"从基地建设、人才队伍建设、发展现状、未来展望等几个方面,简明扼要地介绍了八路军太行纪念馆从1988年开馆以来艰苦奋斗、创造奇迹的辉煌历程。"领导关怀"专栏的开山之作,便是发表于

《中国文物报》的重要文稿《党和国家领导人关心八路军太行纪念馆纪实》，并配发有毛泽东、邓小平、江泽民、胡锦涛等为太行革命老区和八路军太行纪念馆的题词、签名手迹，紧接着便以大事记述形式载录开馆以来记录党和国家领导人视察我馆的重要记事和典型图片，以及各位首长为纪念馆的亲笔题词，这些书法艺术珍品，便是我馆开展网络教育的宝贵精神财富。"文博新闻"用浅显明快的语言发布国内外文博界的法律法规、文博信息、世界文博发展趋势和现代思潮等，是观众了解天下文博大事的专业橱窗。"馆内动态"则是将建馆以来发生的诸如开馆剪彩仪式、扩建改陈工程等重大事件，文图并茂地记录下来，是了解馆内基本工作的公告牌，也是我馆献给广大观众的一道新闻快餐。

陈列展览是革命纪念馆进行宣教工作的主要手段，所以文图并茂的"在线展览"栏目，正是革命纪念馆开展网络宣传的重头戏。古朴典雅的八路军抗战史陈列馆是我们宣教工作的主阵地，共分序厅和6个分展厅，采用大量图片资料和布展珍贵文物，辅助以雕塑、绘画、景观、木刻、影像等配景，栩栩如生地再现了八路军以三师之众东渡黄河，奔赴抗日前线，驰骋辽阔的华北敌后战场，与华北地区广大民众同仇敌忾、抗日御侮，创建晋察冀、晋绥、晋冀豫、冀鲁豫、山东等抗日根据地，最后夺取抗日战争伟大胜利的全景式历程。八路军将领馆全面再现和领略抗战时期900多位八路军高级将领们的不朽功勋和革命风范。在八路军游击战术演示馆，观众可以通过巧妙有趣的布展，目睹地雷战、地道战、麻雀战、围困战、破袭战、攻心战、伏击战、捕捉战、联防战、铁道游击战、水上游击战、窑洞战等惊心动魄的游击战术画面，体会八路军健儿"青纱帐里逞英豪，水乡芦荡出奇兵"的威武风采。此外,在我们纪念馆网站,观众还可以点击到《八路军驻各地办事处巡礼》《邓小平经济改革思想萌芽在太行山上》《港澳台同胞与八路军抗战》《海外华侨与八路军抗战》《国际友人与八路军抗战》《在华日人反战组织发展陈列》等别具特色的展览,以及大型文献纪录片《八路军》、反映八路军游击战术的文献专题片《人民战争的凯歌》和环幕立体电影《百团大战》等影视资料的珍贵画面。

遍布全国各地的革命纪念馆,为了增强爱国主义教育基地的宣教感染力和趣味性,结合自身的纪念特征,纷纷亮出自己的绝招,开设了多种观众参与性很强的特色参观项目。为此,"特别推荐"栏目便跻身于各地网站,成为革命纪念馆网站的一个颇具影响力的栏目。打开我们八路军纪念馆网站,"特别推荐"奉献给广大观众的是一系列特色活动项目简介,并配有多种特色活动的代表性图片。与此同时,观众从网上还可以点击观看反映小八路作战场面的专题纪录片《攻克凤凰山》中的珍贵镜头。在八路军抗战史陈列馆观众可以观赏到"百团大战——攻克娘子关"演示实景。在游击战术演示馆,可以欣赏到八路军窑洞战中"鬼子进村"演示实况。另外,我馆组建的八路军精神宣讲小分队,始终高扬爱国主义教育主旋律,是我馆对外宣传的一支文艺轻骑队。他们所表演的一些具有浓郁太行山风情的文艺节目,有很多精彩片段也被制作上网,浮现在广大观众面前,为我馆网站的"特别推荐"栏目,增添了一道亮丽迷人的风景。

在长期的工作实践中,我们认识到革命纪念馆要搞好对外宣传,除策划有分量的精品陈列展览外,展示具有革命纪念意义和生动教育意义的珍贵文物藏品,并通过讲述文物故事,进行革命传统教育,也是象征革命纪念馆具有雄厚宣教实力的重要标志,"文物史话"这一网上栏目,便突出地表现了这一主题。我们八路军太行纪念馆的具体做法是,选择一些有档次的文物珍品,拍成图片,编辑制作成网上"八路军精品文物展",同时配发有一组馆藏精品文物故事。特别是2002年12月,我馆配合八路军将领馆的陈列布展,赴首都北京,深入200多位八路军将领家里,征集到上千件珍贵的革命文物,大大充实了我馆的文物宝库,我们将这些新征的文物图片、文物流传经历等编辑上网。与此同时,还将沁县小东岭村民捐赠的朱德、彭德怀、左权等八路军将领使用过的珍贵文物、空军济南某部捐赠的战斗机、刘显宜将军儿子刘京生捐赠的行军床以及张蕴钰将军亲赴我馆文物征集组——北京驻地捐赠文物、图书等珍贵画面剪辑上网,及时奉献给关心与关注我们纪念馆发展的广大热心观众与网友。

纵观全国的革命纪念馆,大都是为纪念中国近现代史上重大事件或重要人物而修建布展的,大张旗鼓地宣传近百年来为中华民族的独立与解放而光荣献身的革命先烈,理所应当成为革命纪念馆宣教工作的重要内容。我馆所推出的"英烈传记"栏目,正是向全国广大上网观众所献出的一份厚礼。8年全面抗战中,为国捐躯的八路军将士总计34万人,其中正团级以上干部牺牲728人。为此,我们特地将八路军英烈可歌可泣的感人事迹,按"生平简介"(配发珍贵遗像)"抗日故事""警句格言""人物述林"等分主题小专栏形式,编辑上网,从而激发广大观众"继承八路军先烈遗志,实现中华民族伟大复兴"的豪情壮志。

就革命纪念馆的功能来讲,它既是开展爱国主义教育的示范基地,又是革命历史专题研究的重要场所。丰硕的研究成果往往就是一个革命纪念馆对外宣传的一个品牌。为了展示这些研究成果,我馆在网站特别设计了"研究文库"栏目,分别以"抗战辞典""论文天地""学术交流""未来展望"等标题,全面展示建馆以来的八路军战史最新研究成果。在这里,观众可以根据需要,点击搜寻《八路军抗战辞典》中的任何一个重要词条。在"论文天地"中,可以查找并饱览我馆战史研究人员长期研究撰写并在专业报刊上发表的所有学术论文。"学术交流"登载我馆工作人员在历次全国八路军、新四军学术研讨会和全国革命纪念馆(地)协作发展研讨会等高端会议上的学术交流盛况。此外,通过"未来展望"一栏,观众还可在网上提前捕捉到我馆成立"八路军研究中心",创办《八路军抗战研究》馆刊,策划出版《八路军抗战辞典》《八路军将领传略》《八路军游击战例史话》和《小八路故事会》丛书等重要科研信息。

面对市场经济大潮的冲击,革命纪念馆与时俱进,开拓创新,勇敢地走出一条传统教育与风景观光相结合的大旅游之路,如何达到与周边环境的协调和可持续发展等,已成为新时期革命纪念馆面临的重要课题。鉴于上述原因,设计"旅游环境"专栏,也是革命纪念馆网站的必备栏目。我们八路军太行纪念馆景区位于具有光荣革命传统而且风光秀美的太行山区,当年这里曾驻扎过八路军前方总司令部和中共中央北方局等重要的党政军首脑机关,因而以八路军抗战文化为内涵的革命纪念地星罗棋布,逐步形成了一个颇具魅力与规模的环太行山红色旅游群落,特别是举世瞩目的长(治)太(原)高速公路的开通,为加速我馆与周边景点的联系与合作,共同开发和利用红色旅游资源,提供了全新的发展机遇。我馆网站的"旅游环境"栏目,除重点介绍了八路军抗战史陈列馆、八路军将领馆、八路军游击战术演示馆、八路军抗战纪念碑、凤凰山碑林公园等参观景点外，还可点击并观赏到周边八路军前方总部王家峪旧址纪念馆、八路军前方总部砖壁旧址纪念馆、八路军黄崖洞兵工厂旧址纪念馆、八路军前方总部麻田旧址纪念馆和八路军129师师部赤岸旧址纪念馆的风光图片，同时也可以查询到沁县北涅水北魏石刻馆、襄垣仙堂寺、沁源灵空寺、榆社古脊椎动物化石馆、武乡石勒皇帝故里陈列馆等驻地和周边县域的特色参观景区简况，堪称一部电子版的太行山红色旅游宝典。

为了适应改革开放的新形势，大多数革命纪念馆都打破故步自封的传统经营模式，大胆迈向了横向联合、协作发展的康庄大道。于是，"友情链接"栏目便成为网上革命纪念馆点击率最高的热门专栏。我们八路军太行纪念馆网站设立以来，先后与国家文物局、中国人民抗日战争纪念馆、"九·一八"历史博物馆、侵华日军南京大屠杀遇难同胞纪念馆、平津战役纪念馆、朱德故居纪念馆、彭德怀故居纪念馆、徐向前故居纪念馆、叶剑英故居纪念馆和河北冉庄地道战纪念馆等100多家纪念馆、博物馆机构，实现"友情链接"，沟通信息，取经探宝，协作互助，共谋发展，为创建全国性的网上革命纪念馆（地）网络集群，作出自己更大的贡献。

21世纪是现代网络信息技术称雄的世界，网络市场对于革命纪念馆来说，将是一块广阔无边而极富潜力的宣传阵地。我们八路军太行纪念馆上网宣传的最终目标是，让世界各国爱好正义与和平的人们，更多地了解八路军抗战在世界反法西斯战争中的重要地位及历史贡献，让和平与发展成为新世纪各国人民友好交往的永恒主题。

（原载 2009 年 4 月《中国博物馆论坛》）

期望与梦想

——八路军太行纪念馆发展思路和未来构想

八路军太行纪念馆是国家一级博物馆、中国红色旅游经典景区,承载着研究八路军光辉历程、宣传伟大太行精神的历史重任。八路军太行纪念馆未来如何发展,应该是值得我们永远思考和研究的重要课题。我作为长期从事党史军史和文博工作研究的专家,精心撰写了《八路军太行纪念馆发展思路和未来构想》,以供正在或者即将从事八路军太行纪念馆工作的所有同事们参考与借鉴。

一、指导思想

以习近平新时代中国特色社会主义思想为引领,认真贯彻习近平总书记关于革命文物、纪念馆工作的系列重要讲话精神,贯彻习近平总书记视察八路军太行纪念馆提出的"要结合新的实际与时俱进地弘扬太行精神,坚定正确的理想信念,始终保持对党对人民对事业的忠诚;始终保持同人民群众的密切联系;始终保持知难而进、奋发有为的精神状态;始终保持艰苦奋斗的优良作风"的重要指示精神,全面落实《关于加强文物保护利用改革的若干意见》和《关于实施革命文物保护工程的意见》,结合八路军太行纪念馆的工作实际,构思并撰写了具有可行性和前瞻性的《八路军太行纪念馆发展思路和未来构想》。

二、总体目标

以《国家文物事业发展规划》和《山西省文物博物馆

事业发展规划》为基本,结合实际,与时俱进,改革创新,奋发有为,振奋精神,真抓实干,依据纪念馆科学发展的现代管理理念,大力加强人才队伍培养和基础设施建设,狠抓文博业务工作,实现纪念馆工作的信息化管理,通过10年的努力拼搏,把八路军太行纪念馆建成集研究、展示、宣教、收藏、研学和文旅于一体的全国一流爱国主义教育基地和红色旅游经典景区,为开创文博事业繁荣发展的崭新局面而不懈奋斗。

二、具体完成任务和实现目标

(一)实施人才发展战略,打造一支实力雄厚的文博专业队伍。

目前,本馆员工的组成结构呈现工勤人员偏多、专业技术人才严重缺乏的状况,这一刻不容缓的现状,成为制约纪念馆发展的瓶颈和短板,所以通过在编招聘、合同制招聘和外调等方式,大量充实文博专业技术队伍,是谋划纪念馆未来发展的重中之重,未来10年我们的首要任务,就是要内强素质,外塑形象,锤炼和锻造一支文化素质高、专业技术强、能顺利完成各种专业课题和任务的精兵团队,成为引领纪念馆各项事业蓬勃发展的主力军。

1. **研究人才队伍建设。** 从事八路军抗战史研究,是本馆的重要工作,是馆里开展展陈、宣教、文保等业务工作的基础,我们就是要用10年时间,造就一批具备著书立说能力、能独立完成研究课题而且学术成果丰硕的专业研究人才,最终发展成为全国最大的八路军研究中心,成为八路军抗战文化和太行精神的国家级科研基地。

2. **展陈人才队伍建设。** 陈列展览是本馆展示和宣传八路军光辉历史和伟大太行精神的主要手段,我们就是要招募和吸纳优秀的展陈人才,把他们培养成既会编辑展览内容大纲,又精通展示方案设计的独立策展人和策展团队,甚至未来可以尝试组建本馆自己的展览制作团队和布展公司。

3. 宣教人才队伍建设。宣教人才缺乏是本馆宣教工作的基本现状,我们的奋斗目标就是要通过在编人员招聘、合同制招聘和签约季节性讲解员,甚至从社会招募志愿者讲解人才,共同构成全方位多元化的综合型讲解队伍,而且通过逐年增加在编讲解员数额和提高讲解员工资待遇等手段,留住优秀讲解员,从而稳固和壮大讲解员队伍。

4. 文保人才队伍建设。本馆文保人才队伍的建设,就是要逐步实现文保管理人才的转型发展,未来的文物保护从业人员,就是要造就兼备文物管理、文物研究、文物鉴定和文物修复等综合能力的复合型文保人才。

5. 安保人才队伍建设。安保人才队伍建设的首要任务就是改制和实现安保人员的社会化管理,根据人防和技防相结合的现状,着力培养和提升安保人员的文化素质和技防消防实践能力,逐步形成一支召之即来、战则能胜的安保人才队伍。

6. 后勤保障队伍建设。今后10年,我们将着力搞好后勤保障人员的文化知识和专业技能的培训,全面提升财务、水暖电工、保洁、绿化等后勤保障人员的综合素质和服务技能水平,实现馆内保洁、绿化人员的社会化招募管理。

(二)加强工作制度建设,建立科学完备的管理体系。

纪律制度是一切工作的生命线,是搞好纪念馆各项事业的前提保障。所以今后10年,我们要结合工作实践,逐步探索总结、确立、完善各项规章制度,从而建立科学完备的博物馆管理体系,使纪念馆迈上健康有序、依规办事的发展途径。

1. **总体规章制度。**建立健全日常管理工作制度、纪律制度、奖惩制度和工作业绩考核制度。

2. **学术研究制度。**建立健全编辑出版研究丛书制度、专业学术课题立项申报制度、发表专业论文等学术成果奖励制度。

3. **陈列展览制度。**建立健全陈列展览设计编辑流程制度、策展人工作制度、展览对外交流工作制度。

4. **宣传教育制度。**建立健全讲解员招聘招募制度、讲解员日常工作制度、讲解员培训学习制度、讲解员考核定级制度。

5. **文物保护制度。**建立健全文物征集收藏管理制度、馆藏文物保管制度、文物出入库制度、展厅展示文物管理制度、文物外展管理制度。

6. **安全保卫制度。**建立健全单位安全保卫制度、门卫昼夜值班辖区巡查制度、技防消防制度、突发事件应急处置制度。

7. **后勤保障制度。**建立健全财务管理制度、水暖电等后勤保障制度、办公用品采买购置制度、保洁人员管理制度和绿化人员管理制度。

（三）着力提升智能化办公水平，最终实现文博工作的信息化管理。

互联网时代的中国，对纪念馆未来发展提出了更高更新的要求，所以实现纪念馆管理的网络化智能化，是建成智慧博物馆的必然要求和发展趋势。

1. **日常办公的信息化管理。**努力构建馆内日常办公、会议通知、文件收发、对外联络等方面的网络信息化管理体系。

2. **研究工作的信息化管理。**逐步实现馆藏八路军研究图书资料检索、研究课题、研究编程、出版选题的信息化管理。

3. 展陈工作的信息化管理。实现编辑陈列大纲、内容设计、形式设计和展览制作的一条龙、全流程的信息化管理。

4. 宣教工作的信息化管理。主要实现票务、导览系统和讲解员基本信息及招聘、培训、考核的信息化管理。

5. 文保工作的信息化管理。主要实现文物征集收藏、馆藏文物登记、文物出入库登记、文物鉴定、文物修复以及对外交流借展文物的信息化管理。

6. 安保工作的信息化管理。实现馆内技防、消防的信息化管理和整个景区监控系统的全覆盖;启动并完成本馆技防系统的提升改造工程。

7. 后勤工作的信息化管理。实现财务往来、公共采购、后勤保障的信息化管理。

(四)加大基础设施的投资建设力度,建成满足全域旅游的5A级经典景区。

基础设施的建设,是本馆爱国主义教育基地繁荣发展的重要标志,也是打造红色旅游经典景区的必备条件。所以加大基础设施的投资建设力度,就成为未来纪念馆发展刻不容缓的大事。

1. 完成西部(八路军将领馆后面)的征地拆迁工作。根据纪念馆中轴线两侧等距离对称开发的原则,积极争取资金立项,推进完成西部(八路军将领馆后面)的原城关中学片区的征地拆迁工作,是纪念馆扩大基建、谋求发展的当务之急,必将为纪念馆开发发展,提供广阔的地理空间。

2. 完成游客中心、停车场和旅游厕所的基建任务。在八路军将领馆后面新征地区,修建本馆游客中心、大型停车场、旅游厕所,是申报上星级景区的必备条件,为打造5A级景区奠定基础。

3. **新建八路军纪念馆景区多功能教学楼和"学员之家"餐饮住宅楼。**修建教学楼和宾馆,是未来纪念馆基建的重头戏,将为创建八路军文化研学基地,提供必备的场所。

4. **凤凰山八路军主力师司令部旧址景观复原建设工程。**在主展馆后面的凤凰山半山腰,新建115师、120师、129师、晋察冀军区等八路军主力师司令部旧址复原景观,是展示与弘扬八路军文化的重要配套工程。

5. **继续完善国防教育园区建设。**今后要加大多渠道征集坦克、飞机、大炮、装甲车等大型革命文物的力度,为修建和完善馆区的国防教育园,打下坚实的基础。

6. **提升和改造现有场馆、园区建设。**我们将加大对八路军抗战史陈列馆、八路军将领馆、八路军研究中心(办公区)、百团大战半景画馆、窑洞战景观、凤凰山碑林、和平颂主题公园等现有场馆设施的维修和改造力度,为打造中国红色旅游经典景区做贡献。

7. **院内及凤凰山景区绿化工程。**场馆区和凤凰山区的绿化美化工程建设,特别是凤凰山绿化工程,清除山上原有的野生植物树种,因地制宜地种植冬夏常青的松柏树,是未来纪念馆美化亮化建设的重要任务和努力目标。

8. **完成主展馆(北馆)、将领馆(西馆)和研究中心(东馆)等建筑顶部的亮化美化工程。**现在从凤凰山巅俯视馆区建筑,发现北东西3大主体建筑顶部风貌不佳,急需进行景观式设计和绿化美化亮化,使之成为八路军太行纪念馆景区鸟瞰图中一道亮丽而独特的风景。

(五)主抓业务工作,建成集科研、展陈、宣教、文保于一体的八路军抗战文化传播教育基地。

八路军太行纪念馆是全国最大的八路军抗战史展示基地,更是伟大太行精神的传播平台。鉴于这样的认识高度,我们纪念馆未来发展的思路,就是要主抓学术研究、陈列展览、宣传教育和文物保护等业务工作,为八路军太行纪念馆的繁荣发展,提供强有力的文化支撑。

1. 学术研究工作

(1)建立健全学术委员会。成立学术委员会,作为纪念馆从事学术研究、申报课题、出版成果的决策机构。

(2)研究从业人员必须确立申报重大学术课题。研究人员每年确立、申报、完成学术研究课题,要形成一种制度,年终进行业绩考核。

(3)编研出版八路军抗战研究系列丛书。用10年时间,组织策划、研究撰写、编辑出版一整套关于八路军政治、军事、经济、文化、外交等方面的专题研究丛书。

(4)充实八路军研究图书馆资料库。加大征订、购买八路军抗战研究图书的力度,大量充实八路军研究图书资料库,为八路军研究提供强有力的保障。

(5)引进发表八路军研究成果的奖励机制。未来10年,我们要划拨研究课题经费,制定奖励规则,对发表论文、出版成果的员工给予奖励,调动积极性,形成崇尚学术研究的浓厚氛围。

2. 陈列展览工作

(1)基本陈列的提升改陈。坚持"五年一小改,十年一大改"的原则,对基本陈列《八路军抗战史陈列》和《八路军将领陈列》进行提升改陈,特别是对领导、专家提出的《八路军将领陈列》中《八路军前方总部》和《八路军作战指挥室》两个历史复原景观,进行重点提升改陈,使之体现更加形象逼真的展示效果。

（2）巡展工作迈上新台阶。在外出巡展方面,我们将继续主打《八路军总部在太行》和《太行精神光耀千秋》两个原创性品牌展览,走出山西,推向全国。

（3）着力策划设计富有特色的原创性展览。我们与山西省国家安全厅合作,隆重推出基本陈列《抗战时期隐蔽战线专题展》;同时还将重点策划设计《少数民族与八路军抗战》《港澳台同胞抗战史实展》《海外华侨与八路军抗战》《国际友人与八路军抗战》等原创性专题展览。

（4）结集出版基本陈列和原创性专题展览的图集。今后凡是本馆推出的原创性基本陈列和专题展览,我们都要编辑出版陈列展览图集,以此扩大推广品牌宣传。

3. 宣传教育工作

（1）拓宽宣教渠道,实现宣教模式的转型。我们将坚持开拓多渠道宣教模式,由单一的展馆讲解宣传,向走出去巡展巡演发展,实现由静态宣传向动态宣传的转型发展。

（2）注重网络宣传,加大新媒体宣传的推广力度。我们将顺应时代潮流,在搞好传统讲解宣传模式的基础上,大力开发应用网站、微信、微博、客户端、抖音、快手等新媒体宣传,实施互联网＋宣教战略,大胆推进运用5G+VR全景直播、5G+AR慧眼、5G+智能服务、5G+社交分享等时尚宣教手段,最终实现票务检索系统和导览讲解系统的现代高科技宣教服务。

4. 文物保护工作

（1）建立健全全国最大的八路军抗战文物库。拓宽征集渠道,大量征集与充实抗战文物,完成革命文物保护工程,建成全国最大的八路军抗战文物库。

（2）组建抗战文物修复中心。广招专业技术人才，购置设备，建成以抗战文物为主的近现代革命文物修复基地。

（3）组建抗战文物鉴定中心。引进先进设备，招兵买马，建成以抗战文物为主的近现代革命文物鉴定基地。

（4）加大抗战文物的网络展示宣传力度。选择经典抗战文物及文物简介，进行网络新媒体展示宣传，广泛开展抗战文物展的合作交流。

（5）编辑出版馆藏八路军抗战文物故事集和经典文物图集。筛选精品抗战文物，编写文物背后的精彩流传故事，更好地为抗战文物的展示与讲解宣传服务。

（六）坚持传统教育和风景观光相结合的发展理念，打造文化与旅游高度融合的新时代太行精神研学基地。

面对历史文化和品牌旅游高度融合的时代大潮，八路军太行纪念馆今后的总体发展思路应该是，坚持传统教育和风景观光相结合的发展道路，用10年时间打造成八路军文化和太行精神的全国一流研学基地，为八路军太行纪念馆的繁荣发展，作出更大的贡献。

1. 研学基地基础设施的配套完善。研学基地基础设施的建设思路是，拆迁现在的员工宿舍楼和锅炉房，重建一栋多功能教学楼和一栋"学员之家"宿舍楼；同时对现有的场馆和馆区所有教学参观点，进行全面的提升改造，美化亮化。

2. 研学基地教研师资力量的招募与培训。研学基地的教研师资队伍，应该以本馆副高以上的专业技术研究人员为教师主体力量，然后外聘大专院校、研究机构的专家老师，作为教师力量的补充，从而壮大八路军太行纪念馆研学基地的教研教学队伍。

3. **制定完善研学基地教学课程的编排设计。**研学基地的课程编排,要紧紧围绕八路军文化和太行精神两大主题,可设计编研八路军政治、军事、经济、文化、外交和太行精神的专题讲座。

4. **组建环太行山红色研学联盟,形成更加成熟完善的研学教育体系。**一个完整的研学基地,既要有生动活泼的课堂授课教学,同时也要有学员实地考察的丰富多彩的教学实践观摩点。所以,我们未来研学基地发展的思路是,除了提升改造馆内的教学参观点之外,还要花大力气,下大功夫,和太行山周边的所有抗战遗址、革命纪念地等红色资源,进行联络整合,扩大研学教学点,而且每个教学点都要培养1至2名自己的研学陪同指导教师,从而构建环太行山红色研学联盟,合作共赢,共创辉煌!

（原载 2020 年 2 月《中国博物馆管理》）

八路军总部与驻各地办事处的
关系与作用

历时14年的中国抗日战争,是中国现代"战争上的奇观,中华民族的壮举,惊天动地的伟业"。在这场神圣的民族解放战争中,八路军总部设在南京、上海、西安、太原、武汉、长沙、桂林、洛阳、豫北、广州、兰州、新疆、重庆、贵阳和香港等地的办事机构,在扩大统一战线,转送军需物资,输送兵员干部等方面,发挥了极其重大的作用,创造了无数可歌可颂的光辉业绩。

同国民党谈判的前哨阵地
联合友军作战的良好纽带

八路军总部设在全国各地的办事处,是抗日战争时期中国共产党所领导下的八路军在全国各地、主要是在国民党统治区建立的公开合法的机关。这些机关对于共产党领导全国人民开展抗日救亡运动,巩固和扩大抗日民族统一战线,前方部队的后勤供给和人员物资的转运,发挥了极其巨大的作用。

1937年8月25日,中共中央军委发布了中国工农红军主力改编为国民革命军第八路军的命令。朱德、彭德怀通电就任八路军正副总指挥之后,随即在西安七贤庄一号门外挂起了"国民革命军第八路军驻陕办事处"的牌子。这是八路军在国统区设立的第一个公开办事处,也是进出延安的重要门户与通道。它和上海、南京、武汉、太原等地的八路军办事处一道,有力地支持与协助了我党同国民党关于红军改编问题的谈判,以及八路军开赴抗日前线等有关事宜的洽谈与商定。原来,从1937年2月中旬到7月中旬,中共代表周恩来、博古、叶剑英、林伯渠先后在西安、杭州、庐山等地同国民党代表顾祝同、张冲、蒋介石、宋子文等谈判4次。谈判中,蒋介石等虽多方延宕刁难,企图继续限制中共和红军革命根据地的发展,但在全国人民抗日救亡呼声的强大压力下,也不得不在原则上承认国共合作抗日,并同意红军的45000人,改编为3个师。"八·一三"淞沪抗战爆发后,蒋介石迫于危在旦夕的紧张局势,才同意在红军改编的三个师之上设八路军总指挥部。由于中国共产党为公布国共合作宣言和蒋介石承认中国共产党合法地位的谈话公诸于世,第二次国共合作才正式形成。在具体谈判过程中,西安、南京、上海等地的办事处,成为共产党同国民党进行谈判斗争的立足点和前哨阵地。

1937年8月25日,原红军联络处(西安"八办"前身)的工作人员及时将自己油印的朱德、彭德怀就职通电,向西安各界人士和各机关团体散发。通电引起极大的反响。当时云集西安的爱国知名人士、政界要员、军界将领、省府主席以及各抗日救亡团体,纷纷致电发函,深表热烈祝贺,八路军一时声威大震。9月11日,按照国民政府各战区的战斗序列,八路军改称"国民革命军第十八集团军。"于是全国各办事处均挂起了"国民革命军第十八集团军驻××办事处"仿宋体蓝底白字的大长木牌,一个个办事处成为我党唤起民众、团结抗战的军事政治联络站。

　　山西的战略地位至关重要,成为华北地区对日作战的主战场。在日军大举向山西进犯的情势下,由于中共密住太原的红军联络站与阎锡山当局早已建立了较好的关系,阎已由过去反对红军入晋抗日,转为欢迎红军入晋对日作战。周恩来在南京谈判期间,主动要求将中共部队隶属于阎锡山任司令长官的第二战区指挥。这一提议获得南京政府同意后,从1937年8月下旬开始,八路军主力部队115师、120师、129师即陆续出师山西前线堵击日军。9月5日,中共中央军委副主席兼国民革命军总政治部副主任周恩来到太原,同阎锡山等二战区负责人谈判两党两军团结合作、共同抗日等各项事宜。在这新的形势下,太原办事处主任彭雪枫和办事处全体人员根据党中央指示,十分紧张地进行了大量工作。

　　在红军出师路线问题上,中共中央和毛泽东经过周密考虑,决定从陕西韩城渡河。毛泽东8月15日电示彭雪枫:"因时局紧急,红军不待改编即拟出动。""出动路线,因洛川至府谷千里无粮,延安南北800里颗粒无买(机关粮食从晋西与西安买来),因此决不能走陕北。韩城渡河,经蒲县、孝义、汾阳到大同集中,此点与阎交涉,一定要办到。"彭雪枫接电后,立即同阎锡山及第二战区长官司令部等有关方面交涉,获得圆满解决。8月12日毛泽东曾将阎锡山答应红军由韩城渡河事电告朱德、周恩来。接着,彭雪枫就渡河日期、地点、船只、粮食、运输、列车等与阎方进行了协商。8月14日,彭雪枫将红军出师沿途所经地点的粮草供应、每天可派出的列车车厢等向中央作了具体说明。为防止行军中发生意外,他还向中央提出安保、保密的具体建议。中央经过认真分析,即按彭所提意见开始行动。从8月31日开始,八路军主力由韩城县芝川镇渡河陆续开赴山西,顺利到达指定地点。9月

21日,朱德亲率八路军总部抵太原,圆满地实现了党中央的意图。办事处主任彭雪枫被誉为八路军的"先行官""好参谋"。八路军主力抵太原时,办事处组织了太原市的各群众团体到火车站欢迎。还在办事处接待了八路军高级将领朱德、彭德怀、贺龙、罗荣桓、徐向前、周士第、萧克等。

为了解决对日作战的给养,彭雪枫根据毛泽东指示,就红军补充装备与阎方协商。阎锡山答应解决。彭雪枫即派办事处工作人员去第二战区司令部,先后领过30部15瓦的电台、50万发七九子弹、50万发中正子弹、200支冲锋机关枪,以及大批手榴弹等,分别发给路过太原的八路军部队。与此同时,彭雪枫还陪同周恩来检查了设在汾阳、侯马等地的八路军兵站的接待、服务工作。

中共中央军委副主席周恩来和八路军副总指挥彭德怀于9月5日抵达太原,与阎锡山等谈判合作抗日和作战部署等问题。在此之前,彭雪枫曾于8月31日专程去太和岭口行营就平津军事失败、日本占领平津后的行动估计及中国的对策、南京抗战决心、华北抗战前途、抗日游击战等问题,与阎锡山进行了广泛的交谈,了解掌握了阎锡山在这些方面的看法与打算。同时就周恩来、彭德怀抵晋所乘车辆、安全、食宿等与阎方进行交涉,并作了妥善安排,从而为双方高级领导的深入谈判,作了很好的准备。周恩来、彭德怀到太原后,彭雪枫先是陪同会见山西省省长赵戴文和省政府秘书长贾景德。尔后即陪同去代县太和岭口、大同、太原等地,与阎锡山、傅作义、卫立煌、黄绍竑等进行了数次会谈。此外,彭雪枫还协助周恩来、彭德怀处理了不少具体事务。

为广泛发动并组织战区各阶层人民参加抗战,周恩来在与阎锡山谈判中,提议建立"第二战区民族革命战争总动员委员会"（简称战动总会）。经阎锡山同意后，周恩来亲自组织筹备，由侯外庐起草了战动总会宣言，由邓小平起草了战动总会工作纲领。这两个文件拟好后，为慎重起见，先由彭雪枫、邓小平和程子华等组成一个小组，进行了充分研究，后由周恩来委托南汉宸、续范亭拿去找阎锡山阅示，阎锡山感到满意。9月底战动总会成立，并在抗战中发挥了很大作用。

后来，彭雪枫又去太和岭口行营与阎锡山晤谈，具体商讨了阎锡山指挥八路军的两个原则，即事先相互商议，随时将计划部署通知八路军，由八路军自行酌量行动，以及共同建立五台山根据地的有关问题。9月20日，朱德率八路军总部抵太原后，彭雪枫又陪同朱德等与阎锡山会晤研讨了"平型关战役"诸问题。同时，为了进一步搞好与友军的联合作战，在太原和临汾期间，周恩来、朱德曾分别与国民党将领卫立煌、李默庵等在办事处会晤和交谈。八路军在平型关首战告捷和取得夜袭阳明堡日军机场的重大胜利后，许多国民党陆、空军将领到"八办"来表示祝贺和感谢。周恩来、彭雪枫都一一热情接待，并用平型关大捷中缴获的香烟、食品等招待来宾。这些活动加强了团结，推动了国共合作抗战。后来的忻口战役、娘子关战斗、太原保卫战都成为国共合作抗战的典范。

扩大抗日民族统一战线
宣传我党我军抗日主张

抗战初期，在党的领导下，上海的文化宣传工作如火如荼地开展起来。它们教育了人民，打击了敌人，一扫国民党散布的悲观消极情绪。周恩来对此曾给予高度评价。他说：

"上海新闻出版工作搞得活跃,对香港、内地都有影响,应加以表扬。"1937年7月下旬,周恩来等中共中央代表上庐山同国民党谈判期间,曾到上海找"八办"主任潘汉年和刘晓等传达中央的精神。周恩来在谈话中指出,我们要抓住全面抗战的时机,放手发动群众,充分开展抗日民族统一战线的工作,以文化界为基础,搞好上层进步人士的统战工作,充分利用上层的合法关系,广泛联系群众,建立群众组织。周恩来再三强调,不管形势怎样变化,统战工作要大力开展,稳扎稳打。党的活动要隐蔽。对地下党和"八办"的关系,周恩来强调:地下党组织(指江苏省委)和"八办",不要建立经常的组织联系,秘密工作与公开工作不能混淆。

正是在党中央的关怀下,"上海八办"一成立就加强了与上海市各界爱国人士如宋庆龄、何香凝、沈钧儒、邹韬奋、史良、沙千里等的联系。并对胡愈之、钱亦石、钱俊瑞等社会上层知名人士做统战工作。同时加强对各界救亡团体的领导,如通过新闻界羊枣,职业界王纪华,文化界王任叔,妇女界沈兹九等,一起组织发动抗日救亡运动,使上海成为抗日救亡运动的重要阵地。

1937年秋,上海"八一三抗战"爆发。上海各界群众性的救亡组织由救国会改变为救亡协会。当时,文化界救亡协会比较活跃,影响广泛。其上层机构是由国共两党各派人选组成的。组织部、宣传部由中共掌握,基层群众运动的领导权也在中共掌握之中。组织部负责工作的钱俊瑞,中共组织关系在"八办"。"八办"通过他和汪光焕、杨帆等联系,贯彻党的方针,同时,中共江苏省委沙文汉等也经常关心"文救"工作。王任叔(巴人)担任上海各界救亡协会党团工作时,王除接受中共文委领导外,还和"八办"刘少文保持个别联系。每周碰头一、两次，主要是研究上层统战工作。

1937年11月中旬，南市、闸北等周围地区为日军占领，公共租界、法租界地区成为"孤岛"，"八办"主任潘汉年根据党中央指示，宴请各界知名爱国人士。在会上，潘汉年阐述了在日军占领上海的危急形势下，为了保存革命力量，要求他们撤离上海。会后，潘汉年把党中央建议宋庆龄离沪的电文交她过目。于是，宋庆龄于1937年12月13日乘德国邮船秘密离沪去港。其他主要知名人士，也在潘的周密安排下，分批化装乘外轮秘离。潘汉年与夏衍也于25日赶赴香港。

"八办"主任潘汉年和"八办"其他人员在开展国民党上层的统一战线工作方面，发挥了重要作用。他一方面依靠党和群众的支持，热情地宣传党的主张。就舆论关心的问题在《救亡日报》《申报》上发表文章，以推动上海救亡运动不断向前发展。同时潘汉年还利用自己的合法身份，周旋于国民党上层人士中间，在坚持抗日的前提下做了大量统战工作。他按照周恩来的指示，以郭沫若的名义，应陈诚、张发奎、罗卓英的要求，把由革命青年组成的3个战地服务队派进国民党军队担任民运的宣传、组织、救护工作。

10月28日，潘汉年以八路军驻沪代表的身份，致函上海市各界抗敌后援会的主席团成员兼筹募委员会主席杜月笙：八路军"开入晋北，血战经月，已给予日寇重创"，但因为"经费限制，防毒装备缺乏"，"渴望后方同胞捐助防毒面具……"。杜接信后，第二日即在杜公馆召开抗敌后援会主席会议，讨论了捐赠防毒面具一事。会议通过决议，同意将1000具从荷兰进口的防毒面具（价值1.6万元）捐赠给前方八路军将士使用。杜月笙与中共这段交往，是潘汉年根据党的指示，团结国民党知名人士抗日，巩固和扩大统一战线的一个成功的记录。

上海租界沦为"孤岛",刘少文继续积极从事各方面的统战工作。如1938年冬,上海地方协会秘书长姚惠泉在刘少文的推动下,动员工商界爱国人士踊跃捐献物资,捐助前方抗日将士胶鞋2万双,龙头细布4000匹。上海工商业"星二聚餐会"的成员,还专门成立"节约救难委员会",征募寒衣及捐款支援抗日前线。"职协"宣传部部长李文杰以会计师身份查核捐款账目,仅送交《译报》馆代收的捐款就有1785万元。刘少文还收到海关丁贵堂捐款的2万元。

八路军驻南京办事处一成立,也积极向国民党交涉,在南京出版《新华日报》。后因前方战事失利,不得不移往武汉继续筹办。当时,延安出版的《解放》周刊寄的份数不多,而且不能按时收到。办事处只得经常散发油印宣传品。每次收到党中央的重要电文和八路军前线作战的捷报,就立即油印发给报馆。各报对八路军战报一般都照登。上海邹韬奋主编的《抵抗三日刊》协助八路军驻南京办事处做了不少宣传工作。

10月7、8、9日,八路军驻南京办事处在《申报》《中央日报》连续刊登大幅广告:《朱德、彭德怀启事》。启事中说:"所部业已开赴前线,正与暴敌激战。我全体将士誓与全国民众各友军在蒋委员长领导之下扫除强敌,务使民族解放之伟大事业克底于成。"全国各军政领袖、各党派首领、各界名宿、各民众团体也给朱、彭发来贺电公开表示感谢。

10月18日,《京华晚报》登载过一篇对叶剑英的专访。八路军总参谋长叶剑英对记者说:"晋省得失,不仅关系华北之存亡,实对中日整个战局有相当之影响。近日我军在各路战事始终占取优势。游击战术,业已收到相当之功效。从侧面将敌截成数段,然后可以各个击破。""八路军在晋作战,与各友军相处,感情极佳。朱彭两总副指挥之总部,系流动性的,随时视事实需要而推移,并无一定驻节地点。"

10月25日出版的《时事类编特刊》第三期登载叶剑英亲笔题字:"举国一致的团结与坚持是战胜日寇的基本条件"。同期还刊登叶剑英致特刊主编梅汝璈的一封信。信中说:"只要我们能够做到:一、举国一致的团结与坚持;二、努力争取国际上一些同情与援助;三、在战略和战术上有巧妙的指导和运用,我想胜利是我们的。"

抗战初期,国民党广东当局的上层机关都设在广州。国民党内部矛盾重重,政治派系十分复杂。办事处根据这一客观环境,按照党的"又团结,又斗争"的统战政策,利用国民党各派系的矛盾,开展上层统战工作。

当时,余汉谋地方实力派和蒋介石中央系派存在着较为尖锐的矛盾。余、蒋势力对比中,余派无疑居于绝对优势。余派为了把蒋系势力挤出去,达到独霸广东的目的,抗战初期放宽一些抗日的民主,对中共和各民主党派的态度比较缓和。中共正是利用蒋、余矛盾,向余汉谋提出建立八路军办事处并得到他的应允的,办事处建立起来后,我们继续对余汉谋展开统战工作,减少他对抗日民主的压制。中共在广州可以出版发行进步书刊,如毛泽东的《中国共产党在抗日战争时期的任务》《论持久战》等著作,在广州街头可以公开出售。广州"八办"的主任云广英经常和余汉谋协商有关事情,曾建议他多做"团结、整军、政工、民运"等工作。余汉谋表示同意云广英的观点,要求我方派人帮助他。于是1938年初,中共广东省委派了包括120多名党员、400多名抗日先锋队员的骨干分子到十二集团军政工总队工作,使余的部队面貌焕然一新。同年12月,在粤北一次抗击日寇的战斗中,协助各级军事干部,不但粉碎了日寇妄图消灭十二集团军主力部队,夺取曲江和南雄两县的目的,而且使日寇死伤6000人,在这次战斗中起了重要作用。

办事处对张发奎的统战工作,也取得了一定成效。例如,1939年6月,平江惨案发生后,张发奎表示,在广东不允许有如平江之事发生,办事处有何事可去问他,可多来往。还表示应广泛团结,反对内部"摩擦"。甚至在一次公开会议上,他大骂顽固派邱誉,指出邱誉的反苏言论不合时宜,不符合抗日建国纲领,制止了邱誉对进步文化人的迫害。张发奎、余汉谋等人还联合发表《告民众书》。该文对发展民族抗战运动和游击战争有一定的意义。

八路军桂林办事处成立后,利用合法地位广泛开展了对新桂系、民主进步人士及各阶层群众的统战工作。

第一,做桂系首脑的工作。以李宗仁、白崇禧、黄旭初为首脑的新桂系,是中共对地方实力派进行统战工作的重点对象。公开做桂系首脑人物统战工作的,主要是周恩来、叶剑英、李克农等领导同志。桂林"八办"建立后,周恩来1938年至1939年4月,3次来到桂林,同郭沫若一起,和白崇禧谈了在桂林复刊《救亡日报》的问题。并应桂林行营主任白崇禧邀请,出席军委会军训部成立周年纪念大会。在会上发表了演说,并多次会见和广泛接触了各阶层爱国人士。当年,八路军参谋长叶剑英也多次来到桂林,在桂林期间他利用各种机会,进行统战活动。1939年1月至5月,应邀到广西学生军第二团作了《现阶段的游击战与正规战》的演讲。应广西省主席黄旭初邀请,到广西建设干部学校作《当前战局之特点》的演讲。到乐群路、李子路储才学校,向各界人士和爱国群众作《积小胜为大胜》的演讲。周恩来、叶剑英的上述活动，对坚定桂林各界团结抗战，争取胜利的信心，对我党与广西统战关系的进一步建立和发展，起了决定性作用。在周恩来、叶剑英做了许多工作的基础上，李克农以公开合法的身份，经常与白崇禧、黄旭初等桂系上层人物接触，和他们交朋友，宣传中共的统战方针与政策。"八办"建立不久，李克农就会见了黄旭初。有一次在谈话间黄旭初问李克农广西有没有共产党。李克农答道："有是有的，可是不会找你们麻烦。若说没有共产党那是骗你，我就是嘛！"李克农向黄旭初坦率地表明了中共在广西的活动，旨在支持广西团结抗战，不干涉广西的内部政务。在中共统战政策感召下，广西当局权衡利弊，表示愿意与中共合作。

第二，做国民党民主派的工作。李济深、李任仁、陈劭先、陈此生等国民党民主派和蒋介石有矛盾，并拥护中共的抗日民族统一战线政策，坚持抗战。中共始终和他们保持密切的联系。中共中央南方局和桂林"八办"十分注意团结他们，并通过他们做桂系首脑人物和上层人物的工作。他们利用"广西建设研究会""文化供社"等团结机构，掩护中共的地下活动，保护共产党员和进步人士的安全，解决他们的工作和生活困难问题。皖南事变前，宋庆龄和爱国侨领陈嘉庚等募集的医药器材及其它物资运往桂林后，桂林办公厅主任李济深在放行和转运时给了许多方便。

第三，做民主人士和进步人士的工作。广州、武汉沦陷后，一大批党外民主人士和进步文化人士云集桂林。桂林"八办"也十分重视对这一部分人开展统战工作。李克农亲自抓这项工作。在新闻界，主要是通过夏衍等去做工作。当时桂林新闻界，有两个不由桂系控制的机构，一是国民党中央社广西分社;一是新闻检查所。这两个机构及其负责人,都属 CC 系,对《救亡日报》负有严密监视的任务。在报纸方面,除了桂系的《广西日报》、中立的《大公报》之外,还有一张国民党军委会直属的以反共著名的《扫荡报》。夏衍对这些新闻单位的负责人,都分别做了工作,并且取得了成效。《扫荡报》总编辑钟期森,也对夏衍表示"不会在版面上发表不利于团结的言论",对《救亡日报》也表示友好。桂林"八办"的统战活动在文化界取得了成效。文化界的许多朋友,都设法拿出力量来支持《救亡日报》。各界人士写文章搞演说,宣传了中共的抗日主张,扩大了八路军、新四军坚持抗战到底的政治影响。

转运军需物资的交通枢纽
我军后勤供给的可靠基地

我军的后勤工作大量的在延安,一部分也在重庆。其中有的需到国民党政府军委会领取或办手续。诸如向国民党政府军委会领取我军的经费、武器弹药、军需物资、卫生医疗器材、医药、交通运输车辆、通讯器材以及人员、物资的交通运输和安全问题交涉等,都由重庆办事处负责办理。

按照抗战初期国共双方达成的协议,国民党政府每月应发给八路军军饷50万元法币。武器装备、医药卫生及其它各类军需物资的分配,我军应与国民党军队"一视同仁"。最初两年,国民党军委会还发给军饷和少量的子弹及药品。重庆办事处每月到国民党军委会领来拨给我军的几十万元军饷,按党中央的规定分发给有关单位和地区。后来国民党军委会将我军的军饷和子弹、医药拨到所属战区领取,而所属战区又常常以各种借口拖延发给。这时,重庆办事处就负责到国民党政府有关部门催问和交涉。1940年秋,国民党军事当局完全停止发给我军子弹、医药补充。1941年1月起,又停止发给我军的军饷。至此,重庆办事处向国民党军委会领取军饷等一切军需物资的工作完全终止,但有关方面问题的交涉仍在继续。

延安是中共在全国范围内领导抗日战争的指挥中心。直接领导着华北、华中等抗日根据地的斗争,国民党第一战区将延安同晋东南八路军前方总部、华中新四军军部之间隔开。洛阳"八办"一成立,就接通以上几处之间的交通。使我党我军的人员、物资来往有了一个中转站、落脚点,并保持畅通,有力地支持了华北、华中地区的抗日斗争。

从延安、西安到中原局所在地竹沟及新四军彭雪枫部,一战区所辖的河南是中共人员、物资来往的必经之路。"洛办"建立了通往西安、竹沟、新四军彭雪枫部的交通线,并有专门的交通员往返转送人员、物资及党的文件等。尽管国民党反动派疯狂反共,但并没能截断延安与华中联系的这条交通线。

由于日军封锁,延安与晋东南八路军前方总部之间的交通往来也得经过洛阳。"洛办"通往晋东南的交通线为:洛阳、渑池、垣曲、阳城、高平、长子、武乡;或走洛阳、济源、陵川、平顺、潞城、黎城、武乡。1939年1月、12月,彭德怀两次经过洛阳,来往于延安和晋东南之间。1940年5月,朱德偕同康克清等经洛阳、西安前往延安。"洛办"的联络范围,东到新四军彭雪枫部,西到西安八路军办事处,南到中原局及河南省委所在地竹沟,北到八路军前方总部驻地武乡。此外,还同延安及重庆八路军办事处有密切联系,为党中央的各项指示及时转达和大批物资转往前线,起了重要作用。

一战区国民党军队与二战区八路军相邻,在对日作战及国民党反共"摩擦"问题上有许多联络、交涉任务。"洛办"的一项重要工作就是遵照中央指示,同一战区司令长官部联系,协调一战区国民党军队与二战区八路军之间的关系。1939年12月至1940年3月,国民党在陕甘宁边区、晋南和豫北多次向八路军发动军事进攻。"洛办"奉八路军前方总部指示,多次与一战区司令长官卫立煌交涉有关争议问题。2月,朱德、彭德怀指示"洛办"就八路军与国民党军队的防区及活动区域问题同卫立煌交涉。3月,卫立煌部分同意了总部提出的要求。最后确定:临(汾)屯(留)公路和漳河以北为八路军防区;以南为国民党军队驻防区;太南之平顺也留给八路军;阳城、垣曲之间,陵川北、晋南允许八路军设兵站办事处等。在与卫立煌谈判过程中,毛泽东对"洛办"的谈判工作作了具体指示:"要沉着坚定,关于晋东南问题由朱彭答复你们以归统一,关于整个方针问题,(刘)子久可于本月18日到西安与林(伯渠)见面,接受指示。"接着,"洛办"又遵照中央及八路军前方总部的指示,同卫立煌交涉要求保障八路军的交通运输线问题。6月,卫立煌同意我方提出的要求,并命令沿途驻军妥为保护八路军运输线和各兵站。

1940年12月,"洛办"就何应钦扣发八路军军饷一事与卫立煌交涉。卫表示调查后即催发。月底,八路军运输大队(队长陈波)由洛阳领取到10月份的数十万元军饷。

武汉"八办"每月到国民政府军需署领取军饷;到军政部军工署领取枪支弹药、服装、通讯器材以及其它物资;到卫生署领取药品和医疗器械;并到交通部联系车辆,将领取的物资送往延安以及八路军前方总部和新四军各支队。通过武汉"八办"的努力,从1937年9月至1938年10月,国民政府每月发给八路军经费638583.5元。据不完全统计,武汉"八办"运送到延安和八路军抗日前线的物资有:步枪300支(口径67、79等)、轻机枪30挺(捷克造)、重机枪10挺、战防炮10门、迫击炮10门、步机枪子弹500箱、炮弹300箱、炮镜3架、望远镜30付、手榴弹200箱、方形TNT炸药300箱、洋镐500把、铁锹500把、测量器具一部分。

由于国民党对我军的限编和八路军、新四军的不断发展,国民党政府规定发给的物资本来就十分有限,加之经常扣发或少发,远远不能满足需要。武汉"八办"本着自力更生的精神,在湖北、湖南、江西等地采购大批军需物资,为我军补充了部分作战急需用品。1938年1月,八路军第一个炮兵团在山西临汾成立,急需经纬仪、炮队镜和测远镜等器材。周恩来通过统战关系,采购到上述仪器。武汉"八办"及时将这批器材送到八路军前方总部炮兵团。

1938年3月2日,八路军朱德总司令和彭德怀副总司令,就日本侵略军施放毒菌杀害晋陕军民发表通电。呼吁全国人民、全世界人民抗议日军暴行,以防毒防疫物资帮助晋陕军民。周恩来、叶剑英、廖承志也以武汉"八办"代表名义给《救国时报》社写信,动员华侨援助八路军抗日。全国各地群众、海外侨胞、国际友人纷纷响应,数以万计的团体和个人参加了这一活动。捐赠极为踊跃。工人节衣缩食,连小学生将平时节省的糖果钱也几角几分的捐助。职员们"节省纸烟费"进行捐款。河南舞阳抗敌后援妇女工作团、四川省成都市妇女抗敌后援会以及武汉各界抗日救亡团体,都积极开展募捐活动。这次募捐许多国际友人也参加了资助活动,共收到募款10300元和大量的军用物资。日本反战作家鹿地亘、池田幸子夫妇在武汉捐款给八路军购置防毒防疫用品，美国纽约华侨洗衣馆联合会会员，购置了两辆雪佛兰牌救护车，捐赠八路军。这两部汽车由武汉"八办"送往延安。武汉"八办"为感谢国内外人士的支持和援助，还将捐赠者姓名及数额在《新华日报》上公布，以表诚挚的谢意。

武汉地处中原，在中国北部广大地区沦陷后，这里成为运送抗战物资的中心枢纽。武汉"八办"在这里担负着我军物资的转运工作。八路军驻香港联络通讯处在廖承志的领导下，将国外及香港爱国人士捐赠给八路军、新四军的款项、物资、慰劳品等，连同购买的军械和其它军需物资运到广州，并通过八路军驻广州办事处运到武汉，再由武汉"八办"转运到延安及八路军、新四军各部队中去。其它南方各省的大量物资，有许多也是运到武汉后，再由武汉"八办"转运到目的地。

红军主力改编为八路军、新四军后，起初，其军饷、军需等费用均由国民政府定期发给。1937年下半年太原失守前夕，国民党军委会后方勤务部江北统监部由太原迁到西安。八路军、新四军的军饷领取由"西办"在西安办理。除领取军费军饷外，"西办"还到驻陕军医署、驻晋军医署领取战场救护用品、卫生材料、医疗器械和疫苗；到华阴、宝鸡、襄樊、汉阳军械库，领取由军委会配发的步枪、手榴弹、子弹、机关枪、小炮、被服等。

蒋介石在1940年11月，竟指令何应钦停发八路军、新四军军饷。在这以前拖欠未发的也予以作废。蒋、何所为，遭到全国人民和爱国抗日志士的强烈反对。国民党军政部驻陕军需局局长汪维恒主持正义，协助"西办"以借支名义领取粮秣和一些经费。

　　"西办"除了领取和制作军服、军需品外,为了满足部队和边区的需要,扩大了采买范围。1938年上半年,采买的物品有:鞋、皮革、纸张、簿本、蜡烛、香烟、肥皂、自行车、行军锅,以及通讯、兵工、卫生材料等。还有一些特需用品,如毛泽东等领导人要买的各种参考书籍和报刊等。

　　从1939年开始,"西办"还给延安采购运输各种机械、金属、化工原料等生产资料,为边区发展工业生产做出了重要贡献。陕甘宁边区纺织厂、振华造纸厂、兴华制革厂、新华化学厂以及几个小兵工厂,就是用"西办"在西安采办的各种机器、工具、材料发展起来的。

　　在运输方面,1936年和1937年,"西办"主要靠借用东北军六十七军王以哲军部的汽车,同时雇用商车40辆,把采买到的物品运往陕北。以后在爱国商人李雅轩的帮助下,开始买车。1937年9月,"西办"成立了汽车队,到1939年拥有22辆汽车。还有一个大车队,在运输任务繁重的情况下,起了相当大的作用。1938年,新疆的盛世才支援八路军的3万件羊皮大衣,就是由"西办"大车队从长武运送到陕北去的。

　　广州办事处一个经常性的工作是接收和转运爱国团体、进步人士捐赠的财物。广东华侨众多,他们身居异乡,热爱祖国,他们对日寇杀我同胞、占我国土义愤填膺。为了支持祖国抗战,他们在各地掀起抗日筹款运动,"各尽所能,竭其所有,自策自鞭,自励自勉,踊跃慷慨,贡献于祖国",献出巨款和大批物资。其中大部分是通过各办事处,转送到抗日前线。

　　从办事处成立到广州沦陷这段时间里,办事处接收和转送不少华侨捐赠的物资。有一次,办事处把他们接受捐赠的食品、衣物、药材和医疗器械,装成一火车皮,由徐青胞送到长沙办事处转抗战前线。1938年5、6月间,廖承志把新加坡和马来西亚华侨捐助八路军的款项和实物转送给武汉办事处。

广州办事处也常奉命设法采购各种急需物品。有一次,中共中央长江局通过武汉办事处,指示广州办事处购买一批驳壳枪。广州办事处通过余汉谋的参谋长梁世骥买到驳壳枪后,由广州警备司令部派车送交武汉办事处。《新华日报》(广州版)和一般书店急需的纸张,也常由广州办事处出面交涉解决,克服了我党我军新闻宣传工作中的困难。

广州办事处迁至韶关以后,主要是向延安和新四军进行转送物资工作。其中送往新四军的多些。转送的路有两条:一条往桂林,一条往长沙。此外,办事处还发动公开的募捐宣传工作,收到不少爱国民主人士和爱国港商的多次捐款。

国民党迁都重庆后,我方为疏通海外至重庆的交通要道,于1939年1月在贵阳市达德学校,建立了第十八集团军贵阳交通站,即八路军驻贵阳办事处。负责人袁超俊。主要活动有:将武汉、长沙、衡阳、桂林等地运来的物资送到重庆,回头再由重庆办事处分别转送给八路军前方总部、新四军军部。同时输送南方地下党、华侨、港澳台同胞、干部家属去重庆和延安的来往人员;并受南方局的委托联系部分地下党组织,开展统战工作等。"皖南事变"发生后,该办事处被国民党当局查封。

抗日战争时期,由八路军总部直属的豫北办事处,于1940年秋在河南林县任村镇成立,全称为第十八集团军总部豫北办事处。先后由副参谋长左权、滕代远直接掌握。王伯评任主任(1943年后由申伯纯接任)。其主要任务有3项:(一)建立地下交通线,护送军政干部过封锁线。前后护送刘少奇、陈毅、杨得志、萧华等中高级干部和军政人员10000多人次。(二)派遣特工人员搞情报。除对盘踞在豫北的孙殿英、庞炳勋等伪顽军进行攻心战和情报工作外,往北派遣特工人员,到石家庄、天津、北平等日伪占领区活动;往南派到安阳、新乡、开封、徐州、南京等敌占区;往东派到德州、济南、青岛直至日本东京等地,为总部情报处直接提供敌伪动态和军情。(三)推销太行区的山货、药材、干果、蛋品等土特产品,从敌占区套购回根据地短缺的食盐、纸张、布匹、电器、弹药、医药用品等军需民用品,受到中共中央北方局和八路军前方总部的表扬。直到1945年冬天,随着形势变化,办事处被取消。

及时营救安排我出狱人员
输送进步青年到抗日前线

"西安事变"后,国共两党谈判合作抗日。中共提出的条件之一是释放政治犯。国民党采取拖延办法。当日本帝国主义侵占上海及华南,战火迫在眉睫时,中共和进步人士一再严正交涉和大力营救,国民党当局才不得不将被关押在狱中的"政治犯"陆续释放。

上海"八办"成立前,中共上海办事处就开展了接待和安排出狱人员的工作。"八办"成立后,中共驻南京代表团曾派人来上海继续进行此项工作。为了安顿大批出狱人员,上海"八办"主任潘汉年暂借华华中学设立联络接待点。当时对从苏州反省院出来的一批人,根据他们本人履历、狱中表现、工作能力及个人愿望,由"八办"出面介绍,安排工作。

此外,上海"八办"还将一些失去党组织关系的人员和一些出狱人员临时安排在"难民收容所"生活和工作。然后再根据情况分配去八路军或其他地区工作。

接待安排出狱人员,是上海、南京、武汉等地"八办"成立后的第一项重要任务。尽管当时斗争环境十分复杂,任务十分艰巨,"八办"还是较为出色地完成了这项任务。为恢复中共地下党组织,为敌后抗日根据地输送骨干力量作出了巨大贡献。

与此同时,太原八路军办事处主任彭雪枫经多方努力,也营救了大批关押在太原国民党监狱中的"政治犯";多数以"牺盟会"特派员身份,安排到各地区做抗日革命工作。有一些党的中高级干部如王若飞等,出狱后被护送回延安工作。

1937年8月18日,周恩来、叶剑英去南京晓庄附近的首都反省院向被押政治犯作政治形势报告,详细阐明了共产党的抗日民族统一战线政策,周恩来还亲自点名接出夏之栩、王根英、熊天荆3人。同一天,江东门中央军人监狱也开始放人。从那天起到9月初,陆续从中央军人监狱出来的有:黄文杰、刘顺元、王凯、李世农、陈农菲、郑绍文、王鹤寿、刘宁一等一大批共产党员;从首都反省院出来的有张越霞、乐于泓等人;从老虎桥江苏第一监狱出来的有陈独秀。陈独秀是国民政府下令"减刑"后于8月24日被释放的。出狱的人一天天多起来。大部分人都来找南京八路军办事处。

9月中旬,军政部以"疏散"为名,下令把关在中央军人监狱的100多名刑期在15年以上的"政治犯"和少数"军事犯"集中解送安徽和县姥下镇;余下的100多名"政治犯"全部关到"狱中之狱"的南监。经过八路军驻南京办事处多次交涉和两地被关难友的不断斗争,9月26日,陶铸、何云、曹瑛、顾玉良、肖桂昌等8人被中央军人监狱释放。9月27日,喻屏、陈春林等4人被和县临时监所释放。10月初,肖桂昌以少校副官的身份,代表八路军驻南京办事处去和县姥下镇接田文达、陈林、何洛等一大批人员出狱。关押在江东门中央军人监狱南监的大批人员也陆续被营救出狱。

8月至10月,从南京、苏州、上海、杭州等地监狱、反省院先后获释的"政治犯",经八路军驻南京办事处接待和初步审查的共有1000多人,其中700多人经西安转送延安。

在长沙八路军办事处,有徐特立等人作为驻湘代表,曾多次直接出面交涉营救被捕人员,先后被营救出狱的有几批,为中共保存了一批重要力量。如1938年春,原中国工农红军抗日先遣军21师参谋长乔信明等30多名红军干部,由江西押解到长沙国民党陆军监狱。国民党认为乔信明等是共产党的重要人物,不但不肯释放,还企图加以杀害。徐特立得知后,亲自去狱中看望他们,并迅速将名单交张治中。经反复交涉,终于使乔信明等获释,回到抗日前线。在湖南各县营救工作中,徐特立还委派罗梓铭等作为驻各地的公开代表,弄清情况后,及时与张治中交涉。先后被营救出狱的人员有的参加了办事处的工作,如李服波、戴昌明等。有的仍回湖南各地工作。大部分同志经过休整后,回延安或到八路军、新四军中工作。

同时,上海八路军办事处决定将近千名被迫回国的留日学生输送内地,作为首批留日学生,派来山西抗日前线八路军中工作。总政治部副主任邓小平在五台县八路军总部驻地接见并具体分配张香山、胡育德、李肇嘉、张辛石等人到总政治部与120师、129师等单位,去做敌军工作和翻译工作。

　　中国共产党的抗日民族统一战线政策,逐步深入人心。八路军、新四军在前线浴血奋战、英勇杀敌的英雄事迹,使广大进步人民群众深受鼓舞。国民党管辖区的广大进步青年和革命群众向往革命圣地——延安,纷纷要求参加八路军和新四军。

　　为了吸收广大进步青年抗日,壮大革命力量,中共中央决定,抗日军政大学、陕北公学、鲁迅艺术学院、女子大学、安吴堡青训班等校在武汉招生。1938年春,根据中共中央指示精神,中共中央长江局在武汉"八办"设立了招生委员会。由董必武、罗炳辉、吴奚如等负责,武汉"八办"工作人员参加具体工作,招生委员会设在办事处接待室里。"第十八集团军招生报名处"的牌子挂出后,报名的人络绎不绝。对要求去延安的人,经过政审合格后,就将他们集中起来,由武汉"八办"派副官领队,送往延安。有的报名者情况比较复杂,须由经办人员报董必武或罗炳辉等亲自组织审查批准。

　　武汉"八办"除直接招生外,也有的是通过中共在武汉的领导人直接介绍来的,还有的是各界进步知名人士和社会名流介绍来的。周恩来在武汉"八办"曾多次会见了许多来访的革命青年和进步学生。其中还有不少烈士的子女,如孙炳文烈士的女儿孙维世、曹渊烈士的儿子曹云屏、杨匏安烈士的儿子杨宗锐(即杨明)等,都是经过周恩来亲自介绍到延安的。革命青年钱远镜是董必武的战友钱亦石的儿子,1937年12月,他到武汉后,要求参加抗日工作。董必武就亲笔写信介绍他去延安中国人民抗日军政大学学习。罗炳辉也曾亲自介绍青年余平原到延安学习。此外,一些知名人士和社会名流如沈钧儒、张西曼、陈家康等也先后介绍了许多青年到延安。据统计,仅1938年5月经武汉"八办"介绍,途经西安去延安的青年就有880名,居全国各省之首。

1938年8、9月份,武汉形势日趋紧张,根据中共中央指示,武汉"八办"加紧动员工人、学生和其他人员去延安。这时,常常以集体的形式,有的30人,有的60人,多的时候百余人,一批一批地奔赴延安或抗日前线。如1938年8月,由张健带队,组织了80余人奔赴延安。为了使他们顺利地到达延安,武汉"八办"给他们佩戴上八路军的肩章,带着盖有八路军武汉办事处公章的信件,以八路军教导队的名义,乘坐火车向西安进发,再经西安转延安。抗大职工大队的学员相当一部分是从武汉输送去的。

此外,武汉"八办"还为延安输送了不少科学技术人员、文化界知名人士。如机械工程师沈鸣、内科专家何穆、外科专家周泽昭、自然科学家陈康、舞蹈家吴晓邦、文学家陈学昭、作家光未然、地质专家邱琼等人。

这些经武汉"八办"送往延安或八路军、新四军的人员中,有许多人后来成为革命队伍中的骨干,有的成为中共和人民军队中的中高级干部,还有的成为各种专业人才,他们为夺取抗日战争和解放战争的胜利作出了贡献。

抗日战争时期,西安八路军办事处成为连接延安和各抗日根据地以及国民党管辖区的"红色桥梁"。一是接待党中央及各地、各级党政军领导;二是接待八路军、新四军调防的指战员、抗大等校毕业到敌后去工作的学员;三是接待国内知名人士和外国友人;四是接待爱国的、追求革命的知识分子和青年工人。

周恩来在和平解决"西安事变"之后,在这里住了较长时间,尔后又有23次过往"西办"。他对"西办"的各项工作都非常关心。朱德在"西办"住过4次,他对"西办"的工作人员做过许多思想工作。刘少奇6次到过"西办",并化名秘密住在这里。他们和党的其他领导在"西办"期间都为党的事业和统战工作倾注了大量心血,做了巨大贡献。

作为延安的大门,"西办"接待的最多的爱国青年。他们为拯救民族危亡,寻求革命真理,要求"西办"介绍他们前往党中央所在地延安。为保证这些青年顺利到达延安,"西办"秘书科于1937年初设立了学生股,熊天荆、布凤友、罗成君、王帮屏等负责进行接待工作。

1938年上半年前,由于国共合作的形势好,各地青年来西安的特别多。"西办"接待工作非常繁忙而紧张,处长伍云甫不得不亲自坐在门口接待。1937年11月,"西办"写报告给党中央和毛泽东说:"最近投考抗大、陕公和训练班的人非常之多,每天总有十数人来打探消息","从天亮起一直缠到深夜止","应接不暇,如果抗大训练班继续招收的话,请派得力干部来主持。"党中央采纳这一意见,同意成立一个专门负责此项工作的"招生委员会"。1938年4月,抗大派出了柏克、鲁明,陕公派来了张涛,安吴堡青训班也派来了人。他们一起协助"西办"共同办理招生的各项手续。胡乔木、冯文彬等人常住在"西办"平民坊五号院,专门指导招生工作。1938年抗大副教育长许光达也亲来西安招生,迎接200多人去延安学习。党中央为不断进入延安学习的青年设立了20多所学校。毛泽东于1938年3月14日指示:放手吸收青年来延安学习。朱德总司令在办事处亲切会见前往延安的青年时,勉励他们"学好本领,上前方来"。距西安90华里的安吴堡青训班,每周都要开"迎接新学员,欢送毕业生"的晚会,"再见吧,相会在前线"的歌声天天都在校园里回荡着。

1939年下半年,国民党内的顽固派在陕甘宁边区周围筑碉堡,并在碉堡与碉堡之间挖壕沟,形成一条陈兵20余万、包围陕甘宁边区的严密封锁线,严禁边区同蒋管区之间的人员、物资通行。为此目的,国民党顽固派还在西安附近的草滩、咸阳、三原以及耀县、同官和洛川等地设立检查站。在三原、耀县设立了"青年接待站"。当时,一切进入延安的人员,必须持有国民党政府发的护照才能通过检查站。尽管如此,爱国青年和进步人士仍然冒着种种危险前往中外人民向往的革命中心延安。

抗战期间,大后方的进步知识青年,不满国民党的黑暗统治,向往解放区。他们纷纷找到重庆通讯处和办事处,申请要求到延安去,到根据地去。从1938年至1946年的8年多时间里,经重庆通讯处和办事处介绍到延安和解放区的进步知识青年达5000人之多。

首先是找寻和接济革命烈士、革命亲属和子女。重庆办事处先后为许多领导寻找亲人,沟通音讯,抚养家属子女,把他们中有的接到办事处进行安排,有的送到延安或转移到其他安全的地区。如:毛泽覃的儿子毛楚雄,蔡和森的儿子蔡博,叶剑英的儿子叶选平,李硕勋的儿子李鹏,吴玉章的外孙女吴大兰、吴小兰,李克农的父母和妻子赵英、女儿李冰,陈毅的父母,刘伯承的弟弟,夏之栩的母亲夏娘娘,任弼时、叶挺、罗瑞卿、罗炳辉、夏曦、郭亮、严朴、王辉的女儿,徐特立的亲属等等。寄钱接济的有林伯渠、谢觉哉、甘泗淇、唐延杰等的亲属。

其次是输送专业人员和华侨青年回国服务,并送往前线。抗日战争全面爆发后,许多爱国华侨青年回国参加抗日战争。他们有的要求到延安抗大学习,有的要求参军上前线。每批回来的人数不等,到八路军、新四军地区的要经过国统区,他们分散成2、3人,或5、7人分批进入。另外八路军、新四军因为缺乏专业技术人才,如司机、医生、护士等,希望能通过驻港办事处帮助在海外招募,其中从新加坡、印尼、马来西亚等招募140名司机。另一次从香港、马来西亚、泰国招募了几十名司机、医生、护士。从1938年至1939年的两年时间内,经香港办事处输送回国的爱国华侨青年和专业技术人员约60人以上。1940年国民党顽固派发动第一次反共高潮后,到延安和八路军的路行不通了,香港办事处就把要求参军参战或赴延学习的爱国华侨青年送往南方抗日游击根据地。

热情接待援华抗日的五洲朋友
大力发展国际反法西斯阵线

中国人民所进行的抗日战争,是正义的反侵略战争,赢得了世界各国人民的声援与支持,并共同结成了国际反法西斯阵线。我们永远不会忘记国际友人们通过以各办事处为基地进行援华抗日的历史功绩。

首先应当提到的是苏联人民。早在1937年4月底,中共中央政治局委员陈云(化名施平)及滕代远(化名李广)等人奉党中央之命,由苏联直抵迪化,作为中共中央派驻新疆的第一任代表(第二任代表是邓发,第三任代表为陈潭秋)。在苏联的帮助下与盛世才建立了统战关系,为在新疆设立八路军办事处创造了条件。到10月,办事处在迪化南梁正式成立,开始办公。其主要任务是巩固抗战后方和确保国际交通线畅通无阻,筹集和转运国际上和新疆民众援助延安和八路军前方部队的大批军火与军需物资;迎送和接待往返于延安与共产国际间的各级干部和党员;接送与安置高干伤病人员赴苏治病和疗养等等。总之,八路军新疆、兰州和西安办事处连接起来的这条重要的国际交通线上的各个支点,当年真正起到了接待站与转运站的重要作用。它的存在,对我党我军和苏俄共产党及第三国际的密切联系起了重要的作用。

抗战时期,苏联援华物资源源不断地进入中国境内,经迪化运到兰州再转运到全国各地。苏联的志愿空军人员也驻在兰州,兰州和苏联经常保持着飞机和汽车的交通联系。由于兰州地理位置的重要,苏联在兰州设立了外交代表和军事代表处。兰州办事处遵照中央指示,通过代表处和苏联保持着经常的联系。由于伍修权熟谙俄语,为担负这项任务带来了方便条件。

兰州办事处成立不久,就接待了赴苏的东北抗日将领、民主人士李杜将军。1937年12月,蔡树藩、钟赤兵、贺子珍、刘英等赴苏。1938年元月,毛泽民等去新疆,办事处为他们联系搭乘苏联军用飞机。伍修权任处长期间,和代表处的联系更加频繁,曾办理了党的重要领导干部周恩来、邓颖超、任弼时、王稼祥、蔡畅、邓发、陈郁、肖三、刘亚楼、李天佑、高自立、许光达、杨至诚、孔原、冯弦、王弼等以及王明、康生、林彪等人去苏或回国手续。1939年9月,周恩来去苏联治疗臂伤,1940年2月回国,途经兰州时就住在办事处,并向大家做了形势报告,办事处还接待过越南胡志明主席和日共主席冈野进(野坂参三)。同时,还接待了新疆工作和西路军领导人如陈云、滕代远、毛泽民、李先念、李卓然、曾传六、李天焕等。办事处常常住满了我方过往人员。

为了保证我方过往人员的安全,办事处采取了多种保护措施。通常是由苏联方面将这些人员经乌鲁木齐用汽车送到兰州,先隐蔽在苏联代表处,并与办事处联系约好时间,由他们用汽车送到办事处门口,靠汽车的遮挡,迅速进入办事处。乘车东去时,都派副官护送,或者隐蔽在苏联军用汽车内,送到西安。除1940年底曾发生郑德等5人中途被扣事件外,其他人员都安全地回到了延安。

办事处除接待来往人员外,还担负了苏联和新疆人民支援我党我军抗战物资的转运工作。经驻甘办事处转运的物资有武器、弹药、医药、皮衣和书籍等。1937年冬到1938年夏,滕代远携带高射机枪、子弹和西药12车,高自立携带皮衣、军火10车,都经过兰州运往边区。办事处副官兑步才也多次押运军火物资到长武转交八路军庆阳驻军。办事处还将新疆人民支援八路军的3万件皮衣运到长武,由八路军385旅接收转运到华北抗日前线。

八路军驻香港办事处主要是通过宋庆龄组建的"保卫中国同盟"来开展对国际友好人士的统战工作。1938年初,白求恩经香港赴延安时,由办事处负责接送。1937年8月上海沦陷,宋庆龄在我党人员陪同下于同年12月底到达香港。宋庆龄有独特的政治地位,并在国内外人民中享有崇高的威望,具有极高的爱国热情,是发起组织国际统战机构,团结海外一切可能团结的力量,争取世界人民和海外华侨支援中国抗战的理想人物。廖承志与宋庆龄商议后,决定由她发起筹组"保卫中国同盟"(以下简称"保盟")。在宋庆龄的积极筹备和廖承志、潘汉年的大力协助下,"保盟"于1938年6月成立了。"保盟"的中央委员会中,有当时任国民政府财政部长的宋子文和任国民政府行政院长的孙科,有印度的贾·尼赫鲁、美国的保罗·罗伯逊、德国的托马斯曼、美国的克莱尔·布思,以及国民党内有威望的人士冯玉祥、颜惠庆等。宋子文任"保盟"会长，宋庆龄任主席。宋庆龄还邀请香港医务总监司徒永觉的夫人海尔达·克拉克女士任"保盟"名誉秘书。香港大学教授诺曼·法朗士任名誉司库。原美国合众社记者爱泼斯坦和新西兰作家贝特兰主管宣传。廖梦醒、王安娜、邓文钊、邹韬奋、金仲华、陈君葆、许乃波等都参加保盟中央的工作。"保盟"的成立，为中国人民与各国人民之间架起了一座国际主义的友谊之桥。

"保盟"成立后，八路军驻香港办事处对其工作继续给予了大力支持和协助。廖承志作为"保盟"的中央委员兼秘书长，一直参与"保盟"的领导工作。"保盟"开会时经常到会的除宋庆龄外，便是廖承志和其他一些中外知名人士。潘汉年当时是我党与宋庆龄的联络员。周恩来和八路军驻香港办事处，经常通过潘汉年把国内外有关消息和材料送给宋庆龄。如白求恩事迹的介绍、斯诺《西行漫记》的报道、皖南事变、重庆大隧道惨案等新闻，都是我党提供的。廖承志、潘汉年与宋庆龄不仅经常参加保盟会议，而且一起会见国际和平人士，如特贝兰、斯诺、史沫特莱、费郎斯等著名新闻记者，动员国际舆论和争取国际组织支援八路军、新四军。"保盟"的办公所主任廖梦醒常到粤华公司，同办事处人员一起给捐款捐物支援八路军、新四军的海外侨胞复信。宋庆龄为报刊撰写的稿件，常常拿到办事处，由工作人员誊写打印。

在党中央的关怀和办事处的大力支持下，宋庆龄和她发起组织的"保卫中国同盟"，在这个通向世界的窗口——香港，为中国抗战做了大量工作。同时广泛地联络世界各国进步友好人士，争取他们对我国抗日战争的同情和支持。仅一年时间就从各国朋友那里为八路军、新四军和抗日根据地募集捐款约25万港币,还募集了一批急需的药品和医疗器械。当时,解放区第一辆配备流动手术室的大型救护车、第一架大型 x 光机,都是通过宋庆龄领导下的"保盟"捐助的。"保盟"还动员了许多外国医生到抗日根据地参加战地救护工作。如国际和平医院的马海德、印度加尔各答医疗队的柯棣华、巴苏华、爱德华、卓克华等大夫,奥地利的罗生特大夫、德国的汉斯·米勒大夫,美国的爱罗色大夫和加拿大的于文女士等。这些国际主义战士在各抗日根据地救治了许多八路军、新四军伤病员,并且在极端困难的条件下开办了数十所国际和平医院、医学院和制药厂,为根据地培养了不少医疗卫生工作者。这些国际主义战士以鲜血和生命培育了中国人民和世界各国人民的友谊。

建立国际反法西斯统一战线,争取国际友人和友好团体的支援,是抗日民族统一战线的重要组成部分。当中国代表团和八路军代表在武汉"八办"会见国际友人和友好团体时,办事处工作人员做了大量的具体工作。

1938年1月8日,伟大的国际共产主义战士、加拿大共产党员、著名的胸外科专家诺尔曼·白求恩率医疗队横渡太平洋,经过长途跋涉经由香港来到武汉。1月20日周恩来等中央领导人在武汉"八办"接见了白求恩大夫。2月22日,在周恩来的周密安排下,武汉"八办"派警卫战士将白求恩和他的护士琼·尤恩送到山西临汾后又转赴延安。

1938年1月,荷兰著名摄影师尤里斯·伊文斯来到中国,在中国拍摄了一部新闻纪录片《四万万人民》。影片中拍摄有国共两党领导人士在武汉的活动和武汉民众参加抗日救亡等珍贵镜头。尤里斯·伊文斯还准备到延安去拍摄中国共产党领导边区人民和八路军抗击日军侵略的镜头。当他到达西安时,却遭到国民党的阻挠,不得不返回武汉。在一个漆黑的夜里,他秘密将自己的拍摄机和三盒胶卷交给了武汉"八办",并请"八办"转送给中共中央和毛泽东。后来将这些物品经西安转送到延安。

新西兰友好人士路易·艾黎和美国作家埃德加·斯诺等国际友人,在上海发起组织"中国工业合作协会"(以下简称"工合")。1938年初到武汉后,他们经常到武汉"八办"找周恩来等中央领导人商谈工作,得到周恩来等的鼓励和支持。经过较长时期筹备的"工合"于1938年8月正式成立,由艾黎任顾问。随后,相继在我国西北、西南、东南建立了3个"工合"办事处。同时,还在香港建立了"工合"国际促进委员会,推选宋庆龄为名誉主席,香港英国主教何明华为主席。"工合"是国际统一战线组织,在马尼拉、纽约、伦敦等地成立了"工合"推进委员会。他们利用其广泛的联系,还在海外华侨和同情中国抗战的各国社团和友好人士中募集捐款,支援中国人民的抗战事业。艾黎等将筹集到的铸铁、机械、大米、面粉等物资,通过武汉"八办"送往延安和华北八路军前方总部,毛泽东曾先后写信和发电,高度赞扬"工合"为中国抗战所作出的贡献。

1938年5月,世界学联代表团团长柯乐曼受率团员雷克南、付路德、雅德一行4人来到武汉。王明、周恩来、博古、吴玉章等在汉口中山路"一江春"餐厅举行招待茶会,武汉"八办"20多名工作人员参加接待工作。次日,武汉各界在武昌公共体育场举行"中国青年学生欢迎世界学联代表团大会",中共代表吴玉章,八路军代表罗炳辉参加了大会。会后,世界学联代表团到战地进行考察,并到延安访问,受到了毛泽东主席的接见。他们考察完毕回汉后,武汉"八办"处长钱之光转达了朱德总司令、彭德怀副总司令对世界学联代表团到八路军华北战地考察的感谢和敬意。

1938年9月底,印度国民议会派出援华医疗队一行5人来到中国。他们是爱德华、巴苏华、柯棣华、木克华、卓克华。印度援华医疗队到达武汉后,周恩来、董必武、叶剑英等在武汉"八办"亲切地接见了他们,并同他们在武汉"八办"的屋顶花园上合影留念。印度援华医疗队后来奔赴八路军华北抗战前线,在八路军前方总部驻地山西武乡王家峪村受到了朱德总司令接见后,参加了我军的战地医护工作。他们中的柯棣华大夫,为中华民族的独立与解放流尽了最后一滴血。

美国友好人士吴德施是中华圣公会汉口分会鄂湘教区主教。抗战初期,他多次参加武汉"八办"的活动。各国友人来汉后,先后都住在吴德施主教的寓所里(现汉口鄱阳街34号)。1938年春,他与安娜·路易斯·斯特朗联合发起征募了一批医药器材,组成了以他女儿弗兰西丝·罗茨小姐为团长的慰问团,在武汉"八办"运输科长邱南章的带领下,将这批物资送到了晋东南抗日根据地,受到了八路军总部的嘉奖。

徐特立也在长沙会见了法国《人道报》记者李蒙夫妇,并就法中人民友好、与中国抗战的民众武装、国共合作和民族统一战线等,回答了李蒙夫妇提出的问题,当时的报纸以《抗战中的湖南——徐特立与李蒙夫妇会见记》为题作为报道。徐说:"今天我愿以一个正在为求得中国的自由、独立、民主而工作的法国同学资格来与同情我们这种奋斗的法国朋友李蒙夫妇见面,我内心有说不出的愉快和高兴。"李蒙问:"此地的民众武装游击队的组织怎样?"徐答:"有在乡军人和士兵,产业工人以及广大的青年知识分子和农民群众……皆是湖南省蕴藏着的雄厚力量,虽然在这力量还未完全集中,组织还不够健全;可是根据华北的经验,只要敌人到来的时候,因为财产被破坏,生产受威胁,农民是会很快起来的,而且是全家大小全体投戎。"当李蒙夫妇问到国共合作和统一战线前途的时候,徐说:"因为国共两党在行动上正采取了一致的抗战建国的步骤,国共的合作会在抗战过程中,格外密切起来。统一战线的发展,将随着战争而更加巩固。"这次会见进行了一整天。李蒙夫妇感到很高兴。同时,在长沙"八办"期间,徐特立还会见了菲律宾中外记者战地访问团,回答了该团团长克白雷罗提出的关于八路军分布、人数和作战方法等问题。徐说八路军作战"有一个基本原则,就是给大众以武装。我们军民打成一片,游击队都是人民动员,食物、用品常常由民众供给或是由民众运送。"菲律宾朋友对会见很满意。克白雷罗团长在长沙做广播演讲时说:"吾人感觉中国抗战之胜利,对青年国家菲律宾有莫大的影响。""贵国之抗战即敝国之抗战,中国之胜利亦即菲律宾之胜利。"

当美国记者史沫特莱到长沙访问时,徐特立等也与她进行了友好的交谈。史沫特莱曾在青年礼堂向群众作讲演,宣传了八路军在华北前线英勇抗日的伟大事迹,并向世界各国作了报道,使八路军声威大震,扬名寰宇,使中国抗战进一步得到了世界人民的大力支持。

（原载1995年9月中国人民大学编印的《中国现代史》丛刊）

八路军驻香港办事处在中国抗战中的
历史贡献

抗日战争爆发后,中国沿海口岸相继被日军占领,香港作为远东航运的中转站,便成为中国对外联络、进出口贸易、国际援华物资的重要港口。经中共中央代表周恩来与港英当局的斡旋,于1938年1月在香港成立了八路军办事处。办事处设在香港皇后大道中18号2楼的一间大房子里,对外称"粤华公司",下设交通、机要、通讯、财务、宣传、侨务等分支机构。办事处一直坚持到1941年12月香港被日军占领时才撤销。在长达4年的革命历程中,以廖承志、潘汉年为代表的八路军驻香港办事处,在党中央和中共中央长江局的领导下,充分利用香港独特的地理位置和社会环境,与宋庆龄"保卫中国同盟"以及中共地方党组织密切配合,广泛开展抗日民族统一战线工作,争取了香港同胞,海外侨胞和国际友人对中国共产党及其领导的八路军,新四军在物资与人力等方面的支持;同时,还积极协助广东地方党组织开展敌后抗日游击战争,以及组织中国文化界人士和爱国民主人士撤出香港沦陷区,为中国抗日救亡作出了不可磨灭的历史性贡献,在中华民族的抗日战争史上,谱写了光辉的篇章。

宣传发动海外侨胞共同抗日

为了使香港同胞和海外广大侨胞了解国内抗战情况,同情和支持中国共产党的抗日主张,八路军驻香港办事处专门让乔冠华、梁上苑等把毛泽东的《矛盾论》《实践论》《论新阶段》等指导中国抗战的论著译成英文在香港印刷发行,还根据周恩来的指示,创办了抗日刊物《华侨通讯》。该刊物揭露日军暴行,发表八路军、新四军对日作战的捷报,其中有的文章还被纽约《华侨日报》、秘鲁的《华商日报》,古巴的《前进月刊》、菲律宾的《菲岛华工》等纷纷转载,在海外华侨中影响颇大。同时,为了同国民党在海外的欺骗宣传针锋相对地作斗争,办事处还派出王任叔、杜埃、陆诒、董维键、胡愈之、沈兹九、金仲华、胡一声等先后到菲律宾、槟城、纽约、印尼、新加城等地协助华侨办报,加强我党在海外的宣传工作,揭露国民党顽固派积极反共、消极抗日的真相,起到了使海外侨胞明辨是非的作用。

针对皖南事变后,国民党顽固派查封各地书刊,香港同胞和海外侨胞看不到抗日报刊的现状,驻港办事处尽快在香港筹备出版了一份抗日爱国报纸《华商报》,该报公开由香港华比银行华人经理邓文田及其胞弟邓文钊负责,各专版均由从重庆、桂林撤往香港的文化新闻界知名人士夏衍、张友渔等主管,廖承志担任政治指导,该报还得到著名爱国华侨领袖陈嘉庚的支持与赞助,除发表反映国内抗战形势的文章外,办事处还根据中共中央南方局的指示,在《华商报》上刊载对国际政治、军事的时事评论,使香港真正成为向海内外侨胞宣传中华民族团结抗战的重要基地。

加强对香港各界人士的团结统战工作

八路军驻香港办事处成立后,为了推动香港抗日救亡运动发展和加强抗日民族统一战线工作,对香港各界人士包括银行家、资本家、新闻记者、知识分子、工人市民以及各民主党派进行了细致而周密的团结统战工作,其中最典型的事例是,团结爱国银行家邓文钊。邓文钊是廖承志的表亲戚,出生于香港名门,是英国剑桥大学经济系硕士,先后任大英银行和利比银行华人副经理。邓文钊支持抗日救亡运动,不仅把他经营的崇德堂出口庄作为办事处的通讯联络站,接收和转运海外侨胞和国际友人捐赠给八路军、新四军的款项和物资,而且当中共在香港开办《华商报》时,邓文钊还出钱租房子作为报馆,为报社宣传抗日提供了强有力的经济后盾。

团结广大香港爱国报人,也是当时驻港办事处开展统战工作的重要一环。廖承志为此专门组织宣传干部学习中共倡导的抗日民族统一战线方针,要求大家通过各种社会关系,主动造访各报主编、编辑,广交朋友,交谈对时局的看法。在廖承志的指导下,1939年国际新闻社香港分社领导人胡愈之、范长江等筹办的中国青年学会香港分会,成了中共团结香港爱国报人的主要统战机构。由于办事处对爱国报人进行团结工作,1938年至1939年,香港的报纸除国民党和汪伪办的报纸外,都大量转载延安新华社、重庆《新华日报》的社论和新闻报道,宣传国内抗日战争情况,对香港抗日救亡运动起了促进作用。

团结国际友人声援中国的抗战事业

开展对国际友好人士的团结统战工作,八路军驻香港办事处主要是通过宋庆龄于1938年6月在香港组建的保卫中国同盟(简称"保盟")。保盟成立后,八路军驻香港办事处对其工作继续给予大力支持和协助。廖承志作为我们的中央委员兼秘书长，一直参与"保盟"的领导工作，而潘汉年是当年中共与宋庆龄的联络员，周恩来和八路军驻香港办事处，经常通过潘汉年把国内外有关的消息和材料送给宋庆龄，如白求恩事迹的介绍，斯诺《西行漫记》的报道，皖南事变，重庆大隧道惨案等新闻，都是中共提供的。廖承志、潘汉年与宋庆龄不仅经常参加保盟会议，而且还一起会见国际和平人士，如贝特兰、斯诺、史沫特莱、弗朗斯等著名新闻记者，动员国际舆论和争取国际组织支持援助八路军、新四军。

在党中央的关怀和办事处的大力协助下，宋庆龄和她组织的"保盟"，在这个通向世界的窗口——香港，为广泛联络世界各国进步友好人士，为了给国内各抗日根据地提供人力、物力上的支援，做了大量工作，当时，解放区第一辆配备流动手术室的大型救护车、第一架 x 光机，都是通过保盟捐助的，我们还动员许多外国医生到抗日根据地参加战时救护工作。如国际和平医院的马海德，印度援华医疗队的柯棣华，巴苏华、爱德华、木克华、卓克华等大夫，奥地利的罗生特大夫，德国的米勒大夫，美国的爱罗塞大夫和加拿大的于文女士等。这些国际主义白衣战士在各根据地救治了许多八路军新四军伤病员。他们用鲜血和生命培育了中国人民和世界各国人民的友谊之花。

输送海外募捐和回国参战人员的桥梁

接受海外侨胞捐赠给八路军、新四军的款项和物质是八路军驻香港办事处与保卫中国同盟一起做的工作。八路军驻香港办事处接到汇款和寄来的物质后，由潘柱、梁上苑等同志负责写收条,并用印有"八路军"字样的信签复信感谢捐赠者,然后再把海外华侨和港澳同胞捐赠的款项、物资,一批批运送给八路军、新四军。比如,1938年冬,办事处和保盟把收到的药品、医药器械等物资装了130箱,用船运往淡水、惠州等地,转到八路军驻桂林办事处,然后再由桂林办事处运抵延安。1939年英国工业家约翰·桑尼克夫爵士捐赠了一辆大型救护车,车内装备了一个手术室。在宋庆龄的安排下,这辆车由新西兰作家杰姆斯·博尔特姆和德国医生汉斯·米勒等人,护送到革命圣地延安。

组织输送专业技术人员和华侨青年回国参加抗战,则是八路军驻港办事处的又一项艰巨任务。当时办事处在海外招募人员较多的有两次,一次,是新四军从新加坡、印尼、马来亚等地招募140名司机,另一次是延安从香港、马来亚、泰国招募了几十名司机,医生和护士。从1938年到1939年两年时间,经办事处输送回国到爱国华侨青年和专业技术人员约600人以上,1940年国民党顽固派发动第一次反共高潮后,到延安和八路军住地的路行不通了,办事处就把要求参军参战或赴延安学习的爱国华侨青年送往南方抗日游击根据地。

协助广东党组织开展抗日游击战争

八路军驻香港办事处充分利用和中共中央南方局的通信渠道,协助和支持中共广东地方党组织的工作。为了帮助地方党干部,理解和执行党的抗日民族统一战线的方针政策,办事处还用同乡会的名义,帮助广东地方组织党培训干部组织党员,学习民主革命统一战线、团结抗战等课程,对新发展的党员还增加党性和党纪教育课。廖承志、潘汉年还经常到训练班讲课,为广东地方党组织的发展壮大起到了推动作用。日军占领广州后,东江大片土地成为沦陷区。八路军驻香港办事处负责人廖承志,根据中央的指示,在香港召集地方党的负责人吴有恒,曾生商讨开展东江游击战争问题,经过办事处和中共广东省东南特委的大力协助和动员,1938年12月成立了以曾生为队长的惠(阳)宝(安)人民抗日游击总队,接着又于1939年元旦成立了以王作尧作为队长到东(莞)宝(安)惠(阳)边人民抗日游击大队。到1939年底,曾、王两部已发展到700多人,在惠阳县的坪山、宝安县的龙华、乌石岩建立了游击基地,初步开展了东江敌后游击战争。东江人民抗日武装成立后,无固定经济收入与粮饷,当时非常困难。办事处和保盟协助地方党组织发动香港海员,工会、余闲学社、惠阳青年会、学振会、晨钟社等团体进行募捐活动。办事处还动员组织港澳同胞、华侨爱国青年到东江参军参战。据不完全统计,到太平洋战争爆发前夕到东江参加人民抗日武装的港澳青年和华侨子弟先后有1000人以上。此外,办事处还通过与原十九路军爱国将领张炎的统战关系,开辟了广东南路工作,为南路开展抗日游击战争打下基础。

与港英当局谈判协同保卫香港问题

1941年6月苏德战争爆发后,入侵华南的日军开始做出南调态势,港英当局预感到香港的危机迫在眉睫。为了借助广东人民抗日游击队的力量牵制即将进攻香港的日军,港英当局接二连三派人找八路军驻香港办事处廖承志,要求东江游击队、琼崖游击队与其合作保卫香港。为了支援国际反法西斯战争,协同港英当局保卫香港人民,廖承志根据党中央的电示精神,决定就港英提出的问题进行谈判。在谈判中廖承志要求港英当局为我军提供武器、装备、医药等物资,要求港英当局开放民主,成立各民主党派参加的联合办事处,发动群众,武装群众保卫香港。港英当局谈判代表虽表示尽可能满足我方的要求,但又提出了许多不合理条件,港英当局要求配关佩教官到我军监督使用武器,不许我军进入新界、九龙地区抗日等等。港英当局的苛刻条件,遭到驻港办事处负责人义正词严的拒绝。

正当谈判问题悬而未决时,1941年12月8日凌晨,日本海、陆、空三军配合,对港九发动进攻。日军以12架轰炸机和36架护航机袭击九龙启德机场,5分钟之内就取得了香港制空权,新界、九龙相继失陷。香港岛的英军虽然进行了抵抗,但孤立无援,12月25日,港英总督杨慕琦率部向日军投降。

组织文化界名人和爱国人士撤出香港

香港沦陷前,日本的"第五纵队"早就把抗日文化人士、爱国民主人士列入黑名单。日军攻占香港后困留在港的抗日文化界人士和爱国民主人士面临日寇围捕、杀害的危险。为了保护这批我国文化界精华和爱国民主人士,在日军发动进攻香港的当天,党中央派周恩来给八路军驻香港办事处负责人廖承志发来两份急电,指示要迅速做好应变准备,将留在香港的文化界人士和爱国民主人士抢救出来,设法经广州湾的湛江或东江转入后方安全地区。

由于廖承志等同志的妥善安排,又有地方党组织和东江游击队的接应和护送,就在日军的刺刀和铁蹄下,在最紧迫的日子里,民主人士和文化界人士一批批疏散了。走陆路的,有的经荃湾、青山、元朗一线,有的经沙田、大埔、粉岭一线进入宝安游击区。一些年老体弱经不起长途跋涉的而走水路的,则从香港乘渔船到九龙,经新界西贡地区再乘渔船转大鹏湾惠阳县游击区。另一条途径是经长洲岛乘渔船到葡萄牙人统治下的澳门,在澳门休整几天后,再转到非沦陷区的台山、斗门一带,然后赴桂林等地。到了1942年春节,当地日军谍报机关已得知香港抗日人士的动向时,何香凝、柳亚子、邹韬奋、茅盾、夏衍、张友渔、胡绳、范长江、乔冠华等一大批约300多名留港爱国民主人士和抗日文化界人士早已脱离险境,安全抵达目的地。

（原载 2000 年 9 月山西《文物世界》双月刊）

抗战时期朱德在华北敌后农村统战工作中的历史功绩

　　抗日战争时期,朱德作为八路军的总司令,对中国抗日民族统一战线的形成与发展,做出了杰出的贡献。他站在世界反法西斯统一战线的高度,不仅注意同国民党蒋介石以及地方实力派阎锡山等进行了卓有成效的统战工作;而且转战华北,率部所到之处,都留下了他做农村统战工作的佳话。

　　1937年2月10日,中共中央致电国民党五届三中全会,提出了4项保证。其中最后一项规定:停止没收地主土地之政策,坚决执行抗日统一战线之共同纲领。这是中共初次公开表明建立广泛的农村抗日统一战线的政策和策略。朱德十分重视党的统一战线政策,他认为:抗日民族统一战线是对马克思列宁主义的一种新发展。在新的形势下,应把中日矛盾放在第一位。抗日战争爆发后,朱德率领八路军总部开赴华北抗日前线,在指挥部队对日作战的同时,还广泛宣传党的抗日民族统一战线主张。他身体力行,深入农村开展党的基层统战工作。朱德首先利用转战华北敌后乡村的各种机会和场合,向部队指战员和广大民众阐明党的统战工作的重要性。1937年12月18日,朱德和彭德怀、任弼时、邓小平以第十八集团军军分会的名义发出训令,指出:"巩固民族统一战线,是我们的中心工作。在山西方面的地方工作中,必须注意尽量取得与山西当局及地方政府、民众团体与附近友军的协同与合作。"1938年7月3日,朱德在八路军总部直属干部会上作《八路军抗战的一年》的报告,当讲到抗战一年来的经验教训时说:"有人说主义、阶级、党派的冲突不可避免,但在世界潮流中,民族的冲突大于阶级的冲突"。今后的"中心工作还是统一战线""要用一切方法巩固统一战线,才能胜利"。同年8月29日,在延安抗日军政大学作《一年来的华北抗战》的报告时,又谈道:"华北抗战能够获得这些胜利,主要是忠实地执行了民族统一战线的结果。抗日民族统一战线的扩大和巩固,是争取抗战胜利的主要条件。"这些论断都是朱德做中上层人物和农村抗日统一战线工作的指导思想和经验总结。

当时,华北敌后根据地农村统一战线的基本问题是农民与地主关系的问题,还有雇农与雇主关系的问题。如何处理好这两种关系是能否调动农村中各阶层人士参加到伟大的抗日战争洪流之中的关键所在。朱德运用马克思主义关于矛盾的对立统一原理和阶级分析的方法论,又结合华北敌后广大农村的现状,对农村中各个阶层作了深刻的剖析。认为,农民是坚持敌后抗战的主力军。不满足农民一定程度的要求,不联系群众的切身利益,想调动起农民的抗日积极性是不可能的。而要打破历来农村中地主阶级的统治和剥削制度,又必然会触及封建地主的利益,地主阶级是不大乐意这种变革的。况且,为了联合地主抗日,在政治和经济上争取大多数开明士绅为抗战出力,又必须恰当地调节这种阶级利益。相比之下民族仇恨超过了阶级矛盾。今天革命的主要任务是打退全民族共同的敌人日本帝国主义的进攻,农村中的阶级矛盾应该服从这中心任务。所以,正确解决农民与地主间矛盾的方法则是实行减租减息和合理负担政策。这样,既改善了基本群众的生活,提高了农民群众的政治觉悟,使得千千万万的劳苦大众坚决地走上抗日前线;又缓解了地主士绅的不满情绪,使地主阶级中赞成抗战的人和处于中立的人,一齐加入对付民族敌人的战斗行列,从而壮大我们抗日民族统一战线的阵营。

这些有关重视农村统战的思想观点,在朱德的具体实践中得到了成功的验证。朱德来到华北敌后,从五台到洪洞,从潞城到武乡,每到一处,他都要走村串户,访问驻地老乡,了解各地农村的阶级状况,拜访比较开明的地主绅士,促成其支持八路军,拥护抗日。而召开座谈会,与各阶层人士促膝谈心,晓之以理,动之以情,则是朱德做农村统战工作最常见的一种方法。1937年9月下旬,朱德抵达山西五台县会晤阎锡山时,对阎的部属以及阎氏家族的有关人士进行了动员工作。在谈话中,多次指出:在大敌当前的今天,要鼓起抗日的勇气。悲观的亡国论是不对的,盲目乐观的速胜论也是没有根据的。只要全国人民团结起来,有钱出钱,有力出力,有人出人,有粮出粮,打败日本侵略者是一定能办到的。1938年12月27日,朱德率八路军前方总部抵达山西潞城县北村时,就住在一位士绅的大院里,他在进行军事活动的余暇,经常给这位士绅讲抗日救国的道理。经过朱德语重心长的劝导,不仅这位士绅成为拥护中共团结抗战的典范,而且还带动了村子里其他几位士绅积极为八路军提供公粮和公款的抗日热忱。

通过驻地政府和牺盟会、动委会等统战组织,动员一切抗日力量,从而扩大抗日队伍,是朱德做农村抗日统一战线工作的另一策略。1939年1月1日,山西省第三、第五两专署在沁县冀家凹大庙院联合召开了"晋东南各界反汪拥蒋大会"。第二战区司令长官行营,各牺盟中心区,各界团体,冀西、豫北、河北省府,山西三、五两专署25个县,八路军、决死队、三十三军、十七军的代表400多人及沁县民众数万人出席了开幕式。

朱德应邀出席大会并讲了话。他痛斥汪精卫的卖国投降活动,表示支持蒋介石继续抗日,强调发展抗日民族统一战线,精诚团结,共赴国难。朱德的夫人康克清也代表八路军讲了话。她说:"今天的大会开得这样盛况空前,说明我们敌后的广大群众已经组织起来了,八路军愿与他们及各党派各阶层人士,手携手,肩并肩,争取抗战胜利。"朱总和康克清有声有色的演讲,打动了与会农民群众的心。掌声和口号声此起彼伏。这次大会历时6天,取得了如期的效果。凡是朱总派八路军深入发动群众的地方,都建立了工、农、商、学、妇、儿等各个抗日团体。同时也激发了各阶层民众的抗战信心,打击了妥协投降的顽固势力,争取了中间势力,稳住了山西政局。对于号召各阶层坚持敌后抗战产生了巨大的影响,使我党我军的各项政策和法令更加深入人心。

朱德在转战华北期间,做农村统战工作最典型的范例是在山西省武乡县倡导召开了盛大的榆(社)武(乡)士绅座谈会。1939年秋,正值朱德率八路军前方总部及直属部队进驻武乡县砖壁、王家峪之时,国民党顽固派"摩擦"活动愈演愈烈,对敌后抗日根据地实行经济封锁,停止供给八路军的粮饷。这就影响到农村中一部分地主士绅对中国抗战产生了动摇情绪,对抗战前途发生了怀疑,严重地影响着农村中抗日民族统一战线的巩固与发展。针对这种状况,朱德同武乡、榆社两县的县政府及县牺盟会的领导协商后，决定在武乡召开一次旨在号召农村各阶层民众精诚团结、共同抗战到底的士绅座谈会。

这年9月19日，朱德总司令和彭德怀副总司令、政治部主任傅钟等领导人赴武乡土河村，参加了以武乡、榆社两县县政府和县牺盟会名义召开的榆（社）武（乡）士绅座谈会。应邀出席座谈会的还有国民党派来的联络参谋周勖吾先生，河北省政府代表张仰文先生以及来宾代表共计百余人。到会士绅有裴玉树、魏培棠、李祖寿、郝培兰、杜青史、武德宽和魏文兰等50多人。

当武乡抗日县政府谭永华县长致开会辞后，朱德以第二战区副司令长官的身份发表了演说。对士绅在抗战中的地位和作用，以及榆、武广大开明士绅热心支持抗战等事迹，颇加慰勉。朱德的演讲赢得了与会士绅代表的阵阵掌声。会场气氛异常高涨。大家对朱副司令长官在戎马倥偬之际能够如此促膝诲人，极为钦敬。接着，朱副司令长官亲自把上书"毁家纾难""自强不息""见义勇为"等的一面面锦旗授给了裴玉树、李祖寿、魏培棠、魏文兰、武德宽等各位士绅先生，以表彰他们深明抗日大义、为国慷慨捐粮的模范行为。

座谈会上，朱德还亲自解答了与会士绅们提出的各种与抗战前途有关的国际和国内问题。其中包括：第一，欧洲现在的战争是否世界大战？第二，欧洲现在的战争对中国是否有利？第三，有人说共产党进步太快，我们跟不上，所以要求走慢点，你以为如何？第四，有人说共产党发展太快，力量太大了，会威胁别人，所以应当"限共""防共"。你认为这种意见对吗？第五，牺盟会是不是共产党的外围？第六，社会主义国家内宗教是否存在？第七，共产主义的学说是否能实行于工业农业落后的地方？等等。朱德的解答简明通俗，举例颇多。与会士绅深受启发和教育，顿时消除了他们思想上长期积存的疑虑，使他们能够解放思想，从而增强了抗战必胜的信念。朱德最后谈道："武乡士绅，忠诚爱国，慷慨捐输者极多，使抗战的军队解决了许多困难。我代表八路军，对武乡模范士绅毁家纾难、捐款捐粮的爱国行动，表示谢忱和致意。"他号召大家坚持抗战，渡过难关，并倡议发出了《告晋东南士绅书》。

随同朱德一行到土河采访士绅座谈会的英国记者乔治·何克先生，在会后向《新华日报》（华北版）发表谈话，盛赞我军民团结抗战之热忱。他说："共产党领导下坚持了华北抗战的八路军与士绅的关系如何，是一般英国人所不了解的。但我以半年时间走遍了华北，和参加了这次盛会，完全明白了。英国也有人民阵线，但那是不及中国的抗日大团结的。中国下最大决心的抗战，已为全世界人士所钦佩。"

关于这次榆武士绅座谈会的盛况，1939年9月23日的《新华日报》（华北版）在头版上作了报道。并在同版配发了《巩固与发展农村中的统一战线》的社论。社论指出："今天在华北敌后发展抗日民族统一战线，其主要工作中心，已不在若干城市与上层党派之间，而在广大乡村。所以，我们在目前进行这一伟大的工作，不能仅以各党派之间的上层联合为满足，而应深入农村，使农村中各阶级与阶级之间，团结的更加巩固，更加紧密。同时，要巩固和发展农村中的统一战线，又不是漂亮的口号所能完成，必须一点一滴确实进行具体工作：第一、必须实施民主政治，改革政治机构。第二，必须适当的改善民生,第三,必须防止敌寇汉奸、汪派托派等破坏团结的阴谋。"社论最后说:"我们为着抗日民族统一战线的顺利进行与扩大,在执行过程中,必须照顾了这里又照顾到那里,照顾了工农贫民,又要照顾到地主士绅和富户。抗战期间,地主士绅与富户的负担,当较平时稍重,我们还应了解他们也有若干困难。对于他们,必须进行艰苦而耐心的宣传教育,苦口婆心地说服他们,晓之以民族大义,动之以救国情理,务必使他们心悦诚服地为国家独立、民族解放尽最大努力。"

这次座谈会,由于朱德的莅临与讲演,产生了深远的影响,对推动农村统战工作起了不可估量的作用:

首先,与会士绅在大会气氛的感召下,抗日情绪空前高涨,纷纷慷慨献粮。大有士绅裴玉澍、圪嘴头士绅郝培兰、活庄士绅杜青史等50余人,自报捐粮190石,捐款(银洋)220元。士绅杜青史还将家中土地钱财除生活费用外全部捐出。韩壁开明士绅魏文兰还自动献田100亩。总之,这次士绅座谈会后武乡士绅富户超额完成了6万石公粮的囤积任务,在经济上保证了军需民食,集中一切力量支援了前方杀敌的抗日将士。

其次,由于贯彻执行了党的农村统一战线政策,使农村中许多士绅名流,由中间势力转变为进步势力。如西堡村开明士绅李祖寿,不仅自己捐粮献款,而且还以牺盟会工作组名义到土河等编村,发动群众和全村士绅屯粮捐物,为八路军前方总部各单位提供了食宿条件。

再次,许多开明士绅开始变得关心国家的前途与命运。他们经常在一块畅谈中共中央制定的一切新的政策与法令。

到后来组建各级"三三制"政权时,开明士绅裴玉澍、郝培兰等均被选为晋冀鲁豫边区参议员。著名士绅杜青史还当选为晋冀鲁豫边区政府高等法院副院长。他们直接参政议政,处处为抗战献计献策,促进了各级政权的民主建设。

特别值得一提的是,边区参议员裴玉澍在党的统战政策的感召下,响应县府捐资兴学的号召,自动捐款在本县下家岭村兴建了一所抗日小学。这一模范行动受到武乡抗日县政府的嘉奖,成为晋冀鲁豫边区开明士绅热忱支持抗战的楷模。

朱德不仅自己以身作则,非常重视搞农村统战工作,注意团结各界人士,还教育他的部属也这样做。他经常从总部直属机关中抽出民运工作队,轮流深入附近乡村,教育各村抗日干部,做好农村统战工作。如1940年2月14日,武乡县各界民众在活庄村举行农村宪政座谈会之际,朱德抓住时机,委托野战政治部(驻下合村)主任傅钟到会,面对参加大会的士绅名流等各界人士,作了《关于宪改问题》的报告。具体提出了3点意见:(一)需要真正代表民意的国民大会。(二)需要切实保障人民利益、代表人民公意的宪法。(三)需要真正民主的宪政。报告详尽地阐明了农村宪政改革的重要性和实施步骤。在傅钟的建议下,会后成立了武乡宪政促进会筹备会。这次开明士绅李祖寿与各救会的武三友、郭茂宏、李玉田、张滔等一道,被推举为宪政委员。从此,开启了武乡村级政权建设史上的新纪元。

1940年2月17日,八路军129师为加紧团结抗战力量,挽救投降危机,争取时局好转,根据前方总部指示召开了辽(县)黎(城)涉(县)士绅座谈会。朱德副司令长官偕同刘伯承师长,在军务繁忙之中,还特地亲莅大会指导。

朱德将军先就士绅们向他提出的政治和国际问题一一作了回答。然后盛情致谢道:"二年来,大家对我们帮助很大。我们很爱护广大民众和各位士绅先生,也希望大家爱护人民军队和各救亡团体,以后我们可以对任何问题都作商讨,八路军是讲道理的。只有这样,我们才能得到最后胜利。"接着中共代表徐文中和国际友人、印度援华医疗团的爱德华博士也先后对士绅们慷慨致词,会场上还悬挂着西班牙人民寄给大会的3面绛红色锦旗。

与会士绅刘任贤、王国炳、魏培棠、刘逢源、史广兴、李井田等先生在会上相继发言。他们一致表示:反对日汪协定《日支新关系调整纲要》,反对山西叛逆王靖国、孙楚和陈长捷。只有加紧抗战进步力量的团结,打击叛逆投降分子,才是争取时局好转的中心关键。

最后士绅代表孙华先生向朱德副司令长官及刘伯承师长献旗,并作闭幕演说:"英勇抗战的八路军,两年半来保卫了华北和山西人民,我们谨向八路军诸将士及朱长官致敬。"士绅们相约,为救济冀西难胞,将展开募粮竞赛运动。

朱德在做农村统战工作时,特别注意纠正农村统一战线中出现的左的倾向。1940年6月27日,朱德在延安中共中央政治局讨论时局的会议上发言时说:"目前我们要加强民族统一战线的工作,不要把民族利益和阶级利益对立起来,地主、资本家一般也还有民族思想,不要把他们看成汉奸。统战工作做得好,地主愿意把粮食供给我们;如果工作做得不好,他们会跑掉。"后来又在8月8日召开的中共中央政治局讨论统战工作和财政问题的会议上发言:"华北党与部队有些干部骄傲,许多士绅来找我们,但他们不注意做统战工作,今后要注意,对向财主筹款的问题,根据华北的经验,通过当地政权和民众去做,比军队直接去做好。"

从这些言谈与行动中我们不难看出,朱德总司令真心实意地想把在华北农村做统战工作的好方法、好经验,推广到全国各个敌后抗日根据地去,以达到中国各族各界民众的大团结,并赢得中国抗日战争的最后胜利。

(原载1993年7月中共党史出版社《朱德和他的事业》一书)

邓小平经济改革思想探源

一曲扣人心弦的《春天的故事》传遍了祖国大江南北，唱出了亿万中华儿女的心声。一位世纪老人、我们敬爱的邓小平同志，用近百年的奋斗与探索，终于为中华民族找到了一条改革开放、强国富民的道路。回眸往事，历史之所以选择邓小平为当代中国人民意志和集体智慧的杰出代表，把邓小平理论作为当代中国的行动指南，是与他独具特色的抗日根据地时期历史建树密切相关、一脉相承的。光辉的抗战历史雄辩地证明一条颠扑不灭的真理：邓小平经济改革思想早在抗战时期就已经发轫在号称"红色特区"的太行山上。

重视经济建设　打开太行山严峻局面

那是抗日战争时期的1940年，日军把进攻的目标集中转向中共所领导的抗日民主根据地，并且在太行抗日根据地施行了烧光、杀光、抢光的"三光政策"，严峻的敌情加上了严重的旱灾，使得太行抗日根据地军需民用出现了严重的困难。面对险恶的形势，当时担任八路军129师政委和太行军政委员会书记的邓小平审时度势，及时依据当时的形势果断地提出应对方针。1940年4月，中共中央北方局召开黎城高干会议，会上邓小平明确指出"发展生产是坚持根据地的重要保障"的重要论断。翌年3月，他受中共中央北方局的委托，相继在一系列会议上提出注重经济建设的主张。这些观点形成了新成立的晋冀鲁豫边区政府《努力经济建设,增加边区财富》的施政纲领。根据这一努力目标,抗日当年边区政府规定:"一切抗日人民,不分党派阶层,均有营业、营利、从事工农业生产之自由;奖励私人企业,发展农村生产合作事业;欢迎海内外人士和敌占区同胞投资于边区生产事业,政府保障安全,并提供帮助"。这些观点,正是今天邓小平经济改革、对外开放思想的最早胚胎和雏形。

邓小平在他的光辉著作《太行区的经济建设》一文中就曾精辟地指出:"敌后经济建设的尖锐程度,绝不减于军事战线"。在日军疯狂的"扫荡"、"蚕食"和"清剿"面前,如果不加强经济建设,"一旦人民元气耗尽,一旦军需民食没有保证,敌后抗战的坚持是不可设想的"。他还明确指出:"发展生产是经济建设的基础,也是打破日军封锁、建设根据地自给自足经济的基础"。邓小平在以武装斗争为中心的抗日根据地时期,就对经济工作给予了特别重视。特别是"发展生产是坚持根据地的重要保障"、"敌后经济建设的尖锐程度,绝不减于军事战线"等历史论断,均深刻地揭示了经济建设与整个抗日根据地发展的辩证关系。特别是党的十一届三中全会以来,邓小平提出的把全党工作重点转移到经济建设上来的重要思想,便寻找到了历史源头。

主持制定《滕杨方案》 促进商品经济迅猛发展

在邓小平同志的亲自主持下,滕代远和杨立三等2位前方总部首长着手制定了著名的《滕杨方案》。在这一纲领性文献里面讲道:"把共产主义的远景当作现实的实际,把共产党骨干的思想观点当作群众的意识,认为以劳动所得而积蓄起来的是经济主义、金钱观点；或名之曰：'富民思想'、发财观念"等等。针对上述倾向，邓小平早在1940年的黎城会议就一针见血地指出："发展国民经济，对于商人、富农经济都可让其发展，而且都要奖励。"后来又在1944年12月太行区第一届群英会上指出："要把扶助贫困，奖励富农在反对封建剥削上结合起来，目的是要使贫的变富，富的更富，通过富民政策促进根据地新民主主义经济的发展"。由此可见，邓小平的经济富民思想在太行抗日根据地时期就已经萌生了。

与此同时，在轰轰烈烈的大生产运动中，邓小平坚持执行照顾个人利益、实行公私两利的原则。在1943年9月129师和边区大生产动员大会上，邓小平强调在大生产中要赏罚分明，建立触及个人利益的赏罚制度，提出要给生产模范、劳动英雄给予100元至200元的奖金。根据邓小平的这一指导思想，八路军前方总部制定了具体的《滕杨方案》，鼓励根据地军民按劳动贡献分成和私人积蓄。通过公私两利的《滕杨方案》的实施，太行根据地大生产运动掀起了新的高潮，而且取得了丰硕成果，不仅解决了抗日根据地的军需民用，而且军队民众也在勤劳中有了自己的积蓄。邓小平对太行抗日根据地经济建设的另一个贡献，就是大力提倡发展商品生产，鼓励商品流通。在1943年2月召开的中共中央北方局太行分局温村会议上，邓小平就强调，根据地"应注意输出商品生产，去以有易无"。同时认为：经过商品流通，才能繁荣根据地的经济，满足和调节根据地人民的生活需要，达到输出输入的平衡。而要搞活流通、刺激商品生产，除了发展公营贸易机构之外，还应鼓励私人商业发展，给商人以"合法赚钱"的机会。邓小平在抗日根据地时期注重商品经济的思想，便可看作是今天邓小平发展社会主义市场经济理论的最早探索与实践。

推行减租减息　调动农民生产积极性

面对日军疯狂的军事"扫荡"和经济封锁，以及国民党顽固派发动的反共高潮，中共中央制定了包括对敌斗争、精兵简政、统一领导、拥政爱民、发展生产、整顿三风、审查干部、时事教育、三三制政权、减租减息在内的"十大政策"。当时担任中共中央北方局代理书记、领导包括太行区在内的整个华北抗日根据地工作的邓小平，结合太行根据地的实际，卓有成效地开展了减租减息工作。当年，太行抗日根据地大部分地区在日军频繁"扫荡"、连年灾荒面前已是经济凋敝，财源濒临枯竭，而生产自救便是解决这一问题的根本出路，虽说生产自救依靠的主体是农民，但广大农民的生产积极性并未充分调动起来。为此，邓小平决定以减轻农民负担为龙头，以减租减息为突破口，在调整农村生产关系中改善农民的生产生活条件，调动抗日根据地农村生产主力军农民的生产积极性，大大促进了太行抗日根据地大生产运动的深入开展。

后来，邓小平在《太行区的经济建设》一文中又说道："我们的减租减息和交租交息政策，给发展生产开辟了一条广阔的道路。凡是减了租息的地方，广大劳动人民的抗战热情和生产积极性都大大增强了。而在减租减息之外，政府还规定必须交租交息。以减租减息和交租交息并存来稳定各阶层的关系，加强各阶层的团结，号召各阶层努力生产积蓄，由自给自足向丰衣足食的道路前进"。由于执行了正确的生产关系协调政策，大大提高了太行抗日根据地的生产力和生产积极性。今天邓小平建设有中国特色社会主义经济理论的提出,正起源于他太行抗日根据地时期的经济实践。

实施精兵简政　推进根据地市场经济发展

邓小平在1941年5月发表的《党与抗日民主政权》一文中,提出一个著名论断:不能搞"以党治国"。他尖锐指出:"以党治国的国民党遗毒是麻痹党、腐化党、破坏党、使党脱离群众的办法。"针对上述情况,邓小平指出党和政权的关系是指导与监督的关系,"党的领导的责任是放在政治原则上面不是包办,不是遇事干涉"。基于这种历史认识,邓小平在太行抗日根据地的各项工作中坚持党的政治领导,坚持贯彻"三三制"原则,从而有效地保障了太行抗日根据地经济工作的正常运作与发展。

特别值得一提的是,邓小平在太行抗日根据地精兵简政工作的成功实践。由于战争破坏,根据地人口大量的供给税赋,负担显然过于沉重。对此,邓小平充分体察抗日民众疾苦,把精兵简政当作一件大事来抓。经过从1941年到1943年3次精兵简政,到1943年底,晋冀鲁豫边区军队后方机关、地方党政机关的脱产人员比1940年减少了1/3。边区政府机关人员由500人减少到100人。并通过有效地开源节流,抗日根据地人民群众的经济负担大为减轻,从而为太行区的经济建设节俭了一定的财力。当年,由邓小平领导的太行军政机关的精兵简政工作还曾受到毛泽东主席的高度评价。在后来的社会主义建设时期,邓小平又提出了关于党和国家领导制度改革以及倡导党政机关精简机构等重要思想。这些一脉相承的历史性举措,将对进一步繁荣具有中国特色的社会主义市场经济,产生非常重要的现实指导意义,大大促进了太行抗日根据地的经济发展。

奖励科技发明　带动根据地经济全面繁荣

邓小平早在抗日根据地时期,就对"科学技术促进社会生产力发展"这一重要课题产生了浓厚的兴趣。在抗日当年的大生产运动中,由于从各方面调动了生产者的积极性,群众中出现了不少技术发明创造。对此,邓小平大力奖赏,给以扶持。在1944年10月太行区第一届群英会上邓小平将"经验与科学的结合"归纳为与"减租减息"和"组织起来",并列为推动大生产运动成功的3件大事。他还精辟地指出:"科学的力量是很大的"。他还勉励大家:"我们不要把科学看成什么神秘的东西,也不应把科学离了实际,科学本身就是实际经验的总结,坏的去掉,就是结合本地条件的好科学"。

在邓小平"科学技术是了不起的生产力"这一重要思想的具体指导下,当年太行抗日根据地陆续制定了一系列奖励科学发明、启用技术人才的政策。这些方针不但具体规定了重奖科技发明的数额,还让学非所用的专门技术人员归队,甚至从敌占区重金招聘专家到抗日根据地工作。另外,大力改善科技人员的工作生活条件,在根据地财力十分有限的条件下,规定因正确设计而无力实验者,可出具相关材料申请政府安排试制经费或实验场所。由于抗日当年邓小平积极提倡科学技术,因此以太行山为依托的晋冀鲁豫边区各行各业科技发明不断出现,有力地推动整个边区经济的发展。由此,邓小平尊重知识,重用人才,重视科学技术这一系列思想发展到改革开放的今天,便形成了邓小平"科学技术是第一生产力"的著名论断。

"我们唱着《东方红》,当家作主站起来;我们唱着《春天的故事》,改革开放富起来;继往开来的领路人,带领我们走进新时代……"今天,我们学习与重温邓小平同志在太行山抗日根据地时期经济建设方面的历史功绩,对于我们领会邓小平理论,特别是邓小平经济改革思想有着十分重要的现实意义。我们坚信,闪烁着智慧光芒的邓小平理论,将永远是我们中华儿女在新世纪的征程上,实现中华民族伟大复兴的指路明灯。

(原载 2004 年 8 月《山西经济日报》现代周刊)

八路军游击战在华北抗战中的重大贡献

　　八路军太行纪念馆改陈扩建工程中,曾经有一项令人神往的景观,就是在风光秀丽的凤凰山下修建一座造型别致的"八路军游击战术演示馆"。当时采用现代艺术表现手段,全方位、多层面地展现八路军游击战术的神奇威力,大力宣传八路军游击战在中国抗日战争乃至世界反法西斯战争中所作出的巨大贡献。为此,我想趁"八路军参战85周年暨山西抗战"学术研讨会召开之际,就八路军游击战产生的历史背景、八路军游击战的主要战法战例,以及八路军游击战在中国抗日战争中的战略地位及重大贡献,作一深层次的探讨,并与学术界同行专家商榷。

八路军游击战产生的历史背景

　　1937年7月7日,卢沟桥畔的隆隆炮声,揭开了中华民族全面抗战的雄壮序幕。8月20日,中国工农红军主力奉命改编为国民革命军第八路军,以第115师、第120师、第129师等三师之众东渡黄河,挺进华北抗日前线,根据毛主席和党中央的战略部署,分兵发动民众,进行了独立自主、艰苦卓绝的群众性游击战争,开辟了辽阔的华北敌后战场。11月8日,山西省会太原失守,标志着在华北以国民党军为主体的正规战争已经结束,以共产党八路军为主体的游击战争进入主要地位。在8年全面抗战中,八路军游击战作为一种集灵活性、主动性和计划性于一体的奇妙战术,为创建华北敌后抗日根据地,立下了汗马功劳。下面先探讨一下八路军游击战产生的历史渊源和时代背景。

首先,八路军游击战是中国工农红军游击战的继承和发展。早在井冈山工农武装割据时期,毛泽东同志就提出了农村包围城市,武装夺取政权的革命道路,朱德同志当时又高屋建瓴地概括了"敌进我退,敌驻我扰,敌疲我打,敌退我追"16字游击战方针。这些起源于红军赤卫队时期的游击战法在中央苏区5次反"围剿"作战以及主力红军二万五千里长征诸战役中,发挥了很大的威慑作用。之后,到达陕北的红军主力改编为国民革命军第八路军后,继续沿用了红军时期的这些战法,并使之发扬光大。

其次,卢沟桥事变爆发后,日军沿平绥、平汉、同蒲、津浦等铁路,大举侵占华北地区的交通线和大城市。在敌强我弱的态势下,改编后仅有4.6万人的八路军将士,为了保存抗日有生力量,就不宜展开大规模的运动战和阵地战,最适宜在日军统治相对薄弱的广大边远山区农村,开展多种形式的游击战。

再次,抗战初期,虽然通过几次谈判,国共达成合作抗日协议,但就当时华北抗日的现状来看,国民党军队走的是一条单靠政府和军队的片面抗战路线,导致了从华北向南节节溃退的败局。而共产党领导的八路军部队则坚持走发动各阶层、各民族团结抗日的全面抗战路线,依靠主力军、地方军和人民武装三结合的军事战略体制,在战法上广泛吸取了华北各根据地抗日自卫队和民兵的传统作战经验,并成功地运用于华北抗战的每一个战役之中。

还有一个值得一提的原因,就是抗日战争时期的华北地区,是指长城线以南、陇海路以北、黄河以东、渤海和黄海以西的广大地区。而这些地区的地貌大部是以山地、丘陵为主,间或有些平原地带,也是江河湖汊纵横交错。根据这些自然地理环境的实况,开赴华北抗日前线的八路军,就只能因地制宜地开展牵制与消耗日军的敌后游击战。

鉴于上述主要原因,抗战开始后,党中央和毛主席向八路军发出了深入华北敌后,开展轰轰烈烈的抗日游击战争的指令,特别是毛泽东主席在延安撰写并发表的《抗日游击战争的战略问题》和《论持久战》两篇光辉论著,成为指导八路军坚持华北敌后游击战的纲领性文献,丰富与完善了八路军游击战的科学内涵和思想理论。整个抗日战争中,八路军游击战经历了在敌后战场配合友军正面战场的作战;国民党军向南溃退后,进行独立自主的山地和平原游击战;大反攻中游击战向运动战转变发展等3个重要阶段,为后来参加华北抗日大反攻,争取抗日战争的最后胜利,壮大了力量,奠定了基础。

八路军游击战的主要战法战例

在8年全面抗战中,从吕梁太行到黄海之滨,从长城内外到陇海沿线,英勇无畏的八路军健儿和华北根据地的民兵自卫队一道,依照敌情与地貌的实况,以惊人的胆略和无穷的智慧,机智灵活地创造了地雷战、地道战、麻雀战、围困战、破击战、攻心战、伏击战、捕捉战、联防战、铁道游击战、水上游击战、窑洞战等多种神奇而巧妙的游击战术。他们青纱帐里逞英豪,水乡芦荡出奇兵,在华北这座弥漫着战火硝烟与刀光剑影的历史大舞台上,演绎了一幕幕惊心动魄的人民战争活剧,迫使疯狂的日军陷入了波澜壮阔的游击战争的汪洋大海之中,堪称中国乃至世界战争史上一道亮丽而奇特的历史壮举。

地雷战 威震敌胆的地雷战,发祥于晋察冀抗日根据地,后流行于华北各地。当年八路军和广大民兵就地取材,利用废铁、玻璃瓶、瓷瓶等原料,安装中国民间传统的炸药,制造了铁雷、木雷、石雷、瓷雷和水雷等武器,主要放置于路面、田边、广场、草坪、山坡、河道、房顶、门槛、炕头、灶内、马槽、鸡窝、柴堆、粮囤、井台、地道口等日军必犯之地,同时根据作战需要,又巧妙地发明拉火雷、踏水雷、电火雷、定时雷、硫酸自发雷、绊雷、子母雷、连环雷、跳雷、滚雷、飞雷等各式埋雷方法,为日军布下了神秘莫测的天罗地网。面对八路军威力强大的地雷阵,日军如临深渊、如履薄冰,谈雷色变,寸步难行,一不小心就被炸得焦头烂额,命归西天。太行抗日根据地(河北邢台)龙门川和(山西武乡)李峪村,以及晋绥根据地(山西兴县)二十里铺、山东根据地(山东海阳)赵疃村等,都是抗日当年八路军民兵地雷战开展得最好的典型范例。

地道战 在幅员辽阔的华北平原抗日根据地,没有山林和水泽可依托的天然屏障,广大军民就因地制宜,将原先简单的藏身地窖、土洞和壕沟加以改造,深挖成户户相通、村村相连、防水防毒、能藏能打、互相掩护、纵横交错的地道网,而且村落地道向四周延伸,又构成野外地道。村落战和野外战相结合,每当日军来犯,广大军民就先在野外迎击日军,然后从野外退到村口,最后转入并依托地道大量地杀伤日军,使装备精良的日军陷入战无对阵、到处挨打的困境,从而构成了对敌斗争中坚固隐蔽的地下长城。仅以冀中平原根据地来说,只1944年冬季,就挖掘地道12500公里,而冀中根据地(河北清苑)的冉庄地道战是这种战法的光辉范例,此外,曾荣膺"人民第一堡垒"光荣称号的冀东抗日根据地(北京顺义)焦庄户地道战也驰名中外,是平原地道战的代表作。

麻雀战 "打得赢就打,打不赢就走。"这是对抗战时期根据地军民麻雀战术的生动写照。这种以速战速决、以弱胜强著称于世的战法,起源于太行抗日根据地(山西太谷)范村镇。麻雀战常用袭击、伏击、狙击等手段偷袭离队、掉队的小股日军以及据点周围的门卫步哨。八路军和民兵经常化整为零,时而三三两两,时而成群结伙,出没在山野密林、狭谷隘口、街头巷尾、地道路旁、青纱帐里,好像麻雀啄食一样,忽聚忽散,忽来忽去,瞅空子到处扰乱和打击日军。当日军反击时,就立即撤离"飞去",隐藏得无影无踪;当日军疲惫不堪、仓皇撤退时,就呼啸而来,枪声四起、杀声遍野,使日军陷入胆战心惊、狼狈不堪的境地。当年打得最出色的要数晋察冀根据地北岳区(河北曲阳)尖地角村和晋冀豫根据地太行区(山西武乡)韩青垴的麻雀战,他们常使日军闻风丧胆,创造了显赫一时的游击战绩。

围困战 针对日军在边沿区刀枪林立的据点和漫长交通线上戒备森严的碉堡与炮楼,实施严密的封锁与警戒,把日军困死饿死在据点或碉堡里,便是根据地军民运用围困战克敌制胜的一大法宝。围困战的具体做法是:不准日军外出骚扰。如果少数日军出动,就把它消灭;大批日军出动时,则用各种办法袭扰日军,并乘敌据点空虚之机抄敌老窝。同时切断敌与外界的联系,造成敌人战略物资和生活供应上的极大困难,使之变成一潭"死水"。另外,还要出敌不意地给以冷枪冷弹打击,使日军在据点和碉堡里,吃没吃的,喝没喝的,走投无路,最后将其消灭掉。抗战期间闻名全国的晋冀豫抗日根据地太岳区沁源围困战,就是军民团结,围困日军的模范战例。当时革命圣地延安《解放日报》转载题为《沁源人民的胜利》的社论。后来著名新闻家董谦出版的《没有人民的世界》一书,也盛赞沁源围困战创造了敌后游击战的奇迹。此外,太行区武乡县蟠龙围困战也在军战史上占有重要的一页。

破击战 抗日战争时期,由于日军占据着大中城市,又具有现代化的武器装备,所以交通线既是日军经济命脉,又是日军调兵遣将、军需供应的主要依托,同时也是日军分割与包围抗日根据地的切割线。为此,八路军和各根据地民兵,声势浩大地展开了以破坏袭击日军交通运输、通信联络、矿山仓库和机械兵器为主要内容的破击战。广大根据地军民在统一部署、统一指挥下,破路基、扒铁轨、炸桥梁、打火车、烧站房、割电线、拆碉堡、平围墙、阻河道、毁码头,往往是日军白天修,我军趁夜晚加倍破坏。这样就给日军造成交通上的严重困难,一次又一次粉碎了日军对根据地的"蚕食"与"扫荡"。1940年春,被誉为"铁道飞行军"的八路军晋冀豫军区各部指战员,配合驻地武乡分水岭、岩庄一带民兵,进行的白(圭)晋(城)路北段破击战斗,就演绎了一个"铁轨变死蛇"的传奇故事。

攻心战 "我们的胜利不但是依靠我军的作战,而且依靠对敌军的瓦解。"这是毛泽东人民战争思想对八路军攻心战的诠释与概括。根据地抗日军民在进行攻心战之前,要周密地调查研究日伪部队的历史、现状、战斗素质、武器装备,一些重要官员的出身、籍贯、社会关系、心理状态以及他们内部存在的矛盾等等。他们针对日军的特点和弱点,往往在夜间突然行动,包围日伪军炮楼,向日军喊话,或是通过火线喊话,瓦解和警告日军;有时还到日伪据点外围散发宣传品;另外也通过日伪军的亲属朋友,投寄书信或是当面进行开导,而且政治攻势与武装斗争相配合,充分展示了攻心战的巨大威力。当年由投诚和被俘的日本人和日军中的朝鲜人,觉醒后自发成立的"在华日人反战同盟"和"朝鲜独立同盟"等反战组织,正是八路军攻心战术结出的累累硕果。1945年农历三月,八路军冀中军区组织地方武装和民兵,发挥军事压力与政治攻势相结合的优势,迫使盘踞在河北河间县境的200多名日伪军缴械投降,一举拿下河间城东的3个据点,便是"攻心战"的又一成功战例。

伏击战 翻开八路军游击战术的宝典,伏击战真可谓是抗日战争中用来打击运动之敌的最常见的一种战法。通常伏击日军的方法主要有待伏和诱伏两大途径。伏击时,一般选择日军战斗人员较少的运输队、汽车和零星小股日军,以及疲惫的日军为主要对象;伏击地点应选择在日军必经之路而不利于敌兵力展开的地区,如谷地、隘口、道路拐弯处、桥梁、渡口等地区;要有重点地将兵力配置在伏击地区两面或三面的有利地形上,构成口袋形伏击圈;然后当日军队伍进到我军伏击圈时,就在统一信号下,以突然猛烈的火力,发起冲锋,大量歼灭日军。在中国抗战史上,八路军115师688团香城固(冀南)战斗、120师716团滑头片(晋察冀)战斗和129师386旅神头岭(太行)战斗,都算得上是漂亮的伏击战。

捕捉战 当年被根据地军民形象地喻为"拦路打狗"的捕捉战,堪称八路军民兵在边沿区和游击区风靡一时的具有传奇神话色彩的游击战法。它是以秘密而神速的动作,突然出现在日军的面前,出其不意地捕捉日伪零散人员,特别是捕捉那些对根据地危害性很大的汉奸、特务、密探和可供情报的日伪人员,以造成敌人的极端恐怖心理,从而获取敌方各种情报,清除开展各种抗日救亡活动道路上的障碍。本着攻敌不备、出奇制胜的战略方针,广大军民常常埋伏在交通要道上,捕捉日军的小股通信人员、零星掉队人员以及运输人员等,有时还采用化装奇袭的方法,神出鬼没、机智勇敢地深入日伪据点内捕捉日军,把日军吓得目瞪口呆,战战兢兢地做了俘虏。1943年河北内丘县米家沟和山西潞城县李庄村的游击小组,运用就窝捕捉和寻机捕捉相配合的形式,用来巧妙灵活地打击日军,闻名晋冀鲁豫边区。

联防战 一村有事,各村支援;一村打响,各村接应。这是抗战岁月里,根据地军民用联防战奏响的一曲同仇敌忾、抗日御侮的英雄之歌。开展联防战最重要的是,事先定好敲锣、打鼓、鸣钟、升灯、升旗、升火、狼烟、树干等联络信号,进行联防警戒,然后每当日军进犯某个村庄时,附近各村隐蔽的八路军和民兵闻讯赶来,主动出击,配合默契,集中优势兵力联防作战,消灭来犯之敌。此外,广大军民还在统一指挥下,对日伪的交通通信和军事设施进行有组织的联防破击,而对龟缩在孤立据点里的日军,则采取联防围困的方法,从四面八方将据点里的日军困死或挤跑。1941年,晋冀鲁豫边区有名的河南济源县杜年庄、留庄、马住、茅岭、蓼坞、乔沟、太山庙和杨大庄等8个村子的民兵自击队协同驻地的八路军指战员一道,实行联防作战,用土枪、土炮和葫芦舟,歼灭了大量日伪军,被上级授予了"河防堡垒杜八联"的光荣称号。

铁道游击战 看过电影《铁道游击队》的观众,一定还记得广大游击健儿机智勇敢、神出鬼没伏击日军铁甲列车部队,展开铁道游击战的惊险一幕。抗战时期,战斗在华北根据地平绥、平汉、同蒲、正太、津浦、陇海等铁路沿线的八路军和民兵游击队,响应毛泽东主席关于"整个游击战争,在日军后方所起的削弱日军、钳制日军,妨碍日军运输的作用,和给予全国正规军与全国人民精神上的鼓励等等,都是战略上配合了正规战争。"的伟大号召,在千里铁路线上破铁轨、撞火车、爬车箱、夺物资,还在火车上打歼灭战,常使日军闻风丧胆,创造出许多惊人而富有传奇色彩的英雄事迹。当年山东抗日根据地鲁南区由临(城)枣(庄)地区的一批煤矿工人和铁路工人秘密组织起来的铁道游击队,以微山湖为依托,坚持津浦铁路干线的艰苦对敌斗争,作为铁道游击战的模范战例,已成为根据地军民世代相传的千古佳话。

水上游击战 "在河湖港汊之中及其近旁建立起持久的根据地,作为发展全国游击战争的一个方面。"这段话语正是毛泽东主席对于展开"水上游击战"的精辟论述。抗战时期驻扎在江河湖海地区的根据地军民依靠熟悉水性和准确的射击技术,以及不怕苦、不怕死的英雄气概,以礁石、浪花、芦苇、水藻作掩护,驾驶着轻巧灵便的"鹰排子"小船,穿行在一片汪洋的湖水中和浩瀚无际的芦苇丛里,来去神速自如,出入无声无息。进攻时,可以隐蔽在苇塘边缘,对日军汽船发起突然袭击;撤退时,能立即闪进芦苇丛中或泅入水底,消失得无影无踪。这些水上游击健儿凭借郁郁葱葱的芦苇青纱帐,无论是配合陆上主力部队作战;还是封锁日军水上交通,掩护渔民群众进行生产,护送我军政人员过往等方面,都发挥了神奇而无穷的威力。当年活跃在冀中白洋淀、号称"淀上飞兵"的雁翎队和战斗在山东根据地微山湖、滨海等地的水上游击队等,都是在广袤无垠的水上战场,描绘了一幅幅水上游击战的壮丽画卷。

窑洞战 面对日本侵略军残酷的"扫荡"和疯狂的"清剿",战斗在晋冀豫根据地太行区的八路军和驻地民兵自卫队,遵照党中央毛主席关于"保存自己消灭日军的原则,是一切军事原则的根据"的伟大号召,利用太行山区丘陵起伏、沟壑纵横、岭连岭、沟套沟,到处是黄土断层的自然地形,在长期对敌斗争的实践中,创造了能攻能守、便于保存自己、消灭日军的特殊战法——窑洞战。窑洞战是总结了山区人民利用野窑、藏身洞与敌斗争的经验发展起来的。窑洞构造与设备的要求是:找不见,进不去,熏不着,住得久,走得脱,能战斗。地形一般选择在偏僻、隐蔽的地方,洞口大都由沟壑下或室内打下,然后挖进崖头里去,进洞之路大都利用石滩或草坡,以灭足迹,不易被敌发现;洞口附近布有地雷阵,日军一旦发觉后也难以接近;洞内构造是拐三弯、设三关(陷阱关、炸弹刀枪关、迷魂捕俘关)、楼上楼、天外天。洞的左右前后,巧妙地设置了许多隐蔽的气眼、瞭望孔、射击口,这些孔眼留在崖头半腰。洞中设翻口洞道,备有石板、泥土,如敌放烟放毒,将石板盖上,用泥土封好;每洞有两个以上隐蔽出口和方便退却口,万一日军破坏窑洞,八路军与民兵群众便可安全转移。为防止日军驻扎"清剿",洞内备有一定数量的粮食、食品、水和木炭、焦炭等无烟燃料,以备长期坚持战斗。洞道两边设有许多安全洞,供老弱妇孺和伤员使用,以防战斗中通道拥挤,影响作战。村落窑洞出口延伸到野外,野外窑洞战斗设施与村落窑洞互相策应;洞与洞之间利用自然沟壑连续,组成窑洞战斗网。每当日军过路"扫荡"或是驻扎搜山,游击队就先在野外转山头和日军展开麻雀战、地雷战,阻击日军,迟滞日军行动,掩护群众进洞,然后又利用窑洞在崖畔、村庄、山头神出鬼没地转战,东一枪、西一枪,打了就藏,藏了再打,搅得日军晕头转向,顾此失彼,首尾不能相接。1943年农历六月山西武乡县漆树坡窑洞保卫战,已被著名作家郑笃创作为长篇报告文学《英雄沟》流传于世。另外,1944年农历四月至7月的山西壶关县常行村窑洞战,也同样谱写了一首可歌可泣的战斗诗篇。

八路军游击战的战略地位和重大贡献

首先,在长达8年的全面抗日战争中,由于驰骋华北敌后战场的八路军将士模范地执行了党中央和毛泽东主席制定的关于抗日游击战争的战略决策,最终取得了无与伦比的辉煌战绩,在华北的山地、平原、河湖港汊等3种地区,共计对日军作战10万余次,毙伤、俘虏日伪军137万人,先后创建了晋察冀、晋绥、晋冀豫、冀鲁豫、山东等人口近一亿、总面积达246万平方公里的华北敌后抗日根据地。经过解放战争的洗礼,这块广袤的华北革命根据地,构建了新民主主义社会的雏形,被誉为新中国的摇篮。

第二,八路军将士不仅自己在抗战中掌握了一整套游击战打法,而且还千里迢迢派部队开赴华中、华南、东北等地区,支援中共领导下的新四军、华南抗纵、东北抗联等兄弟抗日部队,为他们传经送宝。比如1940年6月,八路军前方总部曾派115师苏鲁豫支队、334旅、新编第2旅分批南下华中增援新四军作战;1944年11月,党中央又派八路军南下支队开赴华中、华南地区,与新四军、华南抗纵协同作战;1945年9月八路军冀热辽部队北出长城线,开赴东北抗联活动区域,并与出兵东北的苏军胜利会师等,都是典型的例证。这4支兄弟部队在中共的领导下协同作战,一道构成了全民族抗战的中流砥柱,共同谱写了中华民族团结御侮、血战救国的辉煌篇章。

第三,八路军在华北敌后开展艰苦卓绝的游击战,有力地配合了国民党友军正面战场的大规模会战。特别是1941年12月太平洋战争爆发后,八路军将士在华北抗击和牵制相当数量的日本侵华陆军和海军,有力地支援和配合了太平洋盟军和东南亚各国人民的对日作战,为世界反法西斯战争的胜利,作出了不可磨灭的贡献。

第四,八路军游击战作为毛泽东人民战争思想和华北抗日根据地实际情况相结合的产物,丰富和发展了中共领导的人民军队游击战理论,不仅为中国人民的解放战争,积累了作战经验;更重要的是,为世界各国被压迫人民争取民族解放和独立,提供了可资效仿的典型战例,从而点燃了世界革命的火种。特别是新中国成立后的20世纪六七十年代,有许多亚非拉朋友,曾远涉重洋,来到中国华北地区探访和观摩八路军游击战术,就是生动的一例。

最后,尽管八路军游击战术形成于抗日当年的华北根据地时期,但是当今世界为了打赢一场高科技、高标准的现代战争,这些机动灵活、分散而隐蔽的游击战术,仍不失为一种保存军事实力、克敌制胜的辅助战法。综上所述,由此可见八路军游击战在中国抗日战争中的战略地位和重大贡献,以及八路军游击战术在现代战争中的重要指导意义。我们可以这样说,面对当今风云变幻的世界局势,在未来可能发生的反侵略战争中,神奇巧妙、威力无比的八路军游击战术,将永远是中国人民军队和世界各国正义之师丰富与发展作战经验,从胜利走向更大胜利的宝贵精神财富。

（原载2023年5月《纪念八路军进驻山西85周年暨山西抗战研讨会论文集》）

略论八路军挺进东北的伟大战略部署

众所周知,中国是第二次世界大战的东方主战场,而八路军挺进东北是中国共产党在世界反法西斯战争东方主战场的伟大壮举,不仅为中国抗日战争的胜利,立下了丰功伟绩,而且为世界反法西斯战争的最后胜利作出了巨大贡献。

一、八路军挺进东北的历史背景

(一)世界反法西斯战场的总体态势

1945年春夏,正处于世界人民反法西斯战争最后胜利的前夜,苏联与美英签订《雅尔塔协定》。在欧洲战场,5月8日,德国法西斯投降,苏联卫国战争取得胜利,欧洲战争正式结束,给浴血奋战在世界反法西斯东方主战场的中国军民,以极大的鼓舞与振奋。

在亚洲太平洋战场,6月30日美军占领冲绳岛后,直逼日本本土;英军在其占领区,不断地向日军发动进攻。特别是太平洋战争以后,在反法西斯盟军的强势反攻下,日军在东南亚的战势已呈现节节败退的劣势。为了加速对日战争的进程,苏、美、英3国首脑斯大林、杜鲁门、丘吉尔于1945年7月17日至8月2日在德国的波茨坦会晤,重点讨论了对日作战问题。7月26日,中、美、英3国政府发表《波茨坦公告》,要求"日本政府立即宣布所有日本武装部队无条件投降",并指出"除此一途,日本即将迅速完全毁灭"。7月28日,日本政府通过首相铃木贯太郎发表谈话,宣布"不理睬波茨坦公告",继续叫嚣"保卫皇土,决心达到征战的目的",加紧准备实行本土决战的计划。当时日本国内民众厌战情绪剧增，官兵士气沮丧，资源枯竭，军需储备告罄。面对"无可奈何花落去"的严酷现实，日本法西斯还在作垂死的挣扎。

就在日本政府公开拒绝接受《波斯坦公告》后，美国于8月6日和9日向广岛和长崎分别投下代号"小男孩"和"胖子"两颗原子弹，对日本朝野显示了强大的威慑作用。8月8日，苏联对日宣战。9日，苏联红军远东第一方面军、远东第二方面军、外贝加尔方面军等150余万军队从北、东、西3个方向进攻侵占中国东北的日本关东军。苏联红军迅速突破了日军防线，向齐齐哈尔、哈尔滨、长春、沈阳等地推进。苏联红军对击溃日本最精锐的关东军，立下了汗马功劳。这两个历史事件，大大加速了中国抗日战争最后胜利的进程，日本帝国政府于8月14日晚决定接受《波茨坦公告》，15日宣布无条件投降。世界反法西斯战争总体形势的发展及东方主战场的战略态势的剧变，为八路军挺进东北，创造了极为有利的国际环境。

（二）抗战胜利前夕的国内形势

在中国抗日战争取得最后胜利的前夕，美国的对华政策由支持国共两党合作抗日转为扶蒋反共，在美国政府的支持下，国民党蒋介石集团加紧扩军，企图垄断中国抗战胜利果实。1945年7月，国民党陆军已扩充到辖有第1、第2、第3、第5、第6、第7、第8、第9、第10、第12战区，第1、第2、第3、第4方面军和远征军，共38个集团军，约120个军、350个师；另加20个步兵、骑兵旅，共计570余万人，其中10个军30个师改为美械装备；除第2、第3、第4方面军和第5战区部队外，其余部队或远离抗日前线，或没有进行大的反攻行动。当时，国民党军队的主力却远在西南大后方，别说参加反攻作战，就连派兵到华北、东北地区接受日伪军投降都来不及。蒋介石于8月10日连续发布3道命令:令第十八集团军"原地驻防待命",不许"擅自行动";令伪军"负责维持地方治安",等待国民党军收编;令国民党各部队"积极推进,勿稍松懈",中国战场上出现了美、蒋、日伪加紧勾结的严重局势,旨在独吞中国抗战胜利果实。美国还让盟军最高统帅麦克阿瑟指令在中国的日军只能向蒋介石政府投降,还要求日军守住所占地区,阻止在抗日战争中历尽千辛万苦的中国共产党领导的人民军队受降。此时,国民党军队在蒋介石"以主力挺进"的指令下,在前往华北、华中和华南等地各大城市受降的同时,向解放区进逼。美国为了自身的战略利益,在政治、经济、军事等方面全力支持蒋介石政府,以大批飞机和舰船帮助蒋介石运送军队进攻解放区,还派遣海军陆战队先后在秦皇岛、天津、塘沽、青岛等地登陆,替国民党军抢占被解放区军民包围的城市及交通要道。蒋介石把沦陷区(包括解放区)划分为16个受降区,下令其各战区、各方面军以空运、陆运、水运及徒步等方式向解放区猛烈推进,企图消灭中国共产党领导的抗日武装力量,占领华南、华中和华北各解放区,进而夺取东北,最终独吞抗战胜利果实。

　　与此同时,中国敌后解放区军民响应中共七大提出的准备全面大反攻、向东北进军发展的战略思想,中共抗日部队从1944年春、夏、秋季攻势作战之后,又发起1945年春、夏季攻势作战,歼灭和牵制了大量的日伪军。至1945年8月,中共抗日根据地遍布19个省区,面积接近100万平方公里,人口达1亿多,控制县城100多座,把日伪军压缩到了主要城市、交通线及沿海地区。同时,解放区人民武装力量获得了空前发展,军队达93万多人,民兵达220余万人。八路军、新四军和华南各抗日游击队经过1年多的局部反攻作战和1944年的冬季整训,提高了战术水平和进行较大规模运动战与攻坚战的组织指挥能力,在军事方面为举行全面大反攻,做了较充分的准备。8月12日,八路军总部发出指示,指出必须力争占领之交通线及沿线大小城市如下:"(一)太原(含)以北之同蒲路;(二)归绥(含)以东之平绥路;(三)北宁路;(四)正太路;(五)道清路;(六)白晋路;(七)德石路;(八)郑州以北之平汉路;(九)郑(州)以东之陇海路;(十)津浦路;(十一)胶济路(美军如在青岛登陆,将占去其东段),以上应力争占领之。平绥路西端(包头),太原以南之同蒲路,郑州以西之陇海路及以南之平汉路,长江以南各要道及大城市,根本不作占领计划,而置重点于占领广大之乡村。"根据中共中央的指示和八路军总部的命令,八路军利用自己处于抗日最前线的有利位置,迅速对华北日伪军占领的大中城镇及交通要道发动大规模反攻,为彻底粉碎国民党蒋介石侵吞抗战胜利果实的阴谋,实现以八路军为主体的解放区抗日人民武装力量挺进东北,与东北抗日联军一道,配合苏联红军解放东北,作了在人力、物力上充分的准备,奠定了坚实的军事战略基础。

(三)东北地区抗日斗争的发展态势

东北地区有着丰富的矿藏与物产,军事战略地位十分重要,历来是兵家必争之地。抗战时期毛泽东主席就曾经指出:"从我们党、从中国革命将来的前途看,东北是特别重要的。如果我们把现有的一切根据地都丢了,只要我们占有东北,中国革命就有巩固的基础。"1931年九一八事变爆发,标志着中华民族奋起抗战的历史起点,揭开了第二次世界大战的雄壮序幕。当时,风起云涌的抗日救亡高潮在东北大地形成燎原之势,由东北各阶层民众和东北军爆发爱国官兵组织起来的东北抗日义勇军,成为最早奋起反抗日本帝国主义的先驱。1932年初开始,在中共的直接领导下,南满、东满、吉东和北满地区建立了十几支反日游击队,积极配合了东北抗日义勇军的对日作战,在东北地区开展抗日游击战争。1933年9月至1936年1月,抗日游击队相继改编为东北人民革命军、东北抗日同盟军和东北反日联合军,直到1936年才统一整编为东北抗日联军。1936年2月至1937年底,东北抗日联军发展到11个军,人数最多时约为3万人。东北抗日联军在南起长白山、北抵小兴安岭、东起乌苏里江、西至辽河东岸的广大地区开展游击战争,英勇无畏的东北抗日联军将士驰骋于幅员辽阔的白山黑水之间,先后开辟了东满、南满、吉东、北满等4大游击区,同日伪进行几千次战斗,有力地打击了日伪军。1938年至1940年,东北抗日联军进入极端艰苦斗争时期,为了保存抗日骨干力量,进入苏联境内组建北野营和南野营进行整训,改编为东北抗日联军教导旅,期间还不断潜伏回到中国东北,对日伪军进行小规模战斗。1945年8月,在苏联整训的东北抗日联军将士随同、配合苏联红军出兵打回东北,作出了重要的历史贡献。

综上所述,东北抗日联军是中国共产党创建最早、坚持抗日时间最长的一支人民抗日军队,其开辟活动的各东北抗日游击根据地,后来发展成为东北抗日敌后战场,最终为策应和迎接八路军主力部队挺进东北,配合苏联红军解放东北,提供了坚实的立足之地。

二、八路军挺进东北的战略部署及具体行动

（一）中共中央和八路军总部的总体部署

在当时的国际、国内形势下,八路军遵照中共中央军委的命令,迅速投入埋葬侵华日军的大反攻作战。8月9日,中共中央主席毛泽东发表《对日寇的最后一战》的声明,指出:"八月八日,苏联政府宣布对日作战,中国人民表示热烈的欢迎。由于苏联这一行动,对日战争的时间将大大缩短。对日战争已处在最后阶段,最后地战胜日本侵略者及其一切走狗的时间已经到来了。在这种情况下,中国人民的一切抗日力量应举行全国规模的反攻,密切而有效力地配合苏联及其它同盟国作战。八路军、新四军及其他人民军队,应在一切可能条件下,对于一切不愿投降的侵略者及其走狗实行广泛的进攻,歼灭这些敌人的力量,夺取其武器和资财,猛烈地扩大解放区,缩小沦陷区。"8月10日,日本政府向同盟国发出乞降照会,而日军大本营仍命令各地日军坚持继续作战。为歼灭顽抗的日本侵略军,中共中央于同日指示各中央局、分局和各区党委:立即布置动员一切力量向日伪军发动广泛的进攻,以正规部队占领大城市和要道,以游击队民兵占领小城市。

与此同时8月10日、11日,八路军总部朱德总司令连续发布七道命令,号召各解放区人民抗日部队向日军发起全面大反攻,并抽调大批精锐部队挺进东北敌后战场,配合苏联红军解放东北。其中第二号命令写道:"为配合苏联红军进入中国境内作战,并准备接受日'满'敌伪军投降,我命令:一、原东北军吕正操所部,由山西绥远现地,向察哈尔、热河进发。二、原东北军张学诗所部,由河北、察哈尔现地,向热河、辽宁进发。三、原东北军万毅所部,由山东、河北现地,向辽宁进发。四、原驻河北、热河、辽宁边境之李运昌所部,即日向辽宁、吉林进发。"第三号命令:"我命令:一、贺龙所部由绥远现地向北行动。二、聂荣臻所部由察哈尔、热河现地向北行动。"第六号命令:"为配合苏联红军进入中国及朝鲜境内作战,解放朝鲜人民,我命令:现在华北对日作战之朝鲜义勇队司令武亭、副司令朴孝三、朴一禹立即统率所部,随同八路军及原东北军各部向东北进兵,消灭敌伪,并组织在东北之朝鲜人民,以便达成解放朝鲜之任务。"

9月19日,中共中央在给各中央局的指示中进一步指出:目前全党全军的主要任务,是继续打击日伪,完全控制热、察两省,发展并争取控制东北。中共中央和中央军委的上述指示,为各战略区调整战略部署、明确打击重点指明了方向。各战略区部队认真贯彻执行这些指示,在抗击国民党军进犯、保卫抗战胜利果实的同时,继续歼灭拒绝投降的日伪军。

在抗日战略地位上,热河、察哈尔两省是连接东北和西北的枢纽。8月11日,朱德总司令在第2号命令中即令晋察冀军区部队进军热、察,配合南下苏军作战;令晋绥军区、晋察冀军区和山东各一部兵力迅速进军东北,配合苏军解放东北。8月20日,中共中央和中央军委连续向各中央局和各军区发出指示,要求派出组建100个团所需要的干部和主力部队陆续进入东北。8月29日,中共中央作出《关于迅速进入东北控制广大乡村和中小城市的指示》,指出:晋察冀和山东准备派到东三省的干部和部队要"进入东三省……控制广大乡村和红军未曾驻扎之中小城市,建立我之地方政权及地方部队",并控制热河和察哈尔。9月19日,中共中央发出《目前任务和战略部署》的指示,提出了"向北发展,向南防御"的重大决策:"目前全党全军的主要任务,是继续打击敌伪,完全控制热、察两省,发展东北我之力量并争取控制东北,以便依靠东北和热、察两省,加强全国各解放区及国民党统治地区人民的斗争,争取和平民主及国共谈判的有利地位。"
中共中央、中央军委、八路军总部的一系列命令和指示,完成
了八路军挺进东北战略行动的总体部署。

(二)八路军在东北地区的具体战略行动

根据八路军总部的命令,八路军晋察冀军区立即对当
面之敌展开进攻,有关部队也立即从晋绥、察北、山东、冀热
辽等地集结,迅速向察(哈尔)、热(河)、辽(宁)、吉(林)挺
进。随后,中共中央又采取多项措施,从各解放区抽调大批
干部,特别是抽调山东、华中的主力部队进入东北,与苏联红
军共同歼灭东北境内的日伪军。

当时,冀热辽地区是共产党、八路军创建的最接近东北
地盘的抗日根据地,冀热辽军区为贯彻朱德总司令的第2号
命令,迅速成立了东北前进工作委员会和前方指挥所,以冀
东李运昌部为主力及地方干部共1.3万多人,分西、中、东3路
大军向热河、辽宁、吉林等省进军。其中西路军由第13团和
北进支队等部组成,分别从兴隆和围场地区出发,向承德方
向前进;中路军由第11团等部组成,从喜峰口出长城,向赤
峰方向前进;东路军(又称"挺进东北前梯队")由第12团、
第18团、第7区队、朝鲜义勇队等部组成,在攻克抚宁及东北
的双旺镇、海阳镇等日伪军据点后,于8月12日分别从义院
口、九门口越过长城,经都山(今青龙)、平泉、凌源,向辽宁
省西部地区攻击前进,配合苏军作战。

其中,向热河进军的西路军于兴隆迫使伪满军3800人
投降,收复围场、隆化县城,尔后攻占承德,与苏军会师。中
路军在平泉同苏军会师,迫使伪满军1个旅投降,随即分兵
占领凌源、赤峰、朝阳地区,至9月23日全部肃清了热河省内
的日伪军。东路军于8月31日在苏军配合下攻克山海关,俘

日伪军1000余人,9月1日解放秦皇岛,随后进入东北,前梯队于兴城、锦西地区迫使伪满军5800余人投降,迅速解除了辽宁省西部15个县的伪满军警和土匪武装。先头部队于9月5日进入沈阳后,随即分兵辽阳、鞍山、营口、本溪、安东、抚顺、清原、梅河口、铁岭、开原、四平等地区,在东北抗日联军配合下,对大城市实行军事管制,解除伪满军警武装,筹建人民政权。冀热辽军区直属队及3个团组成的第2梯队共5000余人于9月6日进至山海关,尔后沿北宁铁路抵沈阳,与前梯队会师,并歼灭残余日伪军。至11月底,该部队解放辽宁全省、吉林省南部和黑龙江西部地区,迫使伪满军3个旅、2个团和60个县市的警察大队等约4万人以及日本关东军残部5000余人缴械投降。同时,部队扩建为12个步兵旅,10个团及1万多地方武装共10万余人,为后续部队挺进东北,打通了前进的道路。

与此同时,山东滨海军区副司令员万毅等组成东北挺进纵队率先从龙口、蓬莱等地出发,横渡渤海,登上辽东半岛,迅速进占辽宁的西丰和吉林的磐石等地区。晋察冀和晋绥军区的程子华、林枫所部,经热河地区进入东北。另外,从9月至11月下旬,罗荣桓率山东军区主力6万多人分3批先后从陆路、海路挺进东北;黄克诚率新四军第3师进军东北;同时晋绥军区第32团、冀鲁豫军区第21团、冀中军区第31、第62、第71团,以及准备南下湘鄂边的八路军游击第2、第3支队和延安炮兵学校、抗日军政大学和教导第2旅等也先后进入东北。至12月上旬,达到东北各地的部队约11万人,这些进驻东北的八路军抗日部队,与东北抗日根据地军民一道,并肩作战,为打败日本关东军,最终解放东北,作出了重大贡献。

三、八路军挺进东北的伟大战略意义

（一）八路军进军东北，加强和实现了中共中央和延安总部对东北地区抗日武装和民众的大联合一元化领导。从1945年8月开始，短短几个月，中国共产党指挥的10万大军和党的部分高级领导干部齐聚东北，其中包括彭真、陈云、高岗、张闻天、林彪、李富春、李立三、罗荣桓、王稼祥、黄克诚、王首道、谭政、程子华、万毅、陈郁、吕正操、萧劲光等20余名第七届中央委员会委员和候补委员。这些党的高级军政干部的到来，大大加强了党在东北地区的一元化领导，极大地提高了党在东北地区抗日军民心目中的地位和声望。

（二）八路军10大军与东北抗日联军、苏联红军并肩作战，迅速发展壮大了东北地区的抗日力量。1945年11月，东北人民自治军成立，总司令林彪，第一政治委员彭真，第二政治委员罗荣桓，第一、第二、第三、第四副总司令依次为吕正操、李运昌、周保中、萧劲光；副政治委员为程子华、伍修权，陈正人任总政治部主任。到12月底，进入东北地区的八路军、新四军和东北抗日联军等中共抗日部队，共计已达27万余人，成为威震东北的人民革命武装主力军。

（三）八路军在东北收复失地，扩展了抗日根据地，为建立和扩大东北解放区奠定了基础。抗战胜利前夕进入东北的八路军部队与东北抗日联军团结奋战，全面展开了消灭日伪军残余武装，摧毁伪满政权，剿灭土匪特务，建立人民政权的工作，为建立东北解放区，使得东北解放区和华北解放区连成一片，立下了不可磨灭的历史功绩。

（四）八路军挺进东北抗战，作为第二次世界大战东方主战场的伟大壮举，为中国抗日战争和世界反法西斯战争的最后胜利，作出重大贡献。抗战胜利前夜，八路军10万大军挺

进东北,和东北抗日联军、苏联红军一道,一举歼灭了日本精锐的关东军部队,彻底粉碎了日军向北进攻苏联、向南占领东南亚的侵略阴谋,为中国抗日战争乃至世界反法西斯战争东方主战场的最后胜利,作出了彪炳史册的伟大贡献。

(五)八路军主力协助建立的东北解放区,成为解放战争三大战役、解放全中国的重要后方基地,为缔造新中国作出了不可磨灭的历史贡献。八路军挺进东北后巩固和发展的东北解放区,是解放战争时期三大战役之首辽沈战役的主战场,为后来平津战役、淮海战役的战略实施,树立了光辉典范,从而为解放战争的最后胜利乃至新中国的诞生,建立了不朽的历史功勋。

(原载 2015 年 8 月辽宁人民出版社《九一八研究》一书)

八路军出版报刊综述

抗日战争时期,战斗在新闻、文化战线的广大八路军战士,除参加艰苦卓绝的抗日游击战争外,还响应党的号召,编印出版了许多种报纸、刊物、画报等,他们的每一篇文章都是刺向日本侵略军的利剑,为宣传、动员中国军民团结抗战、彻底打败日军侵略者,起到了巨大的舆论宣传作用。下面我想就八路军总部以及八路军在陕甘宁边区及华北抗日根据地出版的报刊、画报等,作一系统概述,并趁此机会,请教于全国革命纪念馆界的各位领导和专家老师们。

八路军总部出版的主要报刊

抗日战争时期,八路军总部出版了不少的报纸和杂志,主要有如下几种:《八路军军政杂志》,八路军总政治部机关刊物,1939年1月15日创刊;《华北每月》,八路军总司令部出版,1941年创刊;《红星杂志》,八路军总司令部出版,1938年5月创刊;《前线月刊》,八路军野战政治部出版,1940年7月创刊;《前线周刊》,八路军总政治部前线周刊社出版,1938年1月28日创刊。

下面介绍其中几种主要的报刊:《八路军军政杂志》是八路军总政治部机关刊物,1939年1月15日创刊,至1942年3月停刊。历时3年零3个月,共出版了11卷39期,每期约11

万到12万字,发行数约3000份。《八路军军政杂志》的编辑工作,是在编委会直接领导下进行的。编委会由5人组成,除毛泽东亲自任编委外,其他4人为王稼祥、萧劲光、郭化若和肖向荣。肖向荣兼任主编。《八路军军政杂志》的读者来信,在军内主要是营以上军政领导干部。关于出版《八路军军政杂志》的目的和意义,毛泽东为《八路军军政杂志》写的"发刊词"中谈得非常明确,他指出:"当抗日战争向着新阶段发展的时候,八路军同仁出版这个《军政杂志》,其意义是明显的。为了提高八路军的抗战力量,同时也为了供给抗战友军与抗战人民,关于八路军抗战经验的参考材料。"《八路军军政杂志》是在党的直接领导下成长的,许多党、政、军队的负责同志如毛泽东、周恩来、朱德、彭德怀、邓小平、叶剑英、刘伯承、贺龙、陈毅、聂荣臻、谭震林、谭政、肖向荣、萧克等,经常为该刊撰写重要的军政著述。《八路军军政杂志》不仅内容丰富,而且编排形式多样生动,设有许多专栏。每期都有"专载"(刊载评论或党政军负责同志的军事论著)、"战地通讯"、"八路军、新四军捷讯汇报"(从第3卷4期改为"八路军、新四军战报",从3卷10期开始改为"一月国内军事动态述评",放在首页)。另外,还有"译丛"一栏,介绍和研究外国特别是苏联的军事现状。在当时物质条件和工作环境十分困难艰苦的情况下,仍力求印刷精美,每期都有套色木刻画页、铜版照片、图画、地图、题词等。在刊物式样上采用24开本,便于携带。为了更深入地反映现实,反映各地八路军英勇抗战的可歌可泣的事迹,八路军政治部还特地组织了一个前线记者团,分4组,前往八路军115师、120师、129

师及晋察冀军区等地,进行火线采访,参加记者团的记者有:戈里、雷烨、范瑾、普金、林朗、王向立等21人。

《前线月刊》由第18集团军(即八路军)野战政治部出版,1940年7月创刊,为16开铅印本,从第8期(1941年2月15日)起改为半月刊,每期约3万至4万字。它的主要对象是营以上的各级指挥员。邓小平、罗瑞卿、陆定一、滕代远等都曾是该刊编委。《前线月刊》为了及时报道前线部队英勇作战的情况和反"扫荡"的胜利以及各部队生产、文化、后勤工作等方面的动态,交流各部队的工作经验,设立了"工作通讯"和"部队通讯"两个专栏。除此之外,该刊还专门设立了"缴获文件"专栏,选登了一些从日军那里缴获来的文件,以帮助各级指挥员了解日军的情况,研究日军的活动规律。总之,《前线月刊》在当时是一本具有很大影响的理论性杂志。

《前线周刊》是国民革命军第18集团军(即八路军)总政治部的机关刊物,于1938年1月28日创刊,前6期在西安出版,为小型周刊,1939年2月1日复刊改为16开半月刊。该刊创刊号《见面的话》一文说:"出版这个刊物的目的,首先是供给八路军的工作同志以政治和军事上的指导;其次是对一切抗日友军,抗日的朋友,忠诚的贡献我们的经验与教训,理论与方法。并且竭诚的希望一切抗日友人,也给我们宝贵的指导和经验的交流。"《前线周刊》创刊后,受到了全军的支持,受到了每个工作同志和一切抗日友人的热情爱护和指教,许多军政首长如任弼时、刘伯承等经常为刊物撰稿,使刊物不断得到充实和改进。

《火炬》是第18集团军（即八路军）随营学校政治部机关报，5日刊，4开油印，每期两版，约在1938年11月创刊。它的主要任务是对学员进行政治和军事教育，通过社论、评论等提高学员的思想认识；介绍各营、队的生产学习情况；交流各营、队工作经验；同时还适当地报道一些抗日前线胜利的消息和国际动态等。第一版主要刊载社论、校内通讯等；第二版主要刊载时事评述、国际动态。该报设立了"社论"、"全校通讯网"、"生产运动一瞥"、"时事述评"、"中欧动态"、"新闻点滴"等专栏。为了配合突击运动，集中进行报道，《火炬》从5月4日改为《突击导报》，根据运动的需要不定期出刊，有时3天出一期，有时一天出一期，有时一天出两期，既有典型经验，又有好人好事，有力地推动了运动的进展。在运动中，还时常注意纠正偏向，使运动得以健康地发展。

八路军在陕甘宁边区出版的主要报刊

在陕甘宁边区的部队报刊，除了八路军陕甘宁边区留守兵团政治部主编的《部队生活》以外，大多数旅团都有自己的报纸，据1944年11月陕甘宁边区文教会统计，边区部队报刊有24种。它们的名称和主编单位是：《部队生活》报，陕甘宁边区留守兵团政治部机关报，1943年4月13日创刊，前身为1940年6月出版的铅印《连队生活》旬刊；《战火报》，战火部政治部出版；《前进报》，前进部政治部出版；《练兵通讯》，战线部政治部出版；《战旗》，红星部政治部出版；《工作通讯》，战斗部政治部出版；《工作通讯》，战争部政治部出版；

《练兵报》,警三旅政治部主编;《先锋报》,警三旅政治部主编,1945年10月8日出刊100期;《生产报》,警三旅政治部主编;《战力报》,独一旅政治部;《反攻》,新四旅政治部;《战场报》,359旅政治部;《战声报》,亚洲部政治部机关报;《部队通讯》,385旅政治部;《生活通讯》,保卫团政治处;《边防战士》,7团政治处;《冲锋报》,16团政治处,油印周刊,1944年出至92期;《练兵生活》,独一旅二团政治处;《战士的话》,719团政治处;《生产通讯》,358旅教导营,扬州部政治部所属团小报;《部队工作》,关中报社编;《战士先锋》,警七团政治部,油印报;《战士导报》,石印周刊,1944年出至137期。24种报刊中,4种是铅印的,一般的都出刊50期以上,印刷总数近1万份。此外,各连队部办了许多油印小报和墙报等,能够在一天或两天内保持经常出刊的共有250多种。这些报纸都是反映边区部队战斗、生产、群众工作等实际生活的。这些报纸的稿件大都是战士们自己动手写的,因此获得了广大八路军指战员的热爱。

下面介绍其中几种主要的报刊:《部队生活》于1943年4月13日创刊,(前身为1940年8月出版的《连队生活》旬刊)。它是八路军陕甘宁边区留守兵团政治部机关报,以连排干部及战士为主要对象。开始为周刊,后改为5日刊、3日刊、4开4版,每期约16000多字,到1947年停刊,共出了400期。《部队生活》内容丰富,版面活跃。除刊登重要的消息评论和通讯外,还设有"时事"专栏,进行时事宣传。此外还设有"党的生活"、"部队训练"、"政治教育"、"文化教育"、"卫生工作"等近39种小专栏。该报最大的特点是宣传中心突出,报纸除一切围绕中心宣传外,还不忘顾及到其它方面的宣传,如大生产运动时,该报介绍了一些农业小知识,配合中心宣传。《部队生活》的另一个特点是图画多,除了标题常有装饰画以外,还有漫画、连环画和战士画,做到了图文并茂,很受读者欢迎。

《战火报》是延安留守部队战火部(旅)的报纸。它是油印的小型报纸,一次出两版,有时也出4版,一版约3000字,报头除外,每期可以容纳6000字左右。《战火报》根据部队的实际情况和1944年陕甘宁边区文教大会关于旅团报纸任务的意见,着重反映本旅(团)动态,表扬和批评本旅(团)的好坏典型,交换各单位的工作经验,指导和推动本旅(团)的当前工作。《战火报》一般不刊登时事报道。和《战火报》同样性质的,具有相同优点的旅团报纸,还有《边防战士》、《战旗》、《工作通讯》、《塞锋报》等。

八路军在华北抗日根据地的主要报刊

随着华北各抗日根据地的创立和八路军队伍的发展壮大,人民军队的报刊也随着成长起来,在对敌斗争和壮大自己力量的过程中,这批报刊发挥了重大的作用。

当时华北解放区各军区出版的报刊主要有:1、晋察冀军区主要包括《抗敌三日刊》,由晋察冀军区政治部出版,1938年6月创刊,1942年第340期起,改为《子弟兵报》;《熔炉》由晋察冀军区政治部出版,约在1940年创刊;《抗日战场》由晋察冀军区抗日战场社出版,约在1941年3月1日创刊;《战场周报》由八路军129师政治部出版,1942年5月9日创刊,铅印4开;《太行民兵报》是太行武委会机关报,约在1944年1月创刊;《太行前哨报》由太行武安抗日军政学院出版,1939年3月24日创刊;《新阵地》由冀察游击第8支队司令部出版,约在1939年创刊;《奋斗》是营口先遣支队机关报,1938年9月18日创刊;《抗敌画报》为石印,军区政治部出版;《挺进报》由平西出版。此外,还有《抗敌周报》《前锋报》《前卫报》《部队生活》《火花报》《战线报》《工作通讯》(油印,石印,第一军分区政治部)《火线报》《前线生活》《战斗报》《战友》等报刊。2、冀鲁豫军区主要包括《战友报》,由军区政治部出版,约在1937年10月创刊;《人民的军队》由军区政治部出版;《战友月刊》由军区政治部出版;《战友文选》由军区政治部出版,月刊;《火花报》由一分区政治部出版,旬刊;《挺进报》由二分区政治部出版,周刊;《抗战报》由三分区政治部出版,周刊,1943年12月1日创刊;《前锋报》由四分区政治部出版,周刊;《烽火报》由五分区政治部出版,5日刊;《战地报》由七分区政治部出版,5日刊。3、晋绥军区主要包括《战斗报》,由红军时期红二方面军创办于1936年10月,后由120师政治部出版,1941年6月,由油印改铅印,由晋绥军区司令部出版;《战斗月刊》是120师政治部铅印杂志,1940年5月出2卷45期;《部队工作通讯》由120师政治部出版,1940年5月已出14、15期。当时,各旅还出有《战士报》《战线报》《战果报》《战果》月刊、《战力》月刊、《战胜》月刊等。4、山东军区主要包括:《战士》由八路军山东军区政治部出版,约在1940年8月创刊;《山东八路军军政杂志》由八路军第一纵队政治部出版,1940年创刊;《战士》由八路军山东军区暨115师政治部出版,约在1942年创刊;《抗战报》是115师政治部在鲁中出版的机关报;《火光报》由115师教二旅在鲁中出版;《胶东画报》由胶东军区宣传部出版;《前线报》由胶东军区政治部出版;《战士报》由渤海第一军区政治部出版;《军人报》由渤海军区政治部出版;《军号》由渤海第二军分区政治部出版;《勇士报》由渤海特务一团政治部出版;《前锋》杂志由渤海军区政治部出版;1938年5月山东人民抗日救国军总部即出版油印小报,第3支队出有铅印《抗战日报》(1938年8月并入《大众报》)。

下面介绍其中几种主要的报刊:《抗敌三日刊》(后改名《子弟兵》报),晋察冀军区政治部机关报,它的前身是《抗敌副刊》,大约创刊于1938年6月前后,石印小报,每期约有19000多字。最初是以战士为主要对象,到1940年前后,各分区冀中、平西等地均有自己的报纸以后,《抗敌三日刊》以排以上干部为主要对象,但仍然兼顾广大战士。一版以刊登国内外时事为主,二版以刊登部队工作经验为主。三版以刊登副刊为主,四版主要是军事报道。它是当时边区最精彩的报纸之一,是模范的部队报纸。

《战友报》是冀鲁豫军区政治部机关报,主要对象为排、区队以上干部及部分战士。它的诞生和发展,和抗战时期的其它部队报刊一样,经历了一段极不平凡的历史。1937年9月平型关大捷之后,八路军115师344旅开入晋察冀,当时敌后军民急切要知道抗日的消息,于是《战友报》和《战时电讯》便应运而生了,地址在河北省平山县郭苏镇。1938年夏,

344旅开入晋东南,《战友报》便成为纯粹的部队的读物,它继承了红军中油印报纸的优良传统,以明确坚定的立场,尖锐地批评了部队中存在的一切不良影响,表扬了英雄模范事迹,使《战友报》真正成为连队战士真挚的战友。1939年春,杨得志率4旅一部挺进冀鲁豫,344旅分成为东西两个集团,于是《战友报》也分成东西两个版。这时在晋东南的4旅增刊了专供干部阅读的《战友周刊》,这就是石印《战友周刊》的前身。

《战斗报》是八路军晋绥军区政治部机关报。该报诞生于红军时期,1936年10月,红二、六军团会师后,在湘鄂黔根据地创刊,是红二方面军报纸。抗日战争中,先后成为八路军120师暨晋绥军区政治部机关报。开始是油印、石印,抗战后期改为铅印,一般为4开3日刊,1945年8月出刊到373期后暂停刊。这一时期的《战斗报》记载了八路军在晋西北、晋察冀、冀中、大青山英勇抗日的业绩。该报关于战斗英雄、劳动英雄事迹的报道和记述重大战役的通讯,翔实生动,很受广大战士的欢迎。例如《侦察英雄韩双茂》《大战汾阳城》等篇都是优秀的通讯作品。

《太行民兵报》是晋冀豫区武委会的机关报,大约在1944年1月创刊,铅印,8开,初为半月刊,从第21期后改为周刊。武委会指导全区工作的重要文件、指示都在这个报纸上发表,它是全区人民武装干部的报纸。《太行民兵报》有不少通讯员,它对通讯员的要求是"作甚有甚,有甚写甚"。《太行民兵报》有明确的政治方向,它是服务于民兵的训练和动员,组织备战的。在报道民兵训练方面,特别注意对模范学习者、神枪手、地雷手的宣传,介绍经验,宣传民兵英勇杀敌的事迹。

《山东八路军军政杂志》于1940年创刊,国民革命军第18集团军(即八路军)第一纵队政治部出版,8开铅印,每期约15万字。它是一个与《八路军军政杂志》性质相同的杂志,它的主要任务,是总结与介绍山东八路军在部队军事建设与政治建设等方面的经验教训,及时指导战争和军队的各项工作。每期除了刊载一篇社论性质的"专载"和工作总结外,还刊登一些时事评论、战地通讯、文艺通讯、人物特写及木刻等。1940年7月1日该刊第二期出了《抗战三周年纪念特辑》,除转载了《中共中央为抗战三周年纪念对时局宣言》外,还刊登了朱德写的《为争取最后胜利而奋斗》和《迎接抗战第四年》;王稼祥写的《渡过困难危险争取抗战胜利》;徐向前写的《坚持山东抗日战争的最后胜利》;黎玉写的《中国共产党与山东抗战》和赖可可写的《一一五师在抗战的第三周年》等文章,集中宣传了坚持抗战、争取最后胜利的思想。

《战士》由八路军山东军区政治部出版,1944年创刊,1945年出版了《战士》增刊,为16开铅印的小册子,主要刊登了一篇《山东军区司令部1944年部队练兵总结与今后练兵指导意见》的文章,阐述了一年来练兵成绩、大练兵中的群众路线、几个技术指导方法的运用和练兵指导上的几个弱点,偏差与今后意见。

《新阵地》约于1939年创刊,冀察游击第8支队司令部出版,用6开红标语纸油印,每期约1000字左右,主要是摘要刊登各地的消息、战况,如《获步枪17支,掖县杀敌千余》、《武昌南我军大捷》等,另外还大量报道了日军反战的消息,如《汉口敌兵二千哗变》《武昌敌寇空军反战焚烧敌机13架》等。

《奋斗报》是营口反谍支队的机关报。1937年9月18日创刊,5日刊。第一版主要刊载上级指示和支队生活,第二版主要刊载国内外军事动态、战况及国际时事等。消息都非常简明、扼要,每条都不超过30个字。

《太行前哨报》是太行武安抗日军政学院的院刊,1939年3月24日创刊,为油印4开4版的报纸。主要是报道该校的学习生活和学习经验等。有新闻、评论、经验介绍,也有诗歌,如抗日军政学院校歌就是一支很好的歌曲。另外该报还设立了"国际新闻"、"国内新闻"、"抗院消息"和"如何加强我们的学习"等专栏。

八路军出版的画报

抗日战争时期是中国新闻摄影工作和画报发展的一个重要阶段。1939年秋,八路军冀中军区政治部举办第一期摄影训练班,石少华讲摄影,凌子风讲美术,有学员12人。同年,在晋察冀军区、冀中军区和平西军区政治部相继建立了专门的机构——摄影科(组)。不久,太行、山东、苏中、苏北和新四军的其它抗日根据地,也相继开展了新闻摄影工作。部队新闻摄影工作者通过照片,协助党动员人民同日军斗争,同时反映敌后军民艰苦战斗的真实影像。例如,当1939年日军疯狂扫荡晋察冀边区时,新闻摄影工作者及时地把平型关大捷和敌后军民如何与日军作英勇斗争、人民如何踊跃参军的照片送到延安,转发国内外各地,这些照片大大地鼓舞了人民的抗日信心。

《抗敌画报》,1938年6月晋察冀军区政治部抗战报社编;《前线画报》,1938年8月八路军政治部前线画报社编;1942年7月1日,著名的大型铜版铅印的《晋察冀画报》出版了。它鼓舞了抗日军民的信心,揭露了日军的暴行,介绍了抗日根据地人民的民主生活和斗争情况;1943年,在长城内的晋察热辽抗日根据地里,《晋察热辽画报》出版了。接着,《山东画报》(月刊,1943年7月创刊,山东军区政治部编)、《战场画报》(1943年1月创刊,129师政治部战场画报社编)、《渤海画报》(渤海军区政治部出版)、《晋察冀画报增刊》(1944年1月28日创刊)、《战斗画报》(1944年创刊,新四军一师七团政治处编)、《胶东画报》(半月刊,1945年8月15日创刊,胶东军区政治部编)。以上画报也相继在抗日根据地诞生,同时部队里也逐渐普遍地建立了摄影工作部门。

下面重点介绍《晋察冀画报》:《晋察冀画报》由1942年7月7日创刊于河北省平山县碾盘沟,它是由晋察冀军区政治部出版的,为3月刊,1945年12月出至第10期一度停刊,1947年10月又复刊,改为月刊。创刊号《发刊词》说:“刊行这样一种画报,虽是件小小的工作,可是在边区还是开拓的创举。”该刊的出版是自力更生的模范。它是一个16开本杂志性的画报,图文并茂,每期都有数10幅或几组反映边区内部与各抗日根据地以及大后方各种斗争与建设的新闻照片、美术作品（漫画、木刻、雕塑等）、散文、歌曲等。《晋察冀画报》通过富有战斗性的图片、翔实的通讯报道，集中地宣传了站在抗日战争最前线的英勇的八路军在反"扫荡"斗争中和在反攻阶段中攻城夺垒、消灭日军的辉煌战绩。八路军活跃在各个战场上，从五台山麓到渤海之滨，从恒山之巅到长城脚下，成为抗日战争的中坚。《晋察冀画报》同时还充分地反映了反扫荡中八路军和老百姓血肉相连的关系，反映部队"组织起来"，"自己动手克服困难"，"一面战斗、一面生产"，蓬勃开展起来的大生产运动。另外，还有八路军平原攻坚战、坑道围攻战等战术创造。第5期为晋察冀边区北岳区反"扫荡"战役中战斗英雄模范大会专辑，突出地宣传革命的英雄主义，刊载了12篇战斗英雄和边区模范人物的特写，如战斗英雄邓世军，爆破英雄李勇，子弟兵的母亲戎冠秀等。《晋察冀画报》出版后，重庆出版的进步杂志《国讯》曾称赞道："这是一种奇迹，关于《晋察冀画报》的出版"，"那样美的五彩封面，久已不见的重磅道林纸，木造纸，……清晰而华丽的图片，比之战前上海出版的最好的画报也不逊色，而且活跃在纸上的人民姿态，丰富的敌后斗争内容，则更非那些兴趣放在'大腿'与'曲线'上的消遣品可比"；"在那画面上呈现出烈士的血，军民的汗……是二千五百万获得自由解放的人民的民主生活"。晋察冀画报社还出版有《晋察冀画报增刊》，8开单张。《晋察冀画报增刊》约在1945年5月出第一期，4开单张。当时还派人到冀东分区、伪满边境出版了画报。

（原载 2018 年 7 月国家文物局《文物天地》月刊）

海外华侨与八路军抗战

抗日战争时期,旅居海外的1100万华侨虽身在他乡,但心系祖国。在中华民族生死存亡的危急时刻,广大侨胞以一腔热血投身祖国神圣的抗战事业,特别是对鏖战在华北敌后战场的八路军将士,给予了极大的同情与支援。他们与祖国人民一道,共同谱写了一曲海内外中华儿女万众一心、同仇敌忾的壮丽篇章。

宣传党的侨务政策　动员侨胞支援抗战

"七·七"事变爆发后,中国共产党更加重视对海外华侨的组联工作,"加紧动员千百万海外侨胞,尽力于保卫祖国的各种事业。"1938年3月,毛泽东、周恩来在延安会见马来西亚华侨各界抗战后援会代表团时,高度赞扬了广大华侨的抗日爱国运动。毛泽东还为之题词,号召"全体华侨同志应该好好团结起来,援助祖国,战胜日寇",同时表明"共产党是关心海外侨胞的,愿意与全体侨胞建立抗日民族统一战线。"

在中共开展的华侨统战工作中,1938年1月由中共中央、八路军总部派潘汉年、廖承志筹建的八路军驻香港办事处,就成为中国共产党及其领导下的八路军等抗日部队与广大海外华侨联络交往的重要枢纽与窗口。"香港八办"一成立,就在中共中央、中共中央南方局的领导下,做了许多华侨统一战线工作。首先创办了油印刊物《华侨通讯》，出版《华侨丛书》，大量报道八路军等国内抗日武装的英勇战绩和抗日根据地的一些情况，消息大都来自延安和重庆等地，深受南洋与欧美各地华侨的欢迎。当时美国纽约的《华侨日报》、秘鲁的《华裔日报》以及古巴的《前进月刊》等，都曾转载过该刊文章。"香港八办"还派出王任叔、杜埃、陆诒、董维键、胡愈之、沈兹九、金仲华、胡一声等先后到菲律宾、槟城、纽约、印尼、新加坡等地协助华侨办报，加强中共和人民抗日军队在海外的宣传工作。与此同时，中共中央和八路军总部还通过其领导下的青年爱国组织"中华民族解放先锋队"，在海外青年侨胞中做了大量的抗日统一战线工作。1938年6月，宋庆龄等在香港成立了"保卫中国同盟"。这个由中外知名人士发起成立的国际性抗日统一战线组织，与"香港八办"密切合作，为发动和组织广大海外侨胞支援八路军抗战，作出了很大的贡献。

为了开展南洋华侨的抗日统战工作，1938年秋，中共中央从延安中国人民抗日军政大学、鲁迅艺术学院、陕北公学等学校挑选20多名归侨党员和青年学生，组成海外工作团，准备到东南亚一带宣传中共的抗日主张以及党领导下的人民军队的抗日事迹。海外工作团由八路军总部朱德总司令兼任主任，成仿吾具体负责侨运工作。1942年初，中共中央又在延安成立了海外工作委员会，由朱德总司令担任书记。"海委会"的主要任务是，讨论研究太平洋战争爆发后，组织国际反法西斯统一战线的战略问题，以及华侨抗日武装的战略问题。此外，当时中共中央还成立有海外工作学习班和海外工作研究小组等部门。这些专门工作机构的设置，足以说明中共中央和八路军总部对开展华侨抗日统一战线和世界反法西斯统一战线的高度重视以及为此所作的不懈努力。

在中共中央和八路军总部有关抗日侨务政策的感召下，同时也为战斗在华北抗日前线的八路军将士可歌可泣的悲壮事迹所感动，广大海外华侨在各自的侨居地开展了声势浩大的抗日救亡活动。1938年10月，南洋各地45个华侨团体在新加坡成立了南洋华侨筹赈祖国难民总会，即南侨总会，由著名爱国侨领陈嘉庚任主席。当时，美国、加拿大、墨西哥、古巴、牙买加、英国、法国、瑞士、德国、苏联、意大利、土耳其及日本等40余国华侨也相继成立抗日救亡团体。他们通过创办报刊、演出救亡戏剧、搞好国际宣传等形式，揭露和谴责日本法西斯罪行，报道八路军将士英勇杀敌的消息，动员广大华侨支援祖国抗战。其中捐款献物、认购国债、回国参战等、已汇成了华侨支援八路军抗战的主旋律。

广大侨胞毁家纾难　全力开展"援八"运动

经济援助是海外华侨支援八路军抗战的最主要、最有效的手段。八路军开赴华北抗日前线，开辟敌后战场，英勇善战，战功赫赫，中外同钦，但也遇到了经费不足、物资匮乏等严峻问题。广大海外侨胞感同身受，纷纷伸出热情援助之手。新加坡是南洋华侨抗日筹赈运动的中心，也是援助八路军活动开展最早、最活跃的地区。抗战爆发后，中共党员粘文华就积极策划成立"新加坡华侨各团体筹捐医药援助八路军大会"，广泛宣传援助八路军的重要性与紧迫性，号召侨胞节衣缩食，踊跃捐献。紧接着暹罗（今泰国）、菲律宾、马来亚等地也很快掀起了援助八路军运动的热潮，除进行社会公开募捐外，还实行会员按工资收入月捐制，这些捐款全部由各侨团集中到"援八大会委员会",再由它统汇给"香港八办"廖承志处,然后转汇到华北各抗日根据地。1938年3月,妇慰会菲岛分会致函朱德总司令,函称:"公率三军,捍卫北疆,捷报频传,侨众欣跃。本月6日特汇中行国币1万元,托为购置雨具,运交将军分发第八路军士兵应用。"后来,朱德总司令、彭德怀副总司令复函答谢,称海外侨胞"本毁家纾难之忱,拥护国军,爱及敝路,全体将士,皆将为之感动"。在美国纽约,华侨衣馆联合会也曾购置两辆新式救护车给八路军,车身上铸有"献给八路军忠勇守土将士"的题词。法国里昂200多名侨胞在全欧抗联的号召下,节衣缩食,两周之内,竟筹得捐款1.3万法郎。比利时侨胞还专门组织了"购买防毒面具劝捐团",动员侨胞踊跃援助八路军。

抗日当年,为八路军将士筹募寒衣,也是海外侨胞开展的一项捐献活动。加拿大温哥华抗日救国会致函救济伤兵难民会,请给八路军拨汇2万元国币,为八路军筹募寒衣;组织两个剧社义演筹款。在美国密歇根大学,中国留学生和侨生成立了"中国游击战士之友社",组织募捐队,利用假日时间为八路军筹款。他们诚恳地表示:"在华北气候苦寒的今日,冰天雪地中隐伏着那无数的铁血男儿,为着中华民族的自由与人类的正义而奋斗的战士。我们应该对他们像对待其他的抗日战士一般地挚诚敬仰援助,尤其因为他们所处的地域特殊的困苦,我们更应做特殊的援助。我们听到朱德总司令为第八路军和华北游击队的饥寒而呼吁的通电,那无异于伏在战壕中的战士之唇齿战栗的回音,这足以震动凡有天良的人们之心弦。"此外,墨西哥华侨抗日后援总会也发起为八路军捐募寒衣运动。他们发表宣言指出:"我忠勇将士在冰天雪地中单衣赤足,不惜冻肌裂肤,指堕痕伤,徒以保卫祖国之故。"吁请旅墨侨胞"同出鼎力,大解金囊,俾得早集巨款,购置大批棉衣分给前方诸战士。"这一句句感人肺腑的话语,情真意切,充分表达海外华侨声援八路军抗战的一片赤诚之心。

震惊中外的八路军百团大战打响后,海外侨胞极为振奋,捐款和慰问函电不断飞往延安、八路军前方总部及其驻各地办事处。当时华盛顿旅美京华侨救国会将球赛、演剧所募集的寒衣捐款拨出100美元分赠给八路军部队,以表示爱护。檀香山祖国抗战将士慰劳总会亦慨捐890元国币。之后,全欧抗联、菲律宾抗战会和缅甸救灾总会等侨团也先后为八路军接济款项,予以大力支持。另外,在延安的八路军留守兵团、抗日军政大学、鲁迅艺术学院、陕北公学、中国女子大学等也同样获得了海外侨胞的捐助。这些经费主要用于培养抗战人才,同样也是海外华侨拥戴和支持八路军抗战的具体行动。

据统计,抗战时期先后有40余个侨居国的华侨,为八路军抗战捐钱捐物。所有这一切,均为八路军将士坚持华北敌后抗战,创建稳固的华北抗日根据地,打下了坚实的基础。正因为如此,中共中央、八路军总部等有关方面曾一再致电、致函海外侨社,对广大侨胞慷慨捐赠的义举予以高度的赞扬,以及坚持华北抗战、直到取得抗日战争最后胜利的决心与信念。

驰骋华北敌后战场　誓与八路并肩鏖战

抗战爆发后,由于受共产党八路军浴血奋战、誓死抗敌的英雄事迹的鼓舞和感染,有许多海外华侨青年都纷纷渴望回到自己的祖国,奔赴共产党领导的抗日根据地,到抗日前线参战杀敌,报效祖国。特别是1940年春天,著名爱国侨领陈嘉庚应毛泽东之邀,访问和考察抗日圣地延安后,他的"中国的希望在延安"的思想,很快在世界各地的华侨中引起强烈反响,让广大侨胞认识到,祖国抗战胜利的希望曙光,已照耀在中国共产党和她领导创建的抗日部队和抗日根据地里。于是,大批海外热血侨胞经"香港八办"和"保盟"的联络介绍,告别侨居地,翻越万水千山,冲破国统区的限制封锁,闯过阴森恐怖的敌占区,来到中国共产党领导的抗日根据地里学习、工作、战斗,构成了海外华侨以人力资源报效祖国的重要行动。延安是海外侨胞心驰神往的抗日中心和革命圣地。当时,先后有菲律宾、马来亚、暹罗(今泰国)、越南、荷印等南洋地区和欧美20余个侨居国的600余名爱国侨胞,千里迢迢奔赴延安。他们大多学有所长,在抗大、鲁艺、陕公和女大等校学习深造后,经"延安侨联"的分配,担任新闻、翻译、人事、财经、印刷、电讯、医卫、侨务等方面的骨干工作。其中有的留任了各级抗日机构的领导,也有的被派往华北各抗日根据地,参与指挥八路军战士一线抗日作战。如菲律宾归侨黄登保在抗大学习期间,就加入了中国共产党,后主动要求上前线参战,被分配到驻扎在华北前线的八路军前方总部新组建的炮兵团,边学习边打仗,由"驭手班"班长升任排长,又被选为模范党员,参加了彭德怀副总司令亲自指挥的八路军百团大战,成为爱国华侨参加八路军抗战的光辉典范。

抗战期间,大约有400多名华侨健儿直接奔赴中共领导的华北敌后战场,参加八路军队伍,驰骋在抗日前线,请缨杀敌,其中有不少人喋血疆场,成为中华民族的爱国英雄和华侨之魂。当时闻名遐迩的八路军女指挥员李林,就是一名杰出的华侨英烈。李林,原名李秀若,祖籍福建闽侯,印尼归侨,抗战时期曾任八路军120师6支队骑兵营教导员、晋绥边区第十一行政专署秘书主任等职。当年八路军120师贺龙师长接见她时高度赞扬说:"一个女同志,来自大城市的大学生,能带领骑兵打仗,在长城内外大战日本鬼子,打出了威风,很不简单!"晋绥边区广大抗日军民称誉她为"民族女英雄"。1940年4月,日军对晋绥边区进行第9次"扫荡"。在战斗中,李林率骑兵营突围,终因寡不敌众,接连开枪打死6名日本兵,然后用最后一粒子弹打进了自己的喉部,壮烈牺牲,时年仅24岁。全面抗战8年中,驰骋华北敌后战场,与八路军将士并肩作战、英勇牺牲的还有陆益、林烈、余自克、梁传焱、庄儒邦、朱田、韩道良、刘振东、谭金洪、刘金宇等10多位爱国归侨。他们的事迹和李林烈士一样感人,他们为八路军坚持华北抗战,流尽了最后一滴血,用青春和生命谱写了一曲海内外中华儿女团结御侮的悲壮战歌。他们不愧为中华民族独立与解放的功臣,也是祖国人民永远铭记和世代景仰的民族英雄。

（原载2003年2月山西《文史月刊》）

国际友人与八路军抗战

在举国上下纪念抗日战争和世界反法西斯战争胜利60周年之际,华北抗日老根据地人民更加怀念当年援华抗日的外国朋友。当年,华北军民接待了许多国际友人。他们当中,有在华北抗日战场救死扶伤,献出了自己宝贵生命的白求恩、柯棣华大夫;有冒着烽烟战火,为宣传抗战奔走呼号的美国作家史沫特莱、斯特朗;有为支援中国抗战驰骋疆场,血洒太行的陈光华、石鼎等朝鲜朋友。这些国际友人为八路军抗战作出了卓越的贡献。

奔赴华北战场救死扶伤

抗日战争时期,在华北抗日根据地战斗过的国际友人中,最为人们敬仰的是伟大的国际主义战士白求恩。诺尔曼·白求恩1890年3月4日出生于加拿大安大略州格雷文赫斯特城的一个牧师家庭里。青少年时代为了生活和求学,曾到安大略州北部原始森林当过伐木工人。他带着"最需要治病的是穷苦工人、农民"的意愿,走出了多伦多大学的校门。1936年德、意法西斯武装干涉西班牙革命时,这位世界著名的胸外科医师,随加拿大志愿军到前线,为反法西斯的西班牙人民服务。中国抗日战争爆发后,为了支援中国人民的解放事业,他受加拿大共产党和美国共产党的派遣,率领美加援华医疗队于1938年4月到达延安,向毛泽东请求转赴晋察冀边区工作。一到太行山北部的晋察冀抗日前线,他立即去五台县的松岩口为八路军创办了模范医院。他作为晋察冀军区的卫生顾问,在聂荣臻司令员的支持下,为部队和地方培训了一批又一批的医疗卫生骨干。后来他又穿过日军封锁线,奔赴炮火连天的冀中平原做战地医疗工作,亲自在火线上抢救了无数个生命垂危的伤员。1939年11月雁宿崖战斗前夕,他为一名伤员动手术,由于在掏取颅内碎骨时左手中指被碎骨刺破,结果受到致命的感染。领导和同志们劝他到后方医院治疗,但他坚持不下火线,直到参加完雁宿崖歼灭战和击毙日军"名将之花"阿部规秀中将的黄土岭反围攻战,在炮火中为大量伤员做了抢救手术后,才离开前线救护所。当人们用担架把他送到河北省唐县黄石口村时,病情已经恶化了。参与抢救和看望他的人们的抽泣声惊动了白求恩。他睁开眼睛,脸上露出欣慰的微笑,用手势让警卫员扶他坐起。按他的指点,警卫把英文打字机搬到他面前。白求恩伸出颤抖的右手,轻轻地抚摸着熟悉的键盘——在延安的窑洞里,在太行山村的炕头上,在冀中平原的手术站,在晋察冀的战地医院里,曾用它给毛主席、党中央打书信、报告,拟定"模范医院"的规划,编写《游击战中师野战医院的组织和技术》……然而,他再没有力量使用这架打字机了,又摸索着从上衣口袋里抽出自来水笔,伏在警卫员拿过来的几张白纸上,用颤抖的手顽强地写下了他的遗言。

1939年11月12日凌晨5时20分,伟大的国际主义战士、加拿大共产党员、中国人民的亲密战友诺尔曼·白求恩同志心脏停止了跳动。晋察冀边区军民在反"扫荡"的间隙为这位伟大的共产主义战士举行了隆重的安葬仪式。11月21日中共中央发出唁电和给白求恩同志家属的慰问电。11月

23日,正在晋东南王家峪村驻防的八路军总司令朱德同志通令全军举行哀悼。12月1日,延安各界举行追悼大会,毛主席送了花圈,亲笔写了挽词:"学习白求恩同志的国际主义精神,学习他的牺牲精神、责任心与工作热忱。"12月21日毛主席又写下了《纪念白求恩》这篇光辉著作,高度评价和赞扬了白求恩大夫的崇高品德和他为中国人民的解放事业所作出的伟大贡献。

白求恩式的国际主义战士柯棣华,是1938年来到中国的。那年夏天,他刚从医科大学毕业,正碰上日本帝国主义发动全面侵华战争。为支援中国人民的抗日战争,他自告奋勇参加了印度援华医疗队,与爱德华、巴苏华、卓克华、木克华等几位印度医生一起来到延安,先到晋东南八路军前方总部工作了一段时间,后又来到太行山北边的晋察冀军区。他生命中的最后3年,就是在华北敌后抗日前线度过的。他不避艰险,不辞劳苦,处处以白求恩为榜样,在抗日战场救死扶伤,英勇奋战。1942年光荣加入中国共产党。

1940年初,山西屯留张店战役打响了。朱德总司令根据这个医疗队的要求,答应柯棣华、巴苏华随八路军129师一个团参加战斗。柯棣华大夫同战士们一起奔赴前线,设立了前沿救护所。在激烈的战斗中,日军炮弹炸毁了救护所的一个墙角。指战员们劝柯大夫把救护所撤到离火线远一点的地点。他却说:"如果救护所离敌人很远,对我们是安全了,但是对不怕流血牺牲的战士们来说,不知要增加多少痛苦,是多么大的不安全呀!"他不顾密集的炮火,继续给伤员做手术。战斗进行了一天多,柯大夫连续工作40多个小时,和同志们一起给30多个伤员做了救护手术。接着,在武乡洪水战斗中,柯大夫又在战火中抢救了上百个伤员,还给参战民兵和群众医治了创伤和疾病。

1940年4月,朱总司令回延安前夕,派部队护送柯棣华大夫到了晋察冀。柯棣华大夫到了晋察冀军区以后,继续以高度的热情忘我地工作了两年多。当时,柯棣华患有严重的癫痫病,聂荣臻司令员等军区首长和医院的同志们,曾建议他离开前线到延安或者回国治疗一个时期,柯大夫坚决拒绝了。他说:"战争环境越来越艰苦,伤病员也越来越多,作为一个医务工作者,只要还活着,就不能离开伤病员!"他拖着病体,随部队奔走在长城线上。他那忘我的工作精神和艰苦作风,大大地鼓舞了中国广大军民的杀敌勇气。1942年12月9日,他积劳成疾,不幸病逝于河北省唐县葛公村白求恩国际和平医院。

1942年12月30日,延安各界召开追悼柯棣华大会。会场上悬挂着毛泽东同志亲笔题写的挽联:"印度友人柯棣华大夫,远道来华,援助抗战,在延安、华北工作5年之久,医治伤员,积劳病逝,全军失一臂助,民族失一友人。柯棣华大夫的国际主义精神,是我们永远不应该忘记的。"周恩来同志为柯棣华的逝世,给柯棣华在印度的亲属写了信,高度赞扬了他永不磨灭的崇高精神。朱德总司令在会上致悼词并宣读祭文,又在延安《解放日报》上发表了《纪念柯棣华大夫》一文。文中说:"柯棣华大夫不避艰险,坚持在中国战争最剧烈最残酷的敌后,执行印度人民的委托,这种崇高的国际主义献身精神,是印度民族精神的伟大表现,是值得一切反法西斯人民、一切殖民地半殖民人民珍重与发扬的。"稍后,朱总司令为柯棣华陵墓题词:"生长在恒河之滨,战斗在晋察冀,国际主义医士之光,辉耀着中印两大民族。"

德国医生汉斯·库尔特·米勒从1939年来到驻山西武

乡王家峪村的八路军前方总部,一直到总部医院迁往麻田等地,在太行抗日前线工作战斗了5个年头,多次受到彭德怀、左权和刘伯承、邓小平等八路军领导人的表彰。特别是在1940年的百团大战中,他从正太路突击战开始,在榆(社)辽(县)线拔据点,一直在炮楼下、火线上抢救八路军伤员,后来还穿越白晋封锁线到太岳区进行战地医疗工作。新中国成立后,他还战斗在中国卫生战线上,曾担任北京医学院顾问、全国政协委员。

还有一支曾在晋东南活动过的国际红十字会的医疗队,是1939年从欧洲出发,绕道非洲、南亚,后经香港,由宋庆龄介绍,来到晋东南决死第三纵队的。医疗队长是江晴恩,成员有捷克著名外科大夫费里德利赫·基希、奥地利医生杜汉和德国的派赫尔。1939年10月,他们到达西安,因国内形势发生了急剧变化,无法直接去延安。在西安八路军办事处周子健等同志的建议下,这支医疗队决定通过统战关系,利用牺盟会和决死队在山西打开的抗日新局面,转到晋东南决死第三纵队。在当时前线缺医少药的情况下,一下子来了这么多医生,决死第三纵队政治部主任董天知和司令员戎伍胜等领导十分高兴。医疗队的朋友们,为了方便医护工作,不分昼夜地学习汉语和中国医护习惯,很快投入了救护决死队指战员的工作。后来,他们又回到重庆,经八路军办事处董必武等人介绍,又分头奔赴贵州、安徽、江苏、山东等地,继续为中国抗战做战地服务工作。

此外,抗日当年还有战斗在革命圣地延安的苏联医生阿洛夫、朝鲜医生方禹镛,以及华北根据地的美国医生海德姆、加拿大医生包立德、奥地利医生罗生特和傅莱等,他们同样为救治八路军伤员,作出了不可磨灭的贡献。

为声援华北抗战奔走呼号

抗战初期,最拥护和支持八路军的外国记者,要数美国进步女作家史沫特莱了。她于1928年底踏上中国土地,与鲁迅和宋庆龄等革命活动家交往甚密。早在1933年,她就写成了第一本宣传中国的书《今日中国特写:中国人民的命运》,向全世界披露了旧中国的黑暗统治和被压迫人民的斑斑血泪。紧接着她又根据从苏区来的同志们的口述,和中共地下工作者提供的各种资料,在1934年又写成了第二本宣传中国革命的书《中国红军在前进》,把中国红军的英勇战斗和中国苏区的实况介绍给了世界人民,引起了各国正义社团对中国共产党的声援和支持。1937年抗战开始,正在采写《朱德传》的史沫特莱,一听到朱总司令要率领八路军到山西前线去,就去问毛主席她是留在延安继续写朱德传记呢,还是到前线去写有关战争的报道。毛主席当即回答说:"这次战争比过去历史更为重要。"因此,她就决定到前线去。这年8月她离开延安,辗转跋涉,历尽艰辛,终于在10月23日到达八路军总部所在地山西五台县南茹村。

当总部由五台南下经过盂县、寿阳闯过正太封锁线,又横穿昔阳、和顺、榆社、武乡、沁县,由太行腹地进到太岳区的沁源县,大都绕着山沟小道走,有时连马都不能骑。可是史沫特莱除进一步深访朱德之外,还要代作随军记者,把朱德沿途活动详细记录下来。1937年11月17日这天,在倾盆大雨中,八路军总部机关人员进了沁源城。朱总司令不顾旅途的疲劳,趁民众观看八路军之机,立刻站在一座古老的庙宇前,对手持大刀长矛的游击队员和在街头宣传的救亡工作者讲演。史沫特莱还未放下身上背的行李，马上掏出笔记本，绘声绘色地记下了朱德这段生动事迹："我从来没有见过朱德像今天这样讲话，也许他是被群众欢迎他的旗帜、口号和那种全神贯注的谛听所感动。他的声音、讲话的姿态，都表现出对人民浓厚的爱。他的话是发自内心的。群众面向着他，眼睛注视着他，不放过他说的每一个字。这样的事也经常引起我的回忆，但我无法用文字去描述。文字还不够美好，不够细致，不够微妙。这样的情景只有亲眼看见，亲自感受，才能够理解。这时，雨水还瓢泼在朱德脸上呢。"史沫特莱在总部住了近3个月。用日记体的报告文学写成了一本书《中国在回击》，副标题为《一个美国妇女和八路军在一起》。这本书于1938年在美国出版后，同她30年代初在中国写的《红色的中国》一书一样，在国际上影响颇大。武汉沦陷后，她经过长沙、南昌等地去参加新四军的战地医疗工作。1940年受周恩来同志邀请又到了重庆。1941年9月因病回美国治疗。回国后她把在中国12年的经历，写成了一本《中国的战歌》，于1943年在美国出版，还孜孜不倦地写出了《伟大的道路》这部朱德传记。史沫特莱女士从1928年踏上中国的土地，到1950年5月不幸逝世，为中国人民的解放事业，为发展中美两国人民友谊，做出了卓越的贡献。

美国女记者安娜·路易斯·斯特朗，同史沫特莱一样是中国人民亲密的朋友。她一贯支持中国共产党和中国人民的革命斗争。早在1927年，当大革命的风暴席卷长江流域，她就从上海第一次来到当时中国革命运动的中心武汉采访，深入湖南农村，对毛泽东同志领导的湖南农民运动进行了实地调查。她写的《千千万万的中国人民》这本书，就是向国内外宣传和歌颂武汉与湖南的革命运动的。1937年底，当斯特朗由意大利转道进入中国,第二次来到武汉的时候,中国共产党发动的抗日救亡运动已经在这里蓬勃兴起。她来到这里,就和史沫特莱一起,积极支持中国人民反对日本帝国主义侵略。她们以实际行动寻求国际援助,为支持中国抗战奔走呼号。1938年1月2日,斯特朗和史沫特莱一起参加了中国妇女团体联合会召开的国际妇女茶话会。她以西班牙反法西斯战争的经验,批评在武汉的国民党中央政府片面抗战,面对中国共产党坚持抗日民族统一战线和全民抗战的正确主张大加赞扬。同年1月25日,斯特朗又应中国国民外交协会的邀请,在广播电台以《马德里是怎样保卫的?》为题,发表了慷慨激昂而富有战斗性的演说,鼓动中国军民奋起反击日寇的疯狂进犯。也就是在这期间,斯特朗向周恩来同志提出了到华北敌后八路军那里采访的要求。不久,在八路军办事处的精心安排下,她乘坐阎锡山回山西的专车,从武汉到了山西太行山区八路军前方总部,会见了朱德和彭德怀、刘伯承等八路军高级将领,并深入到战士和农民中间去体验战地生活。正像她后来回忆的那样,她看到了"那里的共产党军队在朱德总司令领导之下,已经在实行现在所说的'人民战争'的战略战术,他们正在取胜。共产党使农民看到了一种新型的士兵,他们从不奸淫抢劫,而尊敬农民,帮助农民收割庄稼,而且教育农民,使农民相信自己的力量,教他们怎样进行战争以取得胜利。"斯特朗从华北前线返回武汉之后,以饱满的政治热情和生动流畅的文字,接连不断向世界各国人民介绍了中国共产党领导八路军和华北军民进行的伟大抗日游击战争。后来她辑成《人类的五分之一》一书出版,发行到世界各地,大大地声援了中国人民的抗战事业。

与此同时,美国记者斯诺、爱泼斯坦、福尔曼、武道、爱金生；苏联记者卡尔曼；英国记者何克；德国记者希伯；新西兰记者贝特兰；越南友人、时任晋察冀军区《抗敌报》社长的洪水将军等，也分别在陕甘宁边区和华北抗日根据地从事宣传八路军艰苦抗战的新闻报道工作，为中国人民的抗日战争奔走呼号，其中德国记者汉斯·希伯在参加山东抗日根据地的反"扫荡"作战中壮烈牺牲，用青春和生命谱写了一曲荡气回肠的国际主义英雄之歌。

在华北开展抗日反战运动

抗日战争时期，除主动来华援助八路军抗战的日本友人之外，还有一部分日本士兵参加了"日本士兵觉醒联盟"、"在华日人反战同盟"和"日本人民解放联盟"等反战组织，为援华抗日作出了巨大贡献，有的甚至在反战活动中牺牲了自己的宝贵生命。抗战初期，部分被俘的日本士兵，在中国共产党和八路军的帮助下，逐渐觉醒过来，志愿留在华北根据地进行有组织的反对日本帝国主义发动侵略战争的活动，其中有的日本反战勇士还参加了八路军，被根据地人民称为"八路军中的日本兵"。1939年11月7日，小林武夫等日本士兵在八路军前方总部所在地王家峪，创立了第一个反战团体——"日本士兵觉醒联盟"本部，接着又在华北各抗日根据地先后建立了5个支部：晋冀豫、山东、冀南、冀鲁豫和太岳支部。1940年7月7日，森健等日本士兵在华北各反战组织的影响下，也建立了"在华日本人民反战同盟"延安支部，以后在华北、华中各抗日根据地陆续建立和发展了日人反战机构。小林武夫等在砖壁、王家峪八路军前方总部驻留期间，曾受到总部的亲切关怀，大大鼓舞了这些日本朋友支持八路军抗战反对日本侵略的斗志。

在八路军首长们的鼓励下，华北抗日前线对日本军人的工作，做得有声有色。比如1939年9月3日129师在辽县桐峪镇召开欢迎日俘大会时，当师政治部宣传部长在致词中说道："日军士兵只要肯放下武器，就是我们的兄弟！"这句话刚被翻译成日文，日军士兵们便热烈地鼓起掌来，一个劲儿用日语嚷嚷："兄弟！兄弟！"有一个叫山口吉福的日本兵，从前在家经商，这次在太行山区武乡反"扫荡"战斗中被俘过来。他站起来讲道："我在战斗中负了伤，只想闭眼等死。没料到中国的老百姓用担架把我抬下战场，八路军医院又给我治伤。世界上哪有这样的军队？我向你们致敬！"他又说："我们日本老百姓并不愿意来中国，是军阀们逼着来的，我们受骗了，你们能理解原谅我吗？"他的眼光是诚实、恳切的。当时与会军民用经久不息的掌声回答了他。后来他编印传单、喊话、写信、做慰问袋等方式，给在日军中的同乡、同学等故旧做说服工作，争取了许多日本士兵。反战同盟的日本朋友还用日本民间小调，编唱了"晴朗的天空，阴霾的心，谁愿化作无定河边的骨，把无意义的战争停止，兄弟们回国去吧！"等歌曲。他们又把同八路军战士一齐参加体育活动的事写成传单："还是停止这样可恶的战争，轻松地唱支《樱花曲》，打场棒球吧！"这样，被我军劝导过来的日本俘虏兵，有的不但参加了反战同盟，还担任了我们学校的教员和部队医院医生。还有些日本兵自动抛去武器，逃到八路军中来。日本战友也常常直接奔赴前线进行反战宣传，并与八路军并肩作战。"解放联盟"太行支部的砂利男、佳野尺七两位战士，于1945年5月底配合太行军区发起的政治攻势，同赴山西襄垣白晋线上夏店一带活动。一次他们向日碉堡喊话"上夜课"，砂利男脚部中伤,血流如注,仍冒着猛烈炮火继续喊话,最后两位盟员都英勇地牺牲在战壕里。在抗日战争中,有不少日本战士就这样血染沙场,殉难于太行山上。仅"反战同盟"太行支部,就有25名盟员为中国人民的抗战事业流尽了最后一滴血。日本人反战组织中有许多人成了反对侵略战争、保卫世界和平的坚强卫士。

在那战火连天的抗战艰苦岁月中,和华北军民同生死共患难的国际友人还有朝鲜义勇军。1940年,八路军129师刘伯承师长和邓小平政委命令385旅派了一个连去接应新来太行山根据地的一批朝鲜朋友。这支朝鲜人的队伍,是流亡在国民党统治区的一些朝鲜爱国者组成的。他们从旅华的生活实践中看出,只有中国共产党和八路军才是中国人民的希望,才是朝鲜人民的真正朋友。于是他们决定离开国民党第5战区到敌后根据地来和八路军、决死队并肩打日军,学习游击战术,以便将来打过鸭绿江,解放自己的祖国。后来,朝鲜义勇军的同志转到129师师部去了。他们和原来在八路军工作的朝鲜同志汇合在一起,成立了自己的政治组织——华北朝鲜独立同盟。义勇军和"同盟"的总部设在太行山,华北其他各根据地都组织有义勇军支队与"同盟"支部。1942年,面对日军的"治安强化"毒计,八路军根据党中央和毛主席的指示,决定组织武工队深入"敌后之敌后",钻到日军碉堡林立的所谓"格子网里"去开展游击战争,发动政治攻势,瓦解伪军,宣传与组织敌占区群众,在日军的腹地点燃起熊熊的抗日烈火来。当时参加这种斗争的,除了朝鲜同志还有日本解放联盟等反战组织。他们用朝鲜语和日语喊话和唱反战歌曲,在墙壁上涂写朝文和日文标语,给碉堡里的日本人和朝鲜人写瓦解信,有时还乔装日本军官到敌据点里取武器,甚至把日军官和伪人员活捉回来。朝鲜同志这些活动使日军非常恼火,有时还悬赏公开捉拿朝鲜义勇军。

当时,从东北和关内国统区来到华北抗日前线的朝鲜同志,为了有组织地帮助八路军,又培育朝鲜革命种子,分别组织了"朝鲜独立同盟"、"朝鲜义勇军"和"朝鲜革命军政学校"。由参加过中国工农红军二万五千里长征的朝鲜同志武亭任朝鲜革命军政学校校长兼朝鲜义勇军总司令。抗战时期,武亭将军任八路军炮兵团长,还参加了著名的黄崖洞保卫战。由1942年参加延安文艺座谈会后来太行的朝鲜音乐家郑律成同志任学校教育长,郑律成同志曾因创作《八路军军歌》闻名全中国。学校的主要任务是培训从各地来的朝鲜青年战士。朝鲜义勇军战士们,军政学校学员们,组织大批武装工作队,深入敌占区,杀敌锄奸,宣传群众,瓦解敌军,扩大根据地,压缩敌占区。1942年5月25日,日军两万重兵包围了八路军前方总部、中共中央北方局和华北《新华日报》等军政机关的几千人员。英勇的朝鲜义勇军有30多人配合总部警卫连,硬打开一道口子,掩护彭德怀副总司令和政治部罗瑞卿主任突出重围,朝武乡方面转移。然而,和八路军并肩战斗的朝鲜朋友陈光华、石鼎等同志却壮烈牺牲在中国华北土地上。反"扫荡"胜利以后,为了鼓励朝鲜义勇军在战斗中的英雄行为,八路军前方总部首长在祝捷大会上奖了他们一支新缴获的日本歪把子机枪。枪柄上刻着:"为了共同理想,我们永远站在一起。"晋冀鲁豫边区党政军民暨朝鲜独立同盟、朝鲜义勇军华北支队一起为陈光华、石鼎二位烈士举行了隆重的追悼大会,并在河南涉县(今河北)石门村清漳河畔筑墓建碑,以示对中朝两国人民用鲜血凝结成的战斗友谊永志不忘。

总之,华北老区人民永远不会忘记当年在华北抗日根据地生活、战斗、帮助过中国人民神圣抗日事业的国际友人,中国人民也永远怀念曾经同情和支持过八路军抗战的外国朋友。

（原载 2005 年 9 月山西《文物世界》期刊）

简述华北抗日根据地的八路军文化

抗日战争全面爆发后,中国共产党领导的中国工农红军主力改编为国民革命军第八路军,奉命东渡黄河,开赴华北抗日前线,开展了艰苦卓绝的敌后游击战争,相继建立了晋察冀、晋绥、晋冀鲁豫等抗日根据地。随着抗日根据地的巩固和发展,广大八路军文化工作者以文艺为武器,在开展对侵华日军进行军事斗争的同时,掀起了轰轰烈烈的华北根据地抗日文化救亡运动。他们通过演剧等宣传教育形式,唤醒民众,打击日军,鼓舞斗志,为争取抗日战争的最后胜利,作出了彪炳千秋的历史贡献。他们用青春与生命,铸就了一座座八路军抗战文化的不朽丰碑。

晋察冀边区的八路军文化

晋察冀边区的八路军文化运动是在为抗战服务的前提下开展起来的。1939年11月晋察冀军区成立,军区政治部所属宣传队即抗敌剧社也成立。随之各军分区相继成立了剧团或剧社,除10个军分区建立了10个剧社外,还有冀中军区的火线剧社、平西挺进军的挺进剧社、冀东军分区的尖兵剧社以及回民支队的抗战剧社等。此外,西北战地服务团、联大文艺学院、联大文工团等都先后从延安来到晋察冀边区开展八路军抗战文化宣传运动。

在边区剧社相继建立的同时,便开始了创作演出。抗敌剧社成立之初,尚无自己剧社创作的作品。但是,到了1938年初,冀中火线剧社、冲锋剧社、铁血剧社创作了一批反映抗日斗争的作品,如《警号》《小英雄》等。广大八路军文化工作者深入生活,创作了许多好作品。如《到山那边去》《参加八路军》《选村长》《抗日人家》《回到祖国的怀抱》《马母》《南国风霜》《游击组》《狼牙山五壮士》等等。因此,边区戏剧作品的创作开始出现繁荣景象。抗日民主人士李公朴先生考察晋察冀边区之后写的《华北敌后——晋察冀》一书中对边区戏剧作品的创作演出给予高度评价。

在延安文艺座谈会召开后不久,晋察冀军区召开了文艺工作会议,聂荣臻作了《关于部队文艺工作诸问题》的讲话。他讲了八路军对文化的态度和地位、前途、成就以及团结等问题,并传达了毛泽东《在延安文艺座谈会上的讲话》。会议后,军区政治部及时发出《关于各分区剧社执行创造铁军工作的指示》,制定了创造模范剧社竞赛条例,从而推动了八路军文化运动迅速向前发展。边区文艺工作者在毛泽东文艺思想指引下,创作出一批为工农所喜闻乐见的作品。如吴畏的《排渠放水》;丁里的大型多幕话剧《子弟兵和老百姓》;刘肖芜的大型话剧《李殿冰》;胡可的多幕话剧《戎冠秀》;杜烽的大型话剧《李国瑞》等。这些剧作都是具有代表性的佳作。对于《李殿冰》,艾思奇说是"毛泽东文艺方向在前方实践的一个重要表现",是"前方文艺运动的范例"。

晋绥边区的八路军文化

晋西北地区经济落后,文化也很落后。在那里边一个完整的旧戏班也找不到。经过日军的掠夺,留下的只是荒芜的土地和饥饿的人民。1937年底、战斗剧社随八路军120师挺进晋西北,以戏剧为主的八路军文化运动也就随之兴起。

战斗剧社归八路军120师政治部下设的宣传部领导。各旅都有剧社,地方的动员委员会也有剧团。战斗剧社是边区戏剧战线上的主力。其成员的大多数来自参加过长征的红军,一部分来自陕北红军,少数是新参加的。1938年初,在贺龙的关怀下,从临汾八路军学兵队调到120师的40多名青年学生,其中一部分分配到战斗剧社工作。同年冬,又从鲁艺调来成阴、莫耶等一批毕业生,从而壮大了队伍,增加了导演和创作力量。这时,战斗剧社随部队挺进翼中后,又从冀中和晋察冀边区调来了文艺工作者20多人,使编导演的力量都大大增强。1939年冬,阎锡山向山西新军进攻,发生"晋西事变"。120师返回晋西北。这时剧社由陈杰、欧阳山尊任正副社长,增设了编辑组、音乐组和美术组。1940年3月,晋西北边区召开首次戏剧座谈会,战斗剧社负责组织工作。到会的有七月、吕梁、解放、前线、民革、青工、战斗、战号、黄河、战线、战力等剧社,牺盟工作队以及晋西民间戏剧研究会等10多个单位的代表。在会上,师政委关向应和师政治部主任甘泗淇分别讲了话。关向应指出,要创造建设晋西北的新文化,这就是新民主主义的文化。在戏剧创作上就是"新民主主义的现实主义"。他号召晋西北的八路军文化工作者深入实际,动员群众,反对投降、分裂、倒退。甘泗淇号召边区八路军文艺工作者"要广泛深入地开展晋西北的文化运动","要用辩证的观点,进步的立场,大胆地创作大众化、战斗化、集体化的作品"。会上,晋西北戏剧协会宣告成立。

同年5月4日,在兴县举行了晋西北文化界救国联合会成立大会,来自八路军部队和地方的文艺工作者100多人参加了大会。贺龙、关向应和从延安来的萧三出席了大会。大会宣告晋西北文联成立,亚马当选文联主任。同时还成立了文协、音协、美协等几个协会。不久,全国青年记者学会晋西北分会成立。这些协会的成立,推动了晋西北八路军文化运动的发展。1941年夏,文协主编并出版了《西北文艺》,出版了8期。八路军部队还不定期地出版《战斗文艺》。美协和部队定期出版两种画报,音协出版《晋西歌声》,从而使戏剧创作更加活跃起来。在晋西北的文化运动中,八路军120师的战斗剧社和晋绥边区党委的七月剧社起着带头和指导作用。文联领导的大联剧社在新秧歌剧创作方面取得了显著成绩。

八路军120师政治部于1941年8月召开了部队戏剧运动座谈会,到会的有几百位八路军文艺工作者,重点讨论了政治部关于戏剧运动的指示。座谈会期间,贺龙在讲话中要求战斗剧社演出具有政治意义和艺术价值的多幕剧,演出大众化的、战士一看就懂的戏,演出老百姓所欢迎的戏。他要求各旅团剧社演出大众化的、配合政治工作的、巩固部队、组织和动员群众的戏,在演出中提高自己的艺术水平。他还指出,为了开展部队和地方戏剧运动,要求文艺工作者深入部队,培养艺术骨干。座谈会后,各剧社纷纷到连队、农村、医院、工厂巡回演出,广泛开展文艺活动,进一步推动了边区八路军文化运动的发展。

延安文艺座谈会给晋西北的八路军文化运动送来了春风。延安文艺座谈会刚刚结束,参加座谈会的战斗剧社社长欧阳山尊立即赶回剧社,向大家传达了毛泽东《在延安文艺座谈会上的讲话》的精神。1942年9、10月间,一大批专业文艺工作者离开机关,到连队去,到农村去,到斗争实践中去,改造思想,进行创作,晋西北文联聚集的专业文艺干部全部下乡,去县区担任抗联会的文化部长,参加农村的减租减息运动。广大八路军文艺工作者在斗争实践中,经过整风学习,特别是《讲话》精神传达后,政治思想觉悟迅速提高,感情、立场有了转变。

1942年7、8月间,战斗剧社奉命去延安汇报演出。演什么戏,当时有两种不同的意见,一是怕别人说是"土包子",主张演几个名戏,以显示剧社的水平,一是主张编演反映敌后斗争生活的剧目,突出自己的特点。正在这时,大家听了《讲话》精神的传达后,统一了认识,决定编演反映敌后斗争的戏。战斗剧社在延安演出了《丰收》《晋察冀的乡村》、《荒村之夜》以及《求雨》《虎列拉》和《自家人认自家人》3个小戏。演出后,颇受延安军民的欢迎。毛泽东和党中央许多领导人也来看戏。毛泽东在给剧社的回信中予以肯定并鼓舞。他在回信中说:"你们的戏,我以为是好的。延安和边区正需要看反映敌后斗争生活的戏剧,希望多演一些这类好戏。"

晋冀鲁豫边区的八路军文化

晋冀鲁豫抗日根据地在发展,八路军文化运动也在发展。当八路军在敌后开辟抗日根据地的同时,各种剧团或宣传队也相继建立,有专业剧团,有部队及地方游击队的宣传队,有业余的戏剧组织、儿童剧团以及经过改造的旧戏班等。

随着根据地的巩固和发展,以戏剧运动为主的八路军文化运动也迅速发展起来,因此剧团的统一组织问题也就提出来了。1939年初,边区召开了剧团座谈会,参加座谈会的有各党各派各友军的戏剧工作者的代表。代表们决定成立全国戏剧界抗敌协会晋东南分会。2月,召开了有67个大戏剧团体的代表参加的大会,正式宣告全国剧协晋东南分会成立。大会还讨论并决定了剧团统一的工作纲领和发展方向。这次大会对敌后各抗日根据地的剧团的统一起了重大推动作用。为了实行分区领导,剧协晋东南分会相继成立了太南、太北和太岳区分会。紧接着,冀中、冀南、胶东各抗日根据地,也先后成立了各区剧协分会。之后,边区的戏剧运动、报告文学、诗、小说、音乐、美术等的创作都有较大发展。在边区戏剧运动中,有一些剧团起了骨干作用。如八路军太行山剧团,于1938年5月由联合抗日流动剧团和陵川孩子抗日宣传队合编而成,由晋冀鲁豫边区党委领导,赵洛方为团长,洪荒为艺术指导。在成立大会上,朱瑞要求太行山剧团要像太行山一样坚强,为太行山的军队,特别是为广大农民演出,深入宣传动员一切抗日力量。当时在边区党委领导下,一些县、区、村都相继成立了太行山剧团的分团。

1939年2月,中共中央北方局、晋冀豫区党委决定以太行山剧团为骨干,在山西长治成立具有统一战线性质的晋东南民族革命艺术学校。阎锡山为名誉校长,戎伍胜为副校长。由太行山剧团政治指导员赵迪之任训育主任,洪荒和延安鲁艺调去的艺术家分别担任教员,太行山剧团仍保留建制并开展演剧活动。

太行山剧团参加了百团大战,在火线上为广大八路军战士演出,并为边区高级军事干部会议和对部队进行慰问演出。还参加了黄崖洞战斗,受到八路军129师司令员刘伯承和政委邓小平的表扬。邓小平说"保卫黄崖洞不是一个团,还有太行山剧团"。在武乡关家垴战斗中,邓小平把警卫员的马让给剧团的病号骑。过结冰的漳河时,刘、邓用他们的马把全部文艺战士送过去。

1941年4月,太行山剧团称为总团,各专署成立了分团。创作的剧作有:李伯钊的《农救秘书》《流寇队伍》《金荏》《母亲》;洪荒的《保卫抗日根据地》《军民合作》《和尚岭》《未成熟的庄稼》《登记》《圈套》《怎么办》《糠菜夫妻》;赵子岳的《幸福家庭》;赵树理的《人间地狱》;康方的《归队》;集体创作的《九死一生》,还有歌剧、歌舞剧、活报剧、街头剧、秧歌剧等等。

又如129师宣传队,即先锋剧团。抗战爆发后,先锋剧团随部队挺进敌后,参加开辟太行山、冀南、鲁西北抗日根据地。1938年夏随东进纵队到冀南开展活动,培训干部,组建团队。先锋剧团在两年多的时间中为部队输送了180多名干部。1939年3月返回太行山区,参加八路军前方总部举办的戏剧训练班。1940年秋,与西北青年救国会第二演剧队合并,仍为先锋剧团。他们参加了百团大战,参加了频繁的反"扫荡"斗争,参加了多次戏剧会演。在那艰苦的岁月里,连煤油也很难找到,他们就利用黄昏前的一段时间进行演出,叫做"黄昏晚会"。他们在参加整风和学习毛泽东《在延安文艺座谈会上的讲话》之后,提高了认识,明确了文艺为工农兵服务的方向,创作了一批好作品,如《李马保》、《模范农家》、《窑洞保卫战》等,还有一批短剧和秧歌剧,如《军人招待所》、《张来财探母》、《油糕》、《双送礼》等。

在冀鲁豫边区组建了战友剧社等许多剧团(社)。如鲁西北有聊城孩子剧团;鲁西有独立旅一团宣传队(后成为教四旅火线剧社的基础);在泰西有山东六支队宣传队的战斗剧社；在沙田有三四四旅的战友剧社。肖华率领的挺进纵队有宣传队（剧社）。此外，陈士榘率领的115师游击支队、马本斋的回民支队、冀中军区南进支队等均有剧社，而且都相继到达冀中、晋东南、鲁西及鲁西南地区开展八路军宣传和文化活动。同时，冀鲁豫边区行署成立了新民剧社，边区文联也筹建文艺工作团。1942年秋，为了适应新的形势，边区机关又一次实行精兵简政，精简了一批剧社。最后将各剧社的一小部分骨干集中于冀鲁豫军区，重新组成战友剧社，归军区政治部领导。直到抗战胜利，战友剧社成为全边区党政军民各系统唯一的一个专业的综合性的文艺宣传团体。

抗大总校副校长罗瑞卿于1939年7月率领直属队和大队从延安出发，东渡黄河，向八路军前方总部所在地挺进。抗大总校文工团也随队行进，冲破日军封锁线，日伪军什么也没有捞到。罗瑞卿说："他们在同蒲路上只拣到一只破草鞋。"金沙以此为题材写了独幕话剧《破草鞋》，吕班写了《同蒲快车》。全队于1940年2月胜利到达八路军前方总部所在地。他们战斗在太行山上，创作演出在太行山上，历时3年半，直到1943年初回到延安。总的来说，抗大文工团创作和演出的，在戏剧方面，有话剧、歌剧、史剧、京剧、快板剧、活报剧等；在音乐方面，有合唱、乐器演奏；在曲艺方面，有相声、大鼓、快板等。还有山西新军各纵队均有剧团或宣传队。豫北、冀南也同样有宣传队和剧团。山东抗日民主根据地于1943年10月召开了文艺座谈会，总结了文艺政策的执行情况，肯定了文艺创作及演出方面在为工农兵服务的方向上所取得的成绩。

1942年初，晋冀鲁豫根据地召开了太行山文化人座谈会，参加座谈会的有400多人。会上，邓小平对八路军和地方文化工作者提出了5点希望：文化运动应服从于政治任务；广泛发挥文化工作的批判性，使之成为有力的战斗武器；认真动员根据地和敌占区一切新老文化人、知识分子到抗日文化战线上来，克服关门主义错误；要服务群众，就必须了解群众，克服脱离群众的现象；最后，他要求八路军文化工作者开展调查研究，以丰富作品的内容。这就为晋冀鲁豫边区八路军文化运动指明了正确方向，同时也为之后不久召开著名的延安文艺座谈会，提供了丰富的八路军文化理论与实践经验。

总之，博大精深的八路军文化，是共产党领导八路军在抗日战争伟大实践中孕育与诞生的重要文化成果，也是新民主主义革命时期抗日根据地先进历史文化的杰出代表。八路军文化中所蕴含着的伟大抗战精神，永远是激励中华儿女奋发图强、为实现中华民族伟大复兴而努力奋斗的强大力量源泉。

（原载2013年9月山西人民出版社《八路军文化研讨会论文集》）

中共中央北方局转战山西大事纪略

中共中央北方局最早成立于1924年12月。从1937年7月抗日战争全面爆发，到1945年8月抗日战争结束，中共中央北方局作为华北地区党的最高领导机关，随八路军前方总部行动，一道转战山西，驻马太行，运筹帷幄，决胜千里，领导和指挥华北抗日根据地军民艰苦奋斗、英勇牺牲、万众一心、无私奉献，为中国人民抗日战争和世界反法西斯战争的最后胜利，作出了巨大的贡献，谱写了光辉的篇章。

1937 年

7月7日 卢沟桥事变发生。从此，爆发了全国性的抗日战争。

7月下旬 中共中央北方局书记刘少奇、副书记杨尚昆、组织部长林枫、宣传部长李大章等，以及北方局机关，分别从延安、北平相继抵达太原，并在晋冀豫区内建立了中共平汉省委、中共山西工委、中共河南工委等党的地方组织。

8月 为了发动群众、武装群众，中共中央北方局决定由杨尚昆、林枫、赵林（中共太原市委书记）、康永和等负责组建山西工人抗日武装（后称"工卫旅"）。

9月15日 在中共中央北方局负责人刘少奇、杨尚昆指示下，于山西祁县组建了山西新军决死二总队。张文昂任政委，韩钧任政治主任，总队长为崔郁。

9月24日 毛泽东致电中共中央北方局,电文指出:目前我党我军在华北的任务,应以全力部署恒山、五台、管涔3大山脉之游击战争,而重点是五台山脉。

9月下旬 中共中央北方局在太原召开了河北、山西、绥远、山东、察哈尔等华北地区省委书记及部分市委、特委书记会议,讨论了配合八路军发动抗日游击战争、建立根据地等项任务与政策。

同月 中共中央北方局在太原成成中学八路军驻晋办事处举办党员训练班(即北方局太原党校)。训练班由山西省工委委员王一夫主持。讲课人有周恩来、刘少奇、彭真、程子华、薄一波、唐天际、彭雪枫、张友清等。

10月 中共中央北方局根据中央指示,将中共山西省工委一分为四,分赴晋西北、晋西南、晋东北、晋东南配合八路军创建抗日民主根据地。

11月14日 太原失守后,中共中央北方局机关和八路军驻晋办事处一道,迁驻山西临汾县刘村镇。

11月15日 刘少奇书记根据中共中央指示和华北地区的形势,为中共中央北方局起草了《关于目前形势与华北地区党的任务的决定》。

同月 中共中央北方局和八路军驻晋办事处,在临汾分别开办了党训班(后改为北方局党校)和学兵队,培养了一批文武双全的军政干部。

同月 中共中央北方局组织部长林枫在山西侯马八路军办事处召开了有李哲人、阎子祥、武光、李撷伯参加的中共河东特委会议。

12月31日 中共中央北方局在山西临汾刘村镇召开了山西省党的活动分子会议。刘少奇书记传达了中共中央政治局12月会议精神,并作了题为《关于抗日民族统一战线新发展与新任务》的报告。

1938 年

1月　中共中央北方局代表彭真,出席了中共冀豫晋省委在山西辽县西河头村召开的活动分子大会,并作了重要报告。

2月5日　中共中央北方局书记刘少奇发表《抗日游击战争中的政策问题》一文。

2月26日　由于日军侵犯临汾,刘少奇、杨尚昆率中共中央北方局机关撤出临汾,经蒲县、吉县、大宁,最后到达石楼县的圪堵坪。途中,刘少奇书记接中共中央指示返回延安,参加中央"三月政治局会议"。

3月初　根据中共中央北方局代表朱瑞的指示,由山西阳城人民武装自卫队改编的晋豫边游击纵队成立。

3月26日　中共中央书记处发出《关于北方局领导人分工的决定》。中共中央北方局书记刘少奇(又名胡服)暂留延安,在中央领导下仍旧担任华北党的领导工作。由杨尚昆具体主持中共中央北方局的日常工作。

4月初　中共中央北方局机关西渡黄河,到达陕北清涧县罗儿河村,进行休整。4月底,又东渡黄河,回到圪堵坪原驻地。

4月上旬　中共中央北方局代表彭真出席了在山西五台县金刚库召开的中共晋察冀边区第一次党代会,并在会上作了《关于全国抗战形势和争取抗战胜利方针》的报告。

5月14日　中共中央北方局负责人杨尚昆和林枫在山

西孝义县西宋庄,主持召开了晋西地区党的领导干部会议。杨尚昆作了《目前形势和任务的报告》。

6月4日至25日 中共中央北方局代表朱瑞出席了在山西沁县南底水村召开的中共冀豫晋省委工作会议,作了重要讲话。

8月 中共中央北方局进驻山西屯留县东北部寺底村,继续领导山西、河北、河南、山东等地的抗日斗争。

11月9日 中共中央政治局发出《关于北方局及分局委员的通知》。决定朱德、彭德怀、杨尚昆、聂荣臻、关向应、邓小平、彭真、程子华、郭洪涛为中共中央北方局委员。朱德、彭德怀、杨尚昆为常委,书记为杨尚昆。具体组织机构是:书记杨尚昆,组织部长刘锡五、宣传部长李大章,军事部长朱瑞,统战部长张友清,青委书记宋一平,秘书长杨献珍。另根据中央的决定,杨尚昆到北方局机关所在地晋东南,和八路军前方总部一起行动。

同日 中共中央决定,由彭真、聂荣臻等组成中共中央北方分局(又称中共中央晋察冀分局),隶属中共中央北方局领导。彭真任分局书记。

12月1日 中共中央北方局创办的八路军华北干部学校在山西晋城成立,朱瑞任校长。该校吸收爱国知识青年,培养抗日干部。之后,该校迁到山西陵川县平城镇。

12月21日 中共中央北方局进驻山西省潞城县南村。

12月 中共中央决定成立中共中央山东分局(由苏鲁豫皖省委改称),隶属中共中央北方局领导。郭洪涛任分局书记。

1939 年

1月1日 中共中央北方局、八路军前方总部和山西省第三专署等单位,在山西沁县联合召开了晋东南各界4万人的反汪大会。朱德总司令到会讲话,表明反对汪精卫叛国投敌,八路军抗战到底的决心。

同日 中共中央北方局机关报《新华日报》(华北版)在山西沁县后沟村创刊(后迁至祭刀岩),何云任社长兼总编辑。为了便于读者订阅,在山西沁县、长治、黎城、辽县、沁源、阳城等地设立了《新华日报》社办事处。其它各县也设立了分销处。

1月11日 中共中央北方局驻晋冀豫区委代表朱瑞,在《新华日报》(华北版)发表了《论建立晋冀豫抗日根据地》一文。

2月 中共中央北方局和八路军前方总部发出第一期整军训令,要求提高部队战斗力,巩固挺进敌后以来大发展的基本成果。

4月上旬 中共中央北方局和中共晋西南区党委,联合召开了参加秋林会议的党员和进步分子会议。指出,阎锡山对日妥协投降,掀起反共高潮,新旧军武装冲突已不可避免,并派雷任民到延安向党中央作了汇报。

5月1日 中共中央北方局书记杨尚昆在《统一战线与摩擦问题》一文中,论述了如何在维护抗日民族统一战线中开展反摩擦斗争。

5月5日 中共中央北方局、八路军前方总部野战政治部联合发出《关于地方党与八路军关系的决定》。

6月　中共中央北方局书记杨尚昆根据中央关于反"磨擦"斗争的指示,就山西局势与统战问题,给中共晋冀豫区委写了信。

同月　为了统一根据地的货币,保证根据地建设的开展,中共中央北方局批准,冀南银行筹备处在山西黎城县西井成立。该处分设营业、总务、发行3个部。

7月15日　中共中央北方局进驻山西武乡县烟里村。

8月6日　中共中央北方局发出《关于制止阎锡山之动摇与巩固山西统一战线的指示》。

9月10日至27日　中共中央北方局书记杨尚昆出席了在山西武乡县东堡村召开的中共晋冀豫区委第一次党代会,并作了长篇政治报告。

10月11日　中共中央北方局进驻山西武乡县前王家峪村。同时,中共中央北方局党校进驻武乡县上北漳村。

10月17日　中共中央北方局发出《关于在山西开展反逆流斗争的指示》。

12月　中共中央北方局青委在山西省武乡县王家峪村驻扎期间,创办了《青年与儿童》杂志。该月刊由华北新华书店出版发行。

1940 年

1月12日　中共中央北方局召开了扩大会议,讨论了统一战线,反"磨擦"斗争的策略与政策,强调实行自卫原则,对来犯者坚决打击。

同月　中共中央北方局妇委在山西武乡县前王家峪驻地附近的石圪垤村举办了第一期妇女干部训练班(简称

"妇训班")。历时3个月,于4月底举行了隆重的毕业典礼。

2月　中共中央北方局青委在山西武乡县石圪垤村举办了3期青年培训班。当时的青委副书记江民为青训班负责人。

3月13日　中共中央北方局指示,由薄一波、宋劭文、张文昂、戎伍胜、牛荫冠、刘岱峰、雷任民和孙定国等8人,以牺盟会和山西新军负责人身份致电阎锡山,呼吁停止新旧军冲突,共同抗战。

4月11日至26日　中共中央北方局在山西黎城县召开了太行、太岳、冀南地区的高级干部会议(通称"黎城会议")。杨尚昆书记作了《目前政治形势与统一战线中的策略问题》的报告,提出了建党建军建政与打击日军"囚笼政策"的任务。会议专门研究了成立冀太联办和制定统一的财政经济政策等问题。

同月　中共中央北方局决定,在山西武乡县果烟垴村成立了"鲁迅艺术学校"。月余后,校址迁至武乡县下北漳村。

6月　中共中央北方局妇委机关刊物《华北妇女》在山西武乡县烟里村创刊。该刊由北方局妇委常委浦安修分管此项工作。

7月1日　杨尚昆书记在中共中央北方局机关刊物《党的生活》第十六期上,发表《中国共产党十九周年》一文,总结了抗战以来华北地区党的工作。

7月20日　中共中央北方局宣传部发出《关于出版敌占区的周刊〈中国人〉的通知》。并决定由赵树理主编该刊。

8月13日　中共中央北方局公布《关于晋察冀边区目前施政纲领》。

9月7日　华北《新华日报》发表中共中央北方局杨

尚昆书记撰写的代社论:《巩固与扩大"百团大战"的伟大胜利》。

9月25日　中共中央北方局在山西武乡县砖壁村召开了高级干部会议,讨论了根据地建设各项政策问题。中共中央北方局常委彭德怀在会上作了《关于根据地政权及农村统一战线问题》和《财政经济政策》等报告。

11月4日　中共中央北方局及北方局党校、华北《新华日报》社等单位,随同八路军前方总部进驻山西辽县麻田、桐峪一带。

1941 年

1月18日　中共中央北方局妇委号召全华北各级党组织对华北一年来的妇女工作作一次认真的检查。

3月16日　邓小平代表中共中央北方局,提出了《关于成立晋冀豫边区临时参议会的提议》,建议冀太联办临时参议会,筹划成立晋冀鲁豫边区政府。

3月29日　中共中央北方局常委彭德怀在北方局党校作《民主政治与"三三制"政权的组织形式》的报告。

4月5日　中共中央北方局提出《关于晋冀鲁豫边区目前建设的十五项主张》。

4月28日　中共中央北方局刊物《党的生活》第36、37期上刊发了邓小平撰写的《反对麻木,打开太行山的严重局面》一文,提出了以武装斗争为核心的全面对敌斗争的方针。

5月25日　中共中央北方局决定:同蒲路以东、白晋路以西为太岳区;白晋路以东,平汉路以西为太行区。

6月5日　中共中央北方局和八路军前方总部野战政

治部颁布《关于纪念"七一"中国共产党成立二十周年的指示》。

8月7日 中共中央北方局发出《开辟晋豫工作的指示信》。

10月1日 中共中央北方局宣传部发出《关于冬学运动》的通知。

10月20日 为了粉碎日军"治安强化运动",中共中央北方局、八路军前方总部野战政治部发出《关于开展军民誓约运动给各级党与兵团的指示信》。

11月1日 中共中央北方局扩大会议召开,彭德怀常委在会上作了《敌寇治安强化运动下的阴谋与我们的基本任务》的报告。

1942 年

1月底 中共中央北方局指示中共晋豫区党委:根据目前形势,中央军大批北渡已不可能,因此应坚持建立中条区为巩固的抗日根据地。

4月20日 中共中央北方局党校第6期开学典礼在山西辽县驻地举行。

5月20日 中共中央书记处发出《关于成立晋绥分局的通知》。该分局隶属中共中央北方局领导,管理晋西北区党委、晋西南工委、绥察工委3个地区党的工作。关向应任分局书记。

5月24日 由于日军对辽县十字岭一带合围,中共中央北方局、北方局党校、华北《新华日报》等机关,分别由驻地向外转移。

6月17日 中共中央北方局和八路军前方总部等主要机关,由武乡县砖壁村迁回辽县麻田镇。

7月3日 《新华日报》(华北版)刊载了《中共中央北方局、八路军野战政治部追悼左权同志的决定》。

8月26日 中共中央北方局书记杨尚昆赴延安,由彭德怀代理中共中央北方局书记。

9月1日 中共中央北方局太行分局成立。该局领导晋冀豫、冀南、太岳、晋豫(中条)4个区党委的工作。由邓小平任太行分局书记。

9月11日 中共中央北方局根据太岳区的报告,发出《关于粉碎敌人新"扫荡"的指示》。

10月8日 中共中央北方局指示太行区成立粮食斗争委员会。并要求平辽路、白晋路、襄武区、黎涉区、长壶区,突出完成公粮征收任务。

10月10日 中共中央华中局书记、新四军政委刘少奇赴延安途经太行区,在中共中央北方局党校驻地山西左权县下武村,作了《中国革命的战略与策略问题》的报告。

10月19日 中共中央北方局、八路军前方总部野战政治部发布《冬季政治攻势指示》。

10月20日 中共中央北方局发出《对冀鲁豫区党委、军区工作发布指示》。

12月18日 中共中央北方局代理书记彭德怀在太行区军队营级、地方县级干部会上作报告。

12月23日 中共中央北方局发出《关于华北地区敌后抗日根据地一九四三年工作方针的指示》,提出了华北地区党目前新的战斗任务。

1943 年

1月25日至2月20日 中共中央北方局太行分局在河南涉县（今属河北）温村召开了高级干部会议,通称"温村会议"。会上,中共中央北方局代理书记彭德怀作了《论敌后抗日根据地的三个中心工作》的报告。

2月5日 中共中央北方局、八路军前方总部野战政治部发出《关于一九四三年整风运动的指示》。

3月25日 中共中央北方局向太行分局发出《关于国民教育给太行分局的一封信》。对目前太行、太岳区国民教育问题提出具体的意见。

7月14日 中共中央北方局及太行分局联合召开了反对内战的紧急动员大会。太行分局书记邓小平作了重要报告。

8月8日 中共中央北方局发布《关于深入开展整风运动的指示》。

9月30日 中共中央北方局代理书记彭德怀回延安参加整风学习。

10月6日 中共中央决定,中共太行分局与中共中央北方局合并,撤消中共太行分局。原属太行分局领导的晋冀豫、太岳、冀南、冀鲁豫4个区党委直属中共中央北方局领导。并决定,由八路军129师政委邓小平从涉县赤岸村进驻山西左权县麻田镇,担任中共中央北方局代理书记,全面主持中共北方局和前方总部工作。

10月12日 邓小平代理书记主持中共中央北方局第一次会议,讨论宣传和执行中共中央制定的十大政策问题。

10月21日　中共中央北方局平原分局成立。该局领导冀南、冀鲁豫及水东区（新黄河以东）等地区党的工作。

11月7日　中共中央北方局发出《关于开展城市工作指示》。

11月10日　代理书记邓小平在中共中央北方局党校第八期整风动员会上讲话，系统阐明了整风的目的和意义。之后专门成立了北方局、前方总部直属机关学委会、领导总直机关的整风运动。

11月　中共中央北方局机关刊物《党的生活》第67期上发表邓小平代理书记的文章《正确地展开锄奸反特务斗争》。

12月20日　中共中央北方局发出《总结生产，深入整风及时事教育、阶级教育、拥政爱民的指示》。

12月25日　代理书记邓小平在中共中央北方局、八路军前方总部直属机关第一学区大会上发言时说："党中央老早告诉我们，整风就是把全党从思想上、行动上统一在中国布尔什维克主义——毛泽东思想上。在思想上、政治上、组织上，把全党团结得像一个人一样，增强党的战斗力量。"

12月下旬　中共中央北方局发出《关于1944年的工作方针和任务的指示》，提出了改进全华北地区党的工作的方针与政策。

1944 年

1月1日　中共中央北方局发布《关于1944年工作的方针》。

1月8日至12日　中共中央北方局在山西左权县麻田镇

召开了晋冀鲁豫边区财政经济会议。会议确定了1944年财政经济预算,讨论贯彻"组织起来",发展大生产运动。

3月20日 中共中央北方局指示,冀鲁豫区党委、军区机关举行干部整风动员大会。各分区抽调干部,成立整风队。

4月5日 中共中央北方局就太岳区反对国民党进攻的问题,向中共中央发出电示。

4月17日 中共中央北方局在山西左权县麻田镇召开整风会议。代理书记邓小平在会上作了重要讲话。

5月8日 中共中央北方局决定将汾(河)南划归太岳区。

5月下旬 中共中央北方局根据中共中央《关于向河南发展的指示》,决定从太行、太岳抽调精干部队,尽快挺进豫西,开辟新的河南抗日根据地。

7月24日 邓小平代理书记主持中共中央北方局会议,讨论中共中央《关于城市工作的指示》。

11月21日至12月7日 太行区首届杀敌英雄劳动英雄大会在山西黎城县南委泉召开。中共中央北方局代理书记邓小平到会讲了话,向各位英雄模范表示祝贺。

12月23日 中共中央北方局代理书记邓小平与滕代远、张廷发等一道,在北方局、八路军前方总部、129师师部联合举办的招待群英大会上,亲自招待与会代表及群众。

1945 年

1月23日 中共中央发出《关于加强冀鲁豫根据地工作给北方局的信》。

2月 中共中央北方局代理书记邓小平交代组织部负

责抽调干部到冀鲁豫工作;责成秘书处进行北方局机关行动的准备工作。除秘书处的交通科留下外,其余只留下几名秘书、干事保管文件,机关干部10余人赴冀鲁豫工作。

3月初　邓小平代理书记亲率中共中央北方局组织部长刘锡五和宣传部长李大章、中共太行三地委书记彭涛及北方局机关干部,由北方局驻地山西左权县麻田镇出发,于3月中旬进入冀鲁豫地区。

3月7日　太行版《新华日报》报道,中共中央北方局、八路军前方总部、野战政治部、129师师部,宴请参议员及敌占区来宾。

4月23日至6月11日　中国共产党第七次全国代表大会在延安召开。中共中央北方局代理书记邓小平当选中共第七届中央委员。

6月6日　中共中央北方局代理书记邓小平出席中共冀鲁豫分局(山东分局)召开的群众工作会议,并作了长篇重要报告。

6月中旬　中共中央北方局代理书记邓小平为赴延安出席中共七届一中全会,离开冀鲁豫返回太行区驻地。

6月29日　中共中央北方局代理书记邓小平由山西左权县麻田镇出发,回延安开会。

8月20日　中共中央决定撤销中共中央北方局,成立晋冀鲁豫中央局。

(原载1996年2月《山西文史资料》月刊)

长治老区在革命战争年代的历史地位和
重要贡献

长治革命老区,位于山西省东南部,扼守太行山脉和太岳山脉,又名"上党地区",古称"天下之肩脊、河朔之咽喉",中国上古时期的"精卫填海"、"后羿射日"、"女娲补天"等神话传说都诞生在这里,人类的先祖炎帝最早在这里尝百草识五谷,开创了华夏农耕文明的先河,历来是兵家必争之地。这里地处晋冀豫交界,山高林密,千峰壁立,易守难攻,是八路军前方总部挥师华北的天然要冲和游击战场,军事战略地位非常重要。在政治方面,长治地区党组织建立时间早,进步思潮影响深,民众抗日情绪高涨,革命基础好;在后勤保障方面,长治地区物产资源丰富,产煤出铁,天然粮仓,为八路军前方总部和中共中央北方局率部进驻长治地区,创建和发展敌后抗日根据地,提供了丰足的经济后勤保障,奠定了坚实的基础。

抗日战争全面爆发后,八路军前方总部和中共中央北方局等重要机关进驻长治地区,八路军前方总部先后在长治地区的武乡、沁县、沁源、长子、屯留、郊区、襄垣、潞城、黎城等9个县区长期驻扎,历时近3年时间;中共中央北方局在长治地区驻扎2年时间。朱德、彭德怀、左权、杨尚昆、刘伯承、邓小平等老一辈革命家在这里运筹帷幄,决胜千里,进行过伟大的革命实践,领导和指挥整个华北敌后抗战、发动华北地区军民开展抗日游击战争,开辟了幅员辽阔的华北敌后抗日根据地,使得长治地区成为领导华北敌后抗战的指挥中心。八路军第129师长期驻扎、转战长治地区,遵照中央军委和八路军前方总部的战略部署,以太行、太岳山脉为依托,分兵发动群众,开展敌后游击战争,先后进行了神头岭战斗、响堂铺战斗、晋东南反"围攻"战役、长(治)邯(郸)战役、白(圭)晋(城)铁路破击战役、百团大战等重大战役、战斗,使长治地区成为八路军第129师驰骋太行、英勇杀敌的主战场,从而创建形成了太行抗日根据地和太岳抗日根据地。抗战时期,现长治市区及所辖长治、武乡、黎城、潞城、壶关、平顺、襄垣等县市隶属太行抗日根据地;所辖沁县、沁源、屯留、长子等县区隶属太岳抗日根据地。

太行抗日根据地是由八路军第129师主力、第115师344旅、山西新军部队和根据地人民共同创建,东面与冀南、冀鲁豫根据地为邻,西面与太岳根据地、晋绥边区相接,南面与中原区相望,北面与晋察冀边区毗连,是华中、山东根据地与延安联络的重要通道,也是抗战时期晋冀鲁豫边区中具有重要战略地位的一块根据地。到抗战结束时,太行抗日根据地已经发展成为一个总面积32万平方公里、人口约300万的抗日阵地。抗日战争时期,太行抗日根据地人民和八路军、山西新军一道,依托敌情与地貌,机动灵活地运用了地雷战、窑洞战、破袭战、围困战、麻雀战、联防战、伏击战、捕捉战、攻心战等多种神奇而巧妙的游击战术,他们青纱帐里逞英豪,山地密林出奇兵,使疯狂的日军陷入人民战争的汪洋大海之中,演绎了一曲曲气壮山河的人民战争凯歌;涌现出了地雷大王王来法、杀敌英雄马应元、拥军模范胡春花、纺织英雄石榴先、子弟兵母亲李改花、少年英雄李爱民、太行奶娘高焕莲、军中木兰王九焕等抗日英雄和拥军模范。英雄的太行儿女生死与共,浴血奋战,用鲜血和生命谱写了一首首可歌可泣的英雄壮歌,铸就了不怕牺牲、不畏艰险;百折不挠、艰苦奋斗;万众一心、敢于胜利;英勇奋斗、无私奉献的伟大太行精神,成为中国共产党和中华民族精神谱系中的宝贵财富,抒写了中国抗战史上的壮丽篇章。据统计,8年全面抗战中,战斗在太行抗日根据地的八路军第129师主力部队对日作战共计19777次,毙伤日伪军120241人;根据地人民把大批优秀子弟送进八路军和山西新军,先后有117573人入伍参军,有1.3万多抗日将士血洒太行,为国捐躯;民兵自卫队共计对日作战33716次,参战人数746516人,毙伤俘日伪军11409人。同时日军的扫荡与掠夺,给太行根据地人民造成了巨大的灾难和财产损失,8年全面抗战中太行抗日根据地人民群众牺牲、负伤共计170043人,其中1434名区以上抗日干部光荣殉国;烧毁2262688间房屋;抢劫12056100石粮食、30275140件衣服、279774头牲畜,太行抗日根据地人民为中国抗战和世界反法西斯战争的胜利,作出了巨大的牺牲和重要的贡献。4年解放战争中,太行革命根据地积极支前参战,参军入伍者多达144267人,先后参加了上党战役、平汉战役、随刘邓大军南征、临汾战役、晋中战役、太原战役和豫北战役等;民兵自卫队进行较大的战斗45275次,参战人数335000余人;毙、伤、俘国民党军140793人。到1949年10月,太行根据地民兵已发展到18万人,自卫队50万人,这支根据地人民武装在新中国成立后的国防建设中,成为人民解放军一支强大的后备力量。

太岳抗日根据地是由八路军、山西新军以及根据地广大抗日民众共同创建,地处晋东南西部,东与太行争锋,南与中条相连,位于同蒲路及汾河之东、白晋路之西、黄河之北的三角地带,雄伟的太岳山脉直贯南北,既是晋冀鲁豫抗日根据地的西部屏障,又是华北与陕甘宁边区联系的桥梁,还是飞渡黄河、问鼎中原的前哨阵地,在战略上具有十分重要的地位,到抗战结束时,太岳抗日根据地已经发展成为一个总面积3.23万平方公里、人口近200万的抗日堡垒。8年全面抗战中,太岳根据地军民万众一心,同仇敌忾,演绎了一幕幕人民战争的壮丽画卷,著名的沁源围困战就是太岳游击战的经典战例。当年日军占领岳北腹地沁源县城及附近地区,作为"山岳剿共实验区"。八路军太岳军区部队会同山西新军决一旅以及太岳根据地军民,组织动员340平方公里的万余居民迁往山区,实行空室清野,同时编成13个战斗集团,在两年半内进行了2700余次战斗,共计歼敌4000余人,取得了沁源围困战的巨大胜利,当时被中共中央誉为"敌后抗战中的典型",延安《解放日报》发表《向沁源军民致敬》的长篇社论,盛赞沁源围困战是太岳抗日民主根据地的一面旗帜,在中华民族抗战史上写下了光辉的一页。据统计,抗战时期战斗在太岳抗日根据地的八路军、山西新军及地方武装部队共计4万余人,民兵队伍有8万余人,消灭日伪军5万余人;太岳抗日根据地付出了部队牺牲5000余人、民众伤亡10万余人、财产损失难以估算的重大牺牲与代价。4年解放战争中,又有7万余人参加了人民解放军,民兵队伍发展到13万人,并组建了130多个随军作战的远征民兵连;根据地直接到前线参战的就达60余万人次,参加各种支前工作的群众多达300余万人次,有5000余名地方党政军民干部奔赴全国各地,参加开辟和巩固新解放区的斗争;根据地军民还先后组建了正规军3个纵队(后发展到5个军),远征到陇海沿线和西北、西南作战,为夺取全国革命的胜利作出了巨大贡献。

解放战争时期,随着全国解放区的不断扩大,输送大批能够管理军事、政治、经济、党务、文化、教育等项工作的优秀干部,承担接管新解放区的工作,成为太行、太岳等老革命根据地的首要任务和光荣使命,中国人民解放军长江支队(简称"长江支队")就是其中的英雄群体和杰出代表。当时,中共太行区党委和太岳区党委根据中共中央华北局的决定,在所属区县选调4100名得力干部组成长江支队,太行革命根据地的南下干部在河北武安集中;太岳革命根据地的南下干部到长治市区集中,在英雄北街举行了隆重的欢送仪式。太行、太岳两地的南下干部在武安县汇合后,共同组建了南下区党委、行署、军区以及地专领导机构,根据中共中央华东局和渡江战役总前委的指示,艰苦转战山西、河北、河南、安徽、江苏、江西、浙江、福建等8省65县,随第三野战军第十兵团最终抵达福建省接管新区工作,完成了万里南征的英雄壮举,为建设新中国立下了永载史册的历史功勋。据统计,4年解放战争期间,太行革命根据地调往全国各地的优秀干部共有7998人(不包括部队干部),其中区党委级干部11人、地委级干部97人、县委级干部752人、区委级干部5023人、一般干部2115人、包含妇女干部103人。如果把太行根据地结束时分配到山西、河北、平原3省的地方干部计算在内,共为46106人。太岳革命根据地在1947年和1949年两次派遣干部3000余人,南下到河南、福建等地;支援东北新区干部1000余人;随太岳兵团渡河挺进豫西的还有数千党政干部。总之,太行、太岳革命根据地在抗日战争和解放战争中,锻炼、培养了一支强大的干部队伍,大批干部南下北上,为新解放区的巩固与发展乃至新中国建设,作出了巨大的贡献,彰显了长治革命老区的历史责任和使命担当。

据史料统计,在抗日战争和解放战争时期,长治革命老区人民共计筹集军粮1亿多公斤;共有45万民工支前,9万多人参战;共有22355名优秀儿女为民族独立与解放献出了宝贵生命;共有2.5万多名优秀干部告别家乡,踏上了南下北上的革命征程,为中国革命和建设事业,作出了彪炳千秋的重大贡献。

奋斗百年路,启航新征程。值此隆重庆祝中国共产党建党100周年的庄严时刻,我们回顾与重温长治老区在革命战争年代的重要贡献,就是要高举习近平新时代中国特色社会主义思想旗帜,以习近平同志视察长治老区时提出的"四个始终保持"重要指示精神为基本遵循,不忘初心,牢记使命,赓续太行精神,传承红色基因,用好红色资源,讲好老区故事,在高质量转型发展、建设社会主义现代化国家新征程上,谱写更加辉煌灿烂的长治篇章。

（原载2021年8月《长治抗战历史研究》）

辉煌的历程　壮丽的画卷

——主题展览《八路军抗战史陈列》巡礼

八路军太行纪念馆位于山西革命老区,是全国重点博物馆、全国爱国主义教育示范基地,也是国内唯一全面再现八路军抗战光辉历程的大型军事专题纪念馆,更是挖掘与弘扬伟大八路精神的重要文化阵地,中国红色旅游经典景区。2005年结合纪念抗战胜利60周年,进行了大型扩建改陈工程,其中主要参观项目主展馆"八路军抗战史陈列"展览,首次运用声、光、电等现代手段,通过大量设计精美的图、表、照版面,珍贵绝伦的文物配置,同时辅以景观、雕塑、沙盘、绘画以及别具特色的100米文化墙抗战书刊及木刻作品展示,全方位、多视角地再现了八路军华北抗战的全景式历程。整个展馆依据八路军抗战史的发展脉络,分为序厅和6个展厅,总体看上去展线流畅,雄浑大气,庄严肃穆,现代新颖,观众置身其中,聆听讲解员声情并茂的解说,恰似在观赏一幅气势磅礴、波澜壮阔的八路军抗战历史画卷。

走进八路军抗战史陈列馆的序厅,耳边飘来抗战歌曲《八路军军歌》和《在太行山上》的雄壮旋律,正面墙体由滔滔黄河、巍巍太行山、绵延万里长城等构成的石刻浮雕图案,映衬着"太行精神光耀千秋"8个红色大字,象征着这里曾经是中华民族抗战的脊梁,更是八路军抗日的主战场。大厅中间挺立着8根镌刻着八路军抗战重要历史画面的四方形铜柱,象征着八路军在辽阔的华北战场进行了艰苦卓绝的8

年全面抗战,也是中国共产党领导的全民族抗战的中流砥柱。序厅中央鲜花绿叶丛中,掩映着一尊汉白玉组合卧碑,碑身的顶端是八路军帽和橄榄枝构成的铜质图案,寓意着英勇无畏的八路军健儿是为和平而战;碑身两侧则是由小米加步枪、大刀和地雷拼构的图案,这些具有典型象征意义的八路军元素符号,深刻揭示了八路军抗战的艰苦历史,中央碑面镶嵌着“八路军抗战史陈列”字样,是整个展览的总序言,简明扼要地向广大观众描述了抗日当年从宝塔山麓到黄海之滨,从长城内外到陇海沿线,广大八路军将士在华北战场上浴血奋战,最终取得抗战胜利的伟大历程。

第一展厅“日本全面侵华,八路军出师抗日”,共分7个单元,集中展示了抗战全面爆发后,中国工农红军主力奉命改编为国民革命军第八路军,东渡黄河,开赴华北抗日前线,勇敢地承担起了国家独立和民族解放的历史重任。抗战初期,以毛泽东同志为代表的中国共产党人以民族大义为重,努力促成了以国共合作为基础的抗日民族统一战线的正式建立,雕塑《抗战领袖毛泽东》以巍巍宝塔山为背景,再现了抗战时期毛泽东同志的高大形象,眉宇间流露出毛泽东同志忧国忧民的逼真神态。洛川会议是中国共产党在生死攸关的历史转折关头召开的一次重要会议,会上制定了党的全面抗战路线和持久抗战的战略总方针。依据当年会场的外景与内景,该展厅制作了“洛川会议”复原景观。“国民革命军第八路军指挥系统表”文图并茂地向观众介绍了改编初期八路军下辖3个师及后方留守兵团的主官序列与编制情况。平型关大捷是八路军出师华北前线后打的第一个大胜仗,该展厅以当时战斗最激烈的乔沟战场遗址为原型,采用景观与半景画相结合的手法,运用声、光、电现代科技,重点制作了"平型关战役场景",具体通过投影机投放的动态影像和烧陶彩塑人物表现,以及多媒体控制的炮火及天空的变化,栩栩如生地再现了平型关战役的真实场面,当战斗进行到高潮时,整个场景火光冲天,浓烟滚滚,炮声呼啸,震耳欲聋,从而让观众产生亲临历史战场的联想。油画《夜袭阳明堡》,形象地描绘了抗日当年八路军129师部队夜袭代县阳明堡飞机场的画面。此外,以黄河与太行山脉为背景画的大型武器台文物展示,也是该厅的一大景观亮点。

　　第二展厅"开展山地游击战争,创建敌后抗日根据地",共分6个单元和1个专题,集中展示了太原失守后,在华北以国民党为主体的正规战争基本结束,以共产党为主体的游击战争进入主要地位,八路军3大主力师执行中共中央制定的持久抗战和开展独立自主的山地游击战的战略方针,向华北敌后实施战略展开,以五台山、吕梁山、管涔山、大青山、太行山、太岳山为依托,先后创建晋察冀、晋西南、晋西北、大青山、晋冀豫等抗日根据地,开辟了辽阔的华北敌后战场。该展厅首先向观众介绍了八路军前方总司令部和中共中央北方局这两个华北地区党和军队最高领导机关的概况,"八路军前方总部移动路线图"采用电动地图的形式,十分醒目地勾勒出了八路军前方总部从陕西云阳镇出发,先后辗转陕、晋、冀3省,38个县市,驻扎66个村镇,转战4300余里的伟大战略行程;同时还以总部驻扎过的太行山区典型的旧址为原型,复原了"八路军前方总部"历史景观。该展厅中央显著位置,特制了圆形电动沙盘,观众可以脚踏不同的按钮,沙盘上就会以电路图形式,显示出抗战时期不同年代八路军开辟的华北各抗日根据地的地形地貌轮廓。"八路军驻各地办事机构"是该展厅一个重要的专题展示,抗战时期遍布全国的近10多个重要城市都设立过八路军办事机构,这些机构为扩大抗日民族统一战线,从人力、物资等方面援助八路军抗战,作出了重要的贡献,为此,该展厅除以电动形式制作了"八路军驻各地办事机构分布图"外,还重点设计了"八路军驻重庆办事处"景观,再现了当年山城重庆的旧址风貌。

第三展厅"粉碎日军'扫荡',巩固和发展抗日根据地",共分8个单元,集中展示了武汉、广州失陷后,中国抗日战争进入战略相持阶段时,八路军坚决执行中共中央的战略部署,经过浴血奋战,粉碎了日军的"扫荡"和国民党顽固派的军事进攻,使华北敌后抗日根据地得到进一步巩固与发展,华北敌后战场成为抗日战争的主战场,八路军成为华北抗战的主力军。中共六届六中全会是我党我军历史上具有里程碑意义的重要会议,此次会议根据新的抗战形势,果断地作出了"巩固华北、发展华中"的重大战略决策,之后,八路军3个师主力部队东进河北、山东地区,发展平原抗日游击战争,为此该展厅开篇就对这次会议进行了重点展示。黄土岭战斗是晋察冀军区部队在反"扫荡"作战中进行的一次典型战斗,因我军击毙日军中将阿部规秀而驰名中外,该展厅采用仿真实景与幻影成像技术,音像组合,巧妙的构思,生动浓缩并展示了黄土岭战斗的生动场景。八路军第4纵队、第5纵队南进华中抗日根据地,支援新四军作战,也是八路军贯彻落实"发展华中"指示精神的重要战略行动,油画《八路军和新四军会师》,逼真地再现了两支抗日部队兄弟般战斗情谊的感人画面。震惊中外的百团大战是抗战8年中八路军发动的规模最大的一次进攻性战役,为了突出展示效果,该展厅研究编制了"百团大战八路军指挥系统表";绘制了"百团大战作战要图"和"百团大战总战绩表",更引人瞩目的是采用现代多媒体技术策划制作了"百团大战"半景画景观。黄崖洞兵工厂景观也是该展厅的一个重要看点,该景观以抗战时期著名的太行山区黄崖洞兵工厂为制作原型,采用了写实的艺术手法,场景的两侧是两块半立体的岩石雕刻,和写实意义的背景画相结合,又利用山路曲线构图方式,按人物的透视关系拉开了场景的空间,场景中仿真人物形象相互呼应,连续在一起,构成了险峻、深远的视觉效果和恢宏的壮观气势。抗日军政大学是我党我军抗战时期的一个高等学府,为八路军新四军等抗日部队培养了10多万的优秀指挥人才,该展厅通过电动分布地图以及"抗大总校和华北各分校主官序列表"等直观形式,辅展以衬托抗大艰苦办学的珍贵文物,向广大观众聚焦了这座不平凡院校的光辉历史。

第四展厅"战胜严重困难,坚持敌后抗战",共分5个单元,集中展示了太平洋战争爆发前后,日军在华北实施更加残酷的"扫荡""蚕食"和"治安强化运动",加之国民党军队的包围封锁和连年的自然灾害,华北敌后抗日根据地出现了空前严重的困难局面,八路军坚决执行中共中央制定的十大政策,在军事、政治、经济、文化等方面采取了一系列强有力的措施,经过艰苦奋战,终于战胜了各种困难,渡过了黎明前的黑暗,有力地支援了太平洋战区盟军和各国人民的对日作战。该展厅开篇就通过"日军在华北制造惨案一览表""日军在华北制造惨案示意图""日军暴行复原场景",以及一组铁证如山的文物展示,全面揭示了侵华日军践踏人类文明,在华北地区狂轰滥炸、焚烧屠杀、抢掠财物、奸淫妇婴、虐杀劳工、划定"无人区",实施灭绝人性的毒气战、细菌战和化学战,制造无数起血腥惨案的滔天罪行。在太行山区残酷的反"扫荡"作战中,左权副参谋长为掩护八路军前方总部和中共中央北方局等首脑机关转移,不幸血洒太行,壮烈殉国。为了让后人永远缅怀这位抗日名将的不朽功勋,该展厅陈列了左权将军的半身汉白玉头像雕塑,供广大观众瞻仰,聆听将军的悲壮故事。"狼牙山五壮士"是八路军晋察冀军区在反"扫荡"作战中涌现出来的英雄群体,该展厅以狼牙山主峰为背景画,塑造了大型青铜群雕《狼牙山五壮士》,艺术地再现了八路军战士宁死不屈的革命气概和英雄壮举。"开展群众性的游击战"也是该展厅一个重点展示的单元,除了用图片和文物系统介绍八路军、民兵常用的12种游击战术之外,以冀中平原冉庄地道战为原型,重点策划制作了"地道战剖面景观",采用横切面的形式与半环形的画幕相映衬,用近大远小的透视方式,通过人物、房屋、道具、色彩的变化,交错排列,有机地遮挡,完成与画幕边缘的结合,从而产生了辽阔、深远、宏伟的视觉艺术,逼真地向观众展示了八路军地道战的神奇魅力。另外,该展厅还有一个"大生产"场面景观,该景观以抗战时期"南泥湾军垦"为创作原型,通过由历史照片组成的椭圆形半景画作背景,中心人物组群是按照等比例创作的硅胶人物,每个人物的肢体语言和面部表情栩栩如生,惟妙惟肖,而且地面凹凸不平的地形走势和背景画幕相结合,增加了场景的纵深感,浮雕般真实地再现了抗日当年八路军开展大生产运动,进行劳动自救的壮观场面。

　　第五展厅"进行局部反攻,恢复和扩大抗日根据地",共分4个单元和1个专题,集中展示了以斯大林格勒保卫战胜利为标志,世界反法西斯战争发生了转折性变化之后,盟军在欧洲和太平洋战场转入反攻,为中国人民的抗日战争提供了极为有利的条件,八路军贯彻执行中共中央制定的"敌进我进"方针,派出大批敌后武工队,主动出击日军,使华北抗日根据地得到恢复和扩大;同时集中优势兵力,发动了强大的攻势作战,奠定了坚实的基础。"开辟河南新区,进军湘粤边"是八路军依据中共中央"在巩固和发展华北根据地的同时,以相当力量向南发展"指示精神,采取的一项重要行动。该展厅通过"八路军南下支队主官序列表""八路军南下支队行军路线灯箱地图"等,形象直观地向观众展示了八路军南下支队途经陕、晋、豫、鄂、湘、赣、粤等7省,跋涉近8000余公里的伟大战略行程。为了迎接即将到来的战略大反攻,八路军全军上下开展了军政大整训,该展厅专门铸造了一尊在政治整训中涌现出来的英雄张思德的青铜头像,让这位为人民服务的杰出人物,成为党和人民世代颂扬的不朽丰碑。"海外侨胞和国际友人的援助"是该展厅的一个重要专题展示,具体通过分布地图;重要人物一览表;以"反法西斯联盟国国旗"为代表的重点文物展示和"白求恩战地手术室"景观,艺术地宣传了海外华侨和国际友人为八路军抗战所作出的历史性贡献。其中白求恩战地手术室景观,是该展厅的参观亮点,取材于抗战时期著名摄影家吴印咸的经典照片作品《白求恩大夫》,在这个逼真的复原场景中,天幕上的背景画勾勒出20世纪30年代的华北村庄,画面依稀可见远处的炮火、破落的村墟,场景正中绿树掩映下,凸现一座有着斑驳彩绘的房檐和椽子的小破庙,在人物的塑造上,采用了国内超写实主义雕塑领域,以科技含量较高的硅胶材料塑造而成的仿真硅胶像,各个人物意态传神,加上背景画描绘的场景延伸,从而多视角、立体式再现了历史事件的多维空间,观众一眼望去,就好像真的在路旁观摩白求恩大夫的一台战地手术,不由得产生亲临其境的奇妙感觉。

第六展厅**"举行全面反攻,夺取抗日战争最后胜利"**,共分4个单元,集中展示了美国对日本广岛、长崎的原子弹攻击和苏联红军出兵东北,对日军起了一定的威慑作用,世界反法西斯战争形势发生了剧变,大大加速了中国抗日战争最后胜利的历史进程,八路军遵照中共中央和延安总部的命令,对侵华日军进行了全面大反攻,迫使日军缴械投降,收复了华北和东北的广大国土,为中国人民抗日战争的最后胜利,作出了巨大的贡献。该展厅开篇单元就突出展示了抗战最后胜利的前夕,中国共产党召开第七次全国代表大会的盛况,重点策划制作了延安七大会场的复原景观。八路军挺进东北,是贯彻中共中央重要决策,在全面大反攻中的一个重大战略行动。油画《收复山海关》就运用浓墨重彩,描绘了八路军将士在进军东北途中攻克"天下第一关"山海关的战斗场面。该展厅最引人注目的是大厅中央以烘托"大反攻与欢庆胜利"两个主题为展示内涵的大型组合造型,利用声、光、电等高科技手段,以反映八路军总战绩和镌刻毛泽东主席为抗战胜利题词的版面,共同构成电动版背景,与前面八路军将士举刀托枪,象征欢庆胜利的人物雕塑群像交相辉映,场面宏大热烈,把整个展览推向了气贯长虹的高潮。八路军总战绩表次第闪动电光,向观众展示了八路军抗战的丰功伟绩。在8年全面抗战中，八路军将士共计对日作战10万余次，毙、伤、俘日伪军125万余人，有34万八路军将士为民族独立壮烈捐躯。八路军将士用鲜血和生命铸就的伟大八路军精神也将千秋万代，永放光芒，照耀中华儿女构建小康社会、建设社会主义现代化强国、实现中华民族伟大复兴的时代征程。

（原载2008年12月军事科学出版社《八路军太行纪念馆20年发展历程》一书）

简谈纪念馆陈列大纲的编辑设计

在纪念馆日常工作和工程建设中,陈列展览是其中最重要的品牌项目,而陈列大纲又是陈列展览的蓝图与指针,所以纪念馆陈列大纲的编辑设计工作便显得至关重要,下面我想结合多年来从事陈列展览工作的实践经验,以大型主题展览《八路军抗战史陈列》为例,就纪念馆陈列展览中的序厅前言设计、照片设计、文物设计、序列表设计、地图设计、艺术品(含绘画和雕塑等)设计、历史景观设计、结束语设计等方面,浅谈一下纪念馆陈列展览大纲的编辑设计,从而为兄弟博物馆、纪念馆的陈列展览工作提供参考与借鉴。

一、纪念馆陈列大纲中的序厅前言设计

众所周知,序厅是纪念馆陈列展览的灵魂和精华,是整个展览的门面和窗户,所以在陈列大纲中,首先就要体现和表达清楚序厅设计的整体构思和创意思想,明确提示设计施工单位在陈列布展时,序厅背景图案设计的构成元素、材质形式、地域特色和色调风格,序厅的总体风格要体现宏伟、大气、壮观、亮丽的磅礴气势,要最大限度地吸引广大观众的眼球。《八路军抗战史陈列》序厅设计的墙体背景图案运用"太行红"石质浮雕形式,整个图案由"滔滔黄河""巍巍太行"和"绵绵长城"3大图案构成,以形象逼真的立体感,全方位再现了八路军全面抗战的华北主战场。

纪念馆展览语言是历史和文学的交汇描述,既要求通俗易懂,又要求言简意赅,展览语言要做到大众化、通俗化和口

语化。"前言"是一个展览的灵魂和精髓,要做到用高度概括、高度凝练的语言集中表达与展示整个展览深刻的主题思想和办展意义,通过阅读"前言",把观众引入观看展览的浓厚氛围当中,人们把展览"前言"形象地比喻为展览的"眼睛",这就充分证明编辑设计展览"前言"的至关重要。《八路军抗战史陈列》的前言就是用260多个文字,高度概括了八路军全面抗战的来龙去脉、基本经过、作战区域和历史贡献,真正起到了"窥一斑可见全豹"的展示效果。

二、纪念馆陈列大纲中的照片设计

在革命纪念馆的陈列展览中,历史照片展示是主体,也是整个展览的重头戏,所以在编辑陈列大纲时,历史照片的内容和形式设计就显得至关重要。当一个展览的部分、单元、小组等基本框架大纲确定后,首先要做的就是对历史照片的精选和排列,挑选照片的原则,就是选择图片画面清晰而且最具代表性的照片,编排图片内容顺序时既要考虑每个照片内容所反映人物、事件的时间顺序,又要考虑每个单元、每个小组整体版面设计的构图美观。由于设计展览不同于编辑图书,在编写展览各部分、单元、小组的标题名称以及所有照片文字说明时,切忌语言文字冗长烦琐,尽量用极其简短的话语,高度凝练,简洁明了,特别是在编写具体照片文字说明的时候,把每个照片所反映的时间、地点、人物、事件表达清楚就行,给观众一目了然的感觉。同时,为了制作图片大纲时方便对历史照片的翻拍和扫描,所以在编辑起初的展览文字大纲中,就要在每个照片文字说明后面都要括注每幅照片的出处,即照片所在的图书、报刊名称或者拥有该照片的个人姓名,这是编辑展览文字大纲的基本规矩。

特别值得一提的是,在编辑展览陈列大纲时,还要考虑重点历史照片的突出展示。常用的照片重点展示的方法有3种：一是图片打头展示，就是把各单元、各组中最经典的照片提到本单元、本组的最前面突出展示，《八路军抗战史陈列》第二部分"八路军前方总部"单元中就把朱德总司令和彭德怀副总司令在华北抗日前线的巨幅合影照片，放在本单元的第一位展示，起到了出彩展示的效果；二是图片放大展示，就是把各部分、单元、小组的重点照片进行放大后突出展示，《八路军抗战史陈列》中，在编辑设计图片大纲时通篇都采用了这种方式；三是灯箱片展示，就是把各部分、单元、小组的重点照片采用灯箱片的形式进行设计制作，《八路军抗战史陈列》中第三部分"发动百团大战"单元里"彭德怀在百团大战前线"照片，采用的就是这种手法。无论运用哪种表现手法，都必须在展览陈列文字说明大纲中具体括注出来，供展览制作人员参考指导。

三、纪念馆陈列大纲中的文物设计

革命纪念馆陈列展览百花园里，与图片展示相对应的精品文物展示，也称得上是一束束瑰丽的奇葩。从这个意义上讲，编辑陈列展览的文物配置大纲，也显得十分重要。编辑展览文物配置大纲时，除了依据展陈文物的使用年代、使用人物和使用情况等基本信息，编写每件文物的文字说明之外，还得括注清楚每件文物的原始出处（征集来源）、现存放地和文物分类编号，从而为展览文物的调运和提取提供方便。与此同时，还要在文物配置大纲中，注解清楚每件文物的使用年代、质地重量、形状颜色、大小尺寸等基本要素，以供展览制作人员设计文物展台、展架等文物展陈设备时参考。

众所周知，展览中文物展品的陈列形式，主要包括展柜陈列（含陈列壁柜、壁面嵌入式陈列展柜、小型文物展柜和大型文物展柜）、中心陈列（把重点文物或大型陈列品放置展厅中心区域或重点展示空间）、文物组合陈列（同类文物的集中展示）、动态展示陈列（观众可以参与演示、动手操作、亲身体验）、景观化文物陈列（在历史场景中放置文物）、开放式或半开放式文物陈列（观众可以近距离或直接接触文物展品）等。所以在编辑设计展览文物配置大纲时，每件文物都要括注清楚所采用的展示方式，让展陈设计制作人员一目了然，因地制宜地设计文物展品的展示空间。例如《八路军抗战史陈列》中，相当一部分展陈文物都采用了陈列壁柜形式；第二部分重点文物"八路军前方总部使用过的行军锅"就采用了中心独立展柜形式；一厅和六厅的武器台展示、四厅的八路军游击战使用工具展示和"抗战图书报刊"文化墙展示，则采用了文物组合陈列形式；五厅的"太行民居"院内文物，则采用了景观化文物陈列形式，从而使琳琅满目的八路军抗战文物陈列，成为《八路军抗战史陈列》中的一道道亮丽而独特的红色风景线。

四、纪念馆陈列大纲中的序列表设计

革命类纪念馆编辑展览陈列大纲时，序列表的编辑设计也是其中的重要一环。无论是领导机构序列表，还是战役战斗序列表，领导姓名、部队番号、作战区域等内容一定要做到准确无误，还要括注清楚各单元、小组序列表的出处，说明是复制现成的序列表，还是根据最新研究成果设计新的序列表，而且序列表的小样设计都要做到上下左右设计整齐划一，格式美观。《八路军抗战史陈列》第三部分"发动百团大战"单元里"八路军百团大战指挥系统表"，通过广泛查阅史料，研究考证，精心设计，第一次集中展示了目前国内八路军研究的最新成果。

纪念馆展览中序列表的形式设计多种多样的,比较普遍常用的展示手法主要是图版式展示和灯箱片展示,这些都要在陈列大纲中说清楚讲明白。《八路军抗战史陈列》展览中的序列表大部分用的是图版式展示方式,其中有一部分例如第二部分第一单元里"八路军总部主官序列表"等采取的则是灯箱片展示方式。

五、纪念馆陈列大纲中的地图设计

策划历史题材的纪念馆展览,历史地图的设计绘制也是编辑陈列大纲时的重要内容。无论是复制现成的历史地图,还是根据各单元、小组内容需要重新绘制的地图,一个重要的原则就是地图标识中的历史地名、部队番号等,必须都是展览所反映的历史年代的历史称谓名称,坚决杜绝用当代地名去标识特定的历史地名。另外,为了做到制作绘制历史地图的准确规范,尽量避免手绘带来的不良展示效果。与此同时,除了地图说明文字和括注地图来源出处之外,还得给展览制作公司提供历史地图样稿及其电子版。

展览陈列历史地图的展示形式主要有静态展示地图和动态展示地图(电动地图),电动地图又包括图版式电动地图和沙盘模型式电动地图,这些表现手法都要括注体现在展览陈列大纲中。例如,《八路军抗战史陈列》中的"八路军总部移动路线图"和"八路军南下支队行军路线图"采用的都是图版式电动地图;而"八路军创建华北抗日根据地地形图"采用的则是脚踏式沙盘模型电动地图。

六、纪念馆陈列大纲中的艺术品设计

纪念馆陈列展览中,艺术品的陈列设计主要包括绘画作品设计展示和雕塑作品设计展示。所以,在策划纪念馆展览陈列大纲时,无论是绘画作品还是雕塑作品,首先需要标注清楚艺术品的作品名称、创作年代、作者简历以及每个艺术品的尺寸大小、占地面积和展示空间位置,编写说明艺术品的时代背景和主题思想。如果是展览制作前特邀艺术家新近创作符合各部分、单元、小组内容主题的艺术品,那就得在陈列大纲中,编写清楚每件艺术品的内容构成和可供参考的相关历史图片资料名称,以供创作者构思创作艺术品时参考借鉴。

同时在陈列大纲中还要编写每件艺术品形式设计的创意提纲和选材建议,供形式设计者和制作施工人员把握和落实。例如,《八路军抗战史陈列》中,我们根据整个主题展览的总体创意,主要创作展陈了《夜袭阳明堡飞机场》《八路军和新四军大会师》《收复山海关》等油画作品,以及《抗战领袖毛泽东》《狼牙山五壮士》《抗战英模张思德》等铜雕作品。

七、纪念馆陈列大纲中的历史景观设计

随着陈列展览中现代高科技手段的运用,历史景观的复原设计,已成为革命纪念馆陈列布展的时尚亮点。为此,我们在编辑陈列大纲遇到历史景观设计时,重点要编写历史景观的内容创意和主题思想,以及所展示人物、事件的综合介绍,同时说清楚每个历史景观的场景构成要件。另外,还要根据具体展示空间,描述清楚历史景观的尺寸大小、占地面积和立体构图小样,以供形式设计者作为参考依据。

在革命纪念馆陈列展览中,编辑设计陈列大纲时,要注解清楚历史景观的展示手段与形式,具体编写出每个历史景观的形式设计创意提纲。历史景观展示大致分为静态历史景观和动态历史景观两种。其中静态历史景观是指景观

中不含声光电等科技手段含量,只有静态的场面形象展示,例如《八路军抗战史陈列》中,"八路军前方总部""黄崖洞兵工厂""南泥湾大生产""白求恩战地手术室"等景观就采用的是这种方式。所谓动态历史景观是指景观设计中运用了大量的声光电高科技展示手段,主要表现形式有全景画展示、半景画展示和幻影成像展示等,这些手法大都用在展示战争场景的历史景观中,例如《八路军抗战史陈列》中,"百团大战"和"平型关战斗"采用的是半景画展示手法;"黄土岭战斗"则是采用"幻影成像"技术手段进行逼真展示。

八、纪念馆陈列大纲中的结束语设计

谈到革命纪念馆陈列展览中的"结束语",这里需要重点强调一下,值得引起纪念馆同行们的关注和重视。因为目前好多纪念馆的展览只有"前言",没有"结束语",显得虎头蛇尾甚至有头无尾,不成体统。其实在整个展览中,"结束语"的地位和作用相当重要。如果说"前言"是一个展览的"头脑",描述揭示的是整个展览的主题思想的话,那么"结束语"就是一个展览支撑总体架构的"双脚",提炼总结的是整个展览的办展目的和重要意义。展览"结束语"的撰写,要求语言高度概括凝练,系统总结和集中展示一个展览中蕴含的值得广大观众学习和效仿的一种伟大精神,从而激发广大观众积极向上、豪情满怀的革命斗志。《八路军抗战史陈列》中的"结束语",就集中提炼出了八路军在伟大的抗日战争中孕育和诞生的伟大太行精神,这种精神正是今天我们中华儿女实现民族伟大复兴中国梦所需要的正能量和精神动力。

(原载2016年4月山西人民出版社《晋陕豫冀四省博物馆理论与实践研讨会论文集》)

略述革命纪念馆的陈列内容设计

——以主题展览《八路军抗战史陈列》为例

众所周知,革命纪念馆的展览陈列大多是以近现代史上某一重大事件、重要战役、重要人物等的发展历史为展览内容主题,陈列布展的内容设计主要包括照片设计、图表设计、歌曲设计、艺术品设计、文物设计和景观设计等,它们相辅相成、交相辉映,共同构成一幅波澜壮阔的历史画卷。八路军太行纪念馆于2005年结合纪念抗战胜利60周年进行了大型扩建改陈工程,其中大型主题展览《八路军抗战史陈列》是一项主要布展工程。我作为陈列内容主要策展人,先后策划主编了《总体陈列大纲》《图表大纲》《艺术品大纲》《歌曲展示大纲》《文物配置大纲》《历史景观设计大纲》等,亲身经历了《八路军抗战史陈列》从内容策划到形式设计的全过程。当《八路军抗战史陈列内容大纲》最终上报上级部门审批时,中共中央宣传部批复的评语是:"反映内容翔实,陈展思路清晰,是一个较为成熟的陈列方案。"该展览在国内首次运用声、光、电等现代高科技展示手段,通过大量设计精美的照片、图表版面,珍贵的文物配置,同时辅助以景观、雕塑、沙盘、绘画以及别具特色的100米八路军抗战文化墙抗战书刊展示,全方位、多视角地再现了八路军华北抗战的全景式历程。2007年5月,该展览荣获全国第七届博物馆陈列展览十大精品评选最高奖项特别奖。

下面我想趁第二届秦晋豫博物馆理论与实践研讨会召

开之际,结合我馆大型主题展览《八路军抗战史陈列》的工作实践,具体就革命纪念馆陈列内容策划与设计方面的话题,以及各种展示形式在博物馆陈列布展中的特殊地位和重要作用等,略述一些感想与建议,从历史照片展示、图表展示、歌曲展示、艺术品展示、文物展示和历史景观展示等6个方面,同时希望参加这次研讨会的文博界领导专家不吝赐教。

一、珍贵历史照片的集中展示,是革命纪念馆陈列内容设计的主体部分,而具体的展示特征要主题鲜明、思路清晰、突出重点。

我馆大型主题展览《八路军抗战史陈列》展示的主题是中国共产党领导下八路军8年全面抗战的辉煌历史。按抗日战争的总体分期再结合八路军在8年全面抗战中发展壮大的历程,整个基本陈列共分序厅和6个部分、35个展示单元。总体看上去展线流畅,雄浑大气;庄严肃穆,现代新颖,观众置身其中,聆听讲解员声情并茂的解说,恰是在观赏一幅气势磅礴的八路军抗战历史画卷。在筛选历史照片时,内容设计中的"重点突出",则表现在以下几个方面:

(一)重要机构。本展览重点展示了八路军前方总司令部、中共中央北方局、八路军后方留守兵团、八路军驻各地办事机构、中国人民抗日军政大学、八路军南下支队等,有助于观众对这些重要机构的加深理解。

(二)重要事件。本展览重点展示了卢沟桥事变、建立抗日民族统一战线、八路军出师华北、创建抗日根据地、开展山地与平原游击战争、八路军南下华中支援新四军作战、整风运动、大生产运动、八路军进军湘粤边、开展军政大整训、海外华侨与国际友人的援助、苏联红军出兵东北、八路军挺进东北、日本投降等八路军发展史上的重大事件,是观众参观展览时应该重点把握的展示内容。

（三）重要会议。本展览重点展示了中共中央政治局洛川会议、中共中央北方局黎城会议、东路军高级将领会议、中共中央扩大的六届六中全会、延安文艺座谈会、中共七大等对八路军的发展壮大有深刻影响的重要会议,重点体现了抗战时期中国共产党对八路军等抗日部队的绝对指挥和领导,以及中国共产党在八路军抗战中的中流砥柱作用。

（四）重要战役、战斗。本展览重点展示了平型关大捷、雁门关伏击战、夜袭阳明堡飞机场、长乐急袭战斗、神头岭战斗、响堂铺战斗、梁山战斗、齐会平原歼灭战、香城固伏击战、黄土岭战斗、磁（县）武（安）涉（县）林（县）反顽战役、百团大战、黄崖洞保卫战等重大战役战斗,以及八路军和华北根据地军民创造的地雷战、地道战、围困战、窑洞战、水上游击战、铁道游击战等典型游击战例,这些展示内容主要揭示了八路军英勇抗击日本侵略军的一次次惊天动地的历史壮举,是八路军将士为民族独立与解放而浴血奋战的真实写照。

（五）重要人物。主要包括抗日将领、抗日知名人士、八路军英烈和英雄模范等。该展览重点展示了赵崇德、周建屏、续范亭、范筑先、马本斋、陈潭秋、彭雪枫、左权、范子侠、郭国言、狼牙山五壮士、南北岱崮保卫战英雄班、张思德、邓世军、胡尚礼、陈嘉庚、李林、白求恩、柯棣华等。在这些重要人物的身上集中体现了中华民族的伟大抗战精神和崇高的国际主义品格,也是讲解员向观众重点讲述的精华部分。通过讲解他们的生动故事,广大观众可以真正体验到爱国主义和国际主义崇高精神的洗礼与熏陶。

二、图表设计是革命纪念馆陈列内容的重要组成部分。作为策划展览过程中研究总结的最新学术成果,又成为广大观众了解掌握这段历史的重要佐证,形象直观地图解了各个时期的重要事件。

为了充实完善《八路军抗战史陈列》展览内容,我馆专门编制了《八路军抗战史陈列图表大纲》。该展览中策划绘制的电动地图主要包括以下内容:

(一)重要历史阶段的形势图。该展览主要展示了日军进攻卢沟桥示意图、八路军挺进华北抗日前线形势图、八路军创建华北敌后抗日根据地略图、八路军挺进平原作战略图、华北抗日根据地反"扫荡"斗争形势图、坚持华北敌后抗日根据地斗争略图、八路军局部反攻和攻势作战要图和八路军全面大反攻作战形势图等。在这方面,最抢眼的看点是位于第二展厅的"八路军创建华北抗日根据地示意图"电动沙盘,观众可以脚踏不同的按钮,沙盘上就会以电路图的形式勾勒出抗战时期不同年代八路军开辟华北各根据地的地形地貌轮廓,让观众对八路军的作战区域有了一个总体印象。

(二)重要机关和部队的行军路线图。该展览主要绘制了八路军总部东渡黄河转战华北路线图、八路军增援华中行动路线图、八路军发展河南抗日根据地示意图、八路军南下支队行军路线图、苏联红军出兵东北对日作战示意图、八路军挺进东北路线图等。这些地图让观众对八路军各个时期的重大战略行动有了一个重点提示性了解。

(三)重大战役、战斗作战地图。该展览主要设计了平型关战斗要图、八路军配合友军太原作战要图、晋东南区军民反敌"九路围攻"暨长乐村战斗作战要图、神头岭和响堂铺战斗要图、黄土岭战斗要图、磁武涉林反顽战役要图、八路军百团大战作战要图、沁源围困战示意图等,从而给观众提供了对主要战役的形象思维空间。

(四)重要机关、部队和重要事件的分布图。该展览主要测绘了山西新军活动活动区域示意图、山东人民抗日武装起义示意图、八路军驻各地办事机构分布图、中国人民抗日军政大学在华北地区分布图、日军在华北制造惨案示意图、海外华侨支援八路军抗战示意图和世界各国人民支援八路军抗战示意图等,为观众图解了重要机关、部队和重要事件的具体分布情况。

序列表和指挥系统表的研究设计,是《八路军抗战史陈列》贯彻"以人为本"陈列理念的重要体现。因为观众在参观过程中,最好奇的问题就是,某个机关、某支部队的领导机构、编制序列和某一战役、战斗的指挥系统名录,我馆在整个展览中专门设计了这方面的序列表,最大限度地满足了专家和观众的心理需求。展览中主要设计了两方面的表,一是重要机关、部队的序列表。主要包括中共中央革命军事委员会名录、国民革命军第八路军指挥系统表、八路军总部主官序列表、中共中央北方局主官序列表、山西新军序列表、八路军山东纵队序列表、八路军后方留守兵团序列表、八路军驻各地办事机构负责人一览表,抗大总校及在华北敌后创建各分校主官序列表、陕甘宁晋绥联防军序列表、八路军河南军区指挥系统表、八路军南下支队战斗序列表、抗战时期与八路军并肩作战的国际友人一览表等。另一方面是重要战役、战斗的指挥系统表。主要包括平型关战役指挥系统表、百团大战中八路军指挥系统表、八路军敌后战场局部反攻指挥系统表和八路军华北敌后战场大反攻指挥系统表,以及八路军8

年全面抗战总成绩表等。其中八路军百团大战指挥系统表，是我们在策划展览内容过程中研究整理出的最新学术成果，成为广大观众驻足凝神的一个参观亮点。

三、在设计革命纪念馆的陈列内容时，将一些与展览主题思想相关的革命歌曲制作成展板并在适当位置向观众展示，让讲解员边讲边唱，对展览的讲解，起到烘托气氛的重要作用。

我馆《八路军抗战史陈列》共展示了7首著名的抗战歌曲。在第一展厅"出师华北抗日前线"单元里，我们制作了陕北民歌《八路军抗日将士出征歌》，再现了八路军将士告别陕北父老乡亲东渡黄河开赴华北抗日前线的威武雄壮场面。在序厅东西两侧的辅展线上，我们重点展示了《八路军军歌》和《在太行山上》。由公木作词、朝鲜音乐家郑律成作曲的《八路军军歌》，唱出了八路军"铁流两万五千里，向着一个坚定的方向，苦斗十年锻炼成一支不可战胜的力量"的抗战心声。由桂涛声作词、冼星海作曲的《在太行山上》以"红日照遍东方，自由之神在纵情歌唱"开头，让人们不禁回想起"千山万壑，铜墙铁壁，抗日烽火燃烧在太行山上"那太行军民火热的战斗生活。在第三展厅"全面加强部队建设"单元里，制作了《三大纪律八项注意》歌曲。让观众边唱边铭记根据地军民铁的纪律制度。在"抗日军政大学"单元里，制作展示了凯丰作词、吕子骥作曲的《抗日军政大学校歌》，歌声形象地唱出了抗大师生"黄河之滨，聚集着一群中华民族的优秀子孙。人类解放，救国的责任，全靠我们自己来担承"的豪言壮语。在第四展厅"开展群众性游击战争"单元里，有一首家喻户晓的抗战歌曲《游击队歌》，由贺绿汀作词谱曲，用雄壮的歌声描绘了根据地抗日军民"青纱帐里逞英豪,水乡芦荡出奇兵"的神奇壮举。在"大生产运动"单元里,一首由贺敬之作词、马可作曲的陕北民歌《南泥湾》,用热情洋溢的旋律,演绎了八路军南泥湾大生产轰轰烈烈的热闹场面。抗日当年,八路军健儿和华北根据地热血青年就是唱着这一首首鼓舞人心的抗战歌曲,慷慨悲歌,走上了硝烟弥漫的抗日战场。今天,在观众参观主题展览时,由讲解员领唱这些革命歌曲,既能活跃讲解气氛,又能让观众沉浸在那个艰苦卓绝的抗战峥嵘岁月,重温革命先烈的战斗豪情;同时用这些永不消逝的红色经典歌曲,激励中华儿女勿忘国耻、振兴中华的豪情壮志。

四、艺术展品的设计内容主要以某一历史人物、某一历史事件为创作题材,其主要展示形式为绘画和雕塑,可以说是历史与艺术的完美结合与升华,堪称是革命纪念馆陈列艺术殿堂里的一束绚丽的奇葩,带给观众的不仅是历史的启迪,还有陈列艺术的享受。

我馆《八路军抗战史陈列》艺术展品的类型主要有绘画和雕塑。其中绘画作品主要分为3个方面:

(一)抗战时期知名画家创作的原汁原味的绘画作品。这些艺术作品集中展示在八路军抗战文化墙上,主要包括蔡亮的《延安火炬》(油画)、艾中信的《东渡黄河开赴抗日前线》(油画)、任梦璋的《平型关大捷》(油画)、秦大虎和张定钊的《在战斗中成长》(油画)、刘勃舒的《大青山的骑兵》(国画)、张文新的《拂晓》(国画)、罗工柳的《地道战》(国画)和《毛泽东在延安作整风报告》(油画)等。

(二)大型扩建改陈工程时特邀当代著名画家新创作的绘画作品。主要包括王铁牛创作的油画《夜袭阳明堡》和《八路军和新四军会师》、周长江创作的油画《啊!长城》,还有反映八路军挺进东北为主题的油画《收复山海关》等。

（三）抗战时期著名木刻家创作的版画作品。主要包括古达的《八路军东渡黄河坚持华北抗战》和《香城固战斗》、胡一川的《反对日本兵到处抓壮丁》、艾炎的《大战平型关》和《击毙中将阿部规秀》、彦涵的《火烧阳明堡》、张宇平的《长乐村大捷》、范云的《河间齐会大会战》、力群的《射击手》、夏风的《小八路》、沈振黄的《正义的声报》等。

雄伟大气的雕塑作品展示，也是革命纪念馆陈列艺术的一种重要表现手法。我馆依据《八路军抗战史陈列》的陈展空间实况，分别布阵了几尊雕像作品。位于第一展厅的雕塑《抗战领袖毛泽东》，以巍巍宝塔山为背景，再现了抗战时期毛泽东主席的高大形象，眉宇间流露出他"大敌当前、忧国忧民"的逼真神态。第四展厅大型青铜群雕《狼牙山五壮士》，艺术地再现了"狼牙山五壮士"这个八路军英雄群体宁死不屈的革命气概和英雄壮举。另外在第五展厅还为八路军英模张思德铸造了一尊青铜半身像，让这位为人民服务的杰出代表，成为党和人民世代颂扬的不朽丰碑。

五、珍贵的革命历史文物经过血与火的洗礼，流传至今，已成为中国革命的历史见证。所以具有说服力和感染力的文物配置，是革命纪念馆陈列布展内容的精华所在。

在策划主编《八路军抗战史陈列大纲》时，我们专门研究编写了《"八路军抗战史陈列"文物配置提纲》，并依据主题展览的总体思路，在各部分、各单元、各小组下相应配置了许多有代表性的八路军抗战珍贵文物。这些展陈文物主要分为以下几种类型：

（一）重要机关、部队、团体使用和颁发过的物品、徽章和证件。如八路军前方总部使用过的长征行军锅、八路军卫生材料厂研制的药罐、华北《新华日报》印刷厂使用过的铸字机、冀南银行行徽和发行的货币、抗日军政大学毕业证和纪念章、晋冀鲁豫边区政府布告、山西牺盟会会员证章、八路军臂章、世界反法西斯联盟印制的反法西斯联盟旗帜等。

（二）重要会议文献和重要战役作战地图。重要会议文献主要包括:《洛川会议文献汇编》《中共扩大的六届六中全会政治决议案》、毛泽东《论持久战》《论新阶段》《中共七大文献汇编》以及毛泽东的《论联合政府》、朱德的《论解放区战场》、刘少奇的《关于修改党章的报告》等影印单行本。而重要战役地图主要有百团大战战役部署略图、抗战时期太行区略图和太岳区略图等。

（三）八路军将领和知名人士使用过的物品以及革命英烈的遗物。主要陈列有朱德用过的皮箱、彭德怀用过的毛毯、聂荣臻送给刘显宜的行军床、熊伯涛使用过的子弹袋、孙继先使用过的毛毯、涂通今留有的笔记本、李达穿过的皮靴、唐天际使用过的卫生盒、李涛使用过的棉被、英国记者乔治·何克使用过的外文打字机、日本反战勇士前田光繁使用过的军号、抗日名将叶成焕穿过的草鞋、英雄小八路崔振芳留下的军号等。

（四）各级政府颁发给八路军和根据地英雄模范的证章和奖旗。主要展示有八路军前方总部奖给军工模范郭大海的奖旗、"杀敌英雄"任毛小奖章、朱德颁给李马保"生产模范"奖旗、晋绥分局颁给张初元"劳动模范"奖章、晋冀鲁豫边区政府颁给女参议员胡春花"拥军模范"奖旗、太行区第一届群英大会会章等。

（五）重要战役战斗中缴获的战利品。主要陈列有平型关战役中缴获的日军汽车零部件、响堂铺战斗中缴获的日军汽车残骸、黄土岭战斗中缴获的日军携带洗像暗箱、百团大战中缴获的日军军刀等。

（六）展示侵华日军罪行的历史罪证。主要配置有山西灵丘惨案中遗物铜扣、银簪、手镯；日军在山西沁水各村的血债图以及日军使用过的军刀、枪炮、军靴和防毒面具等，日军暴行铁证如山、罄竹难书。

在《八路军抗战史陈列》文物展示方面，还有两个特别引人注目的参观亮点。一个是位于展馆中央地带辅展线上的100米八路军抗战文化墙。这里集中展示的全是抗战时期八路军机关和华北根据地文化机关编辑出版的《八路军军政杂志》《战场画报》等珍贵的原书、原刊，成为目前国内革命纪念馆历史文化主题文物展示的一大创举。另一个是位于第六展厅中央反映"日军投降，欢庆胜利"主题的大型武器展示台。以各种抗战武器的实物裸展，营造和烘托八路军经过浴血鏖战最终取得伟大胜利的热烈场面，也为整个基本陈列的文物展示画上了一个圆满的句号。

六、近年来，以历史场景复原为主体内容的景观设计，在革命纪念馆的陈列中占据了一席之地，而且大有方兴未艾之势，它采用声、光、电等现代高科技手段，半景画与仿真硅胶置景相结合，一种跨越时空的主体感油然而生，从而使观众产生一种"亲临其境"的现场观感。

在我们八路军抗战史陈列馆里，主要根据陈列内容的需求，分别设计制作了"洛川会议旧址""平型关大捷战场""八路军前方总部""八路军驻重庆办事处""黄崖洞兵工厂""潘家峪惨案""地道战""南泥湾大生产""白求恩战地手术室""中共七大会场"等历史景观。

在历史景观内容设计方面最成功的，要数我馆大型扩建改陈工程的重要建设项目"百团大战半景画馆"。该馆在国内第一次以半景画的形式展示了震惊中外的八路军百团大战的雄壮历史场景。当观众置身于半景画景观时,一幅气势宏大、波澜壮阔、弥漫着战火硝烟的百团大战主战场弧形画面,便展示在眼前。整个半景画画面高10米,弧长36.6米,突出表现的是娘子关战斗的典型场面;仿真景观面积475.2平方米,作为绘画部分的延伸,共同形成一个围合空间、产生了良好的近、中、远景层次关系,声、光、影像模拟技术的辅助应用,使画面与景观更加逼真。远看群山巍峨;近观周边景物形象逼真;仰视雄关耸峙、壁立万仞;俯瞰战场气势尽收眼底,使观众仿佛置身于抗日当年炮火连天的百团大战主战场,从而让人们产生了强烈的视觉冲击和心灵震撼,并从中汲取到八路军将士为中华民族独立与解放前赴后继、浴血奋战的伟大抗战精神。

俗话说,窥一斑而知全豹。我们通过对八路军太行纪念馆主题展览陈列内容设计工作的回顾与总结,便可以系统归纳出革命纪念馆陈列内容设计的构成要件以及它们分别在现代陈列布展中的特殊地位和重要作用。同时我们也要用"科学发展观"的现代理念,携手合作,全力推进革命纪念馆陈列内容设计的创新与发展,共同打造博物馆繁荣昌盛的美好明天。

（原载2011年3月山西科学技术出版社《晋陕豫博物馆理论与实践研讨会论文集》）

纪念类博物馆展陈的经典之作

——主题展览《八路军抗战史陈列》的展示设计

　　八路军太行纪念馆大型主题展览《八路军抗战史陈列》,首次运用声、光、电等现代展陈手段,通过大量设计精美的图、表、照片版面,珍贵绝伦的文物配置,同时辅以景观、雕塑、沙盘、绘画以及别具特色的100米抗战文化墙艺术展示,全方位、多视角地再现了八路军华北抗战的全景式历程。整个展馆依据八路军抗战历史的发展脉络,分为序厅和6大展厅,陈展面积8000平方米,展线长1450米,共展出各类图片、图表609幅,文物1037件（套）,艺术品43件,景观及多媒体展示12组,电动沙盘1组,基本陈列共分6个部分、35个展示单元。总体看上去展线流畅,雄浑大气;庄严肃穆,现代新颖,观众置身其中,聆听讲解员声情并茂的解说,恰似在观赏一幅气势磅礴、波澜壮阔的八路军抗战历史画卷,堪称纪念类博物馆的经典之作。2007年5月,该展览荣获全国第七届博物馆陈列展览十大精品评选最高奖项特别奖。

　　下面我想以大型主题展览《八路军抗战史陈列》为例,略述一下纪念类博物馆陈列形式设计应遵循的总体指导思想和基本原则。同时分别从历史照片设计、历史地图设计、序列表设计、革命歌曲设计、艺术展品设计、展示文物设计、历史景观设计等7个方面,系统分述一下纪念类博物馆陈列形式设计时,所常用的基本展示方式以及应重点把握的相关原则,从而为纪念类博物馆陈列形式设计,提供值得借鉴的宝贵经验。

一、纪念类博物馆陈列展示设计的总体思想和基本原则

1. 陈列展示设计的总体指导思想

在纪念类博物馆的陈列布展工程中,内容设计是主体,形式设计是展示手段,形式设计要为展示主题内容服务,无论哪种形式展示,最终目的是更好地再现宣传主题内容。任何偏离主题展示内容,或者凌驾于展示内容之上,去一味追求华而不实的形式设计的做法,是不可取的,也是完全错误的设计理念。所以,正确理解与把握内容设计与形式设计的辩证关系,就成为纪念类博物馆搞好陈列展览工作的关键所在。

2. 陈列展示设计应遵循的基本原则

(1)主题鲜明,思路清晰,各级标题牌醒目,尺寸规范,层次分明。序厅及各个展示厅要有各自独特的设计理念。

(2)过去展示手段单一,现在是多形式、全方位,用现代高科技手段展示,展板图片喷绘制作,要高质量选材,使用最先进、最现代的材料,富有高科技含量。

(3)展墙背景图案色调要淡雅,不能太绚丽耀眼,切忌华而不实,喧宾夺主,夺了展示图片的眼球和光芒。

(4)展墙上摆放展示图片的空间,应该以中等身材观众的水平视线范围为标准,不宜太高或太低,更不宜低至地平线。

(5)展示设计单位要经常与内容设计专家保持沟通,展览形式设计需经布展单位陈列部门审核满意后,再上墙布展。切忌未经审阅,设计制作单位我行我素、草率上墙布展的不负责任行为。

(6)展览每个部分、单元、小组展板的展示设计色调要庄重、大方、典雅、清新,不宜太华丽,否则就会把观众的目光吸引到虚幻的形式设计上,影响和减弱了观众对展览内容的欣赏。总体设计要让观众产生舒服、得体、美观的视觉效果。

（7）为了扩大展览的国际交流与宣传,所有照片、文物说明都要采用双语文字说明。

（8）历史图片、历史地图、编制列表、革命歌曲、珍贵文物、艺术展品、历史景观等各类形式展示,在整个展馆的布展位置,要达到准确、得体、和谐、协调的展示效果与风格。

二、历史照片的陈列展示设计

在纪念类博物馆的展览中,历史照片的展示堪称是陈展的主体部分,也是形式设计的主要展示方式。历史照片展示的成败决定着整个展览的展示效果。

1. 历史照片展示设计的常用方式

（1）一般展览历史照片的形式设计,大都是以展览内容图片大纲为序,进行喷绘制作展示。《八路军抗战史陈列》可以说是纪念类博物馆基本陈列布展成功的典型范例。

（2）对重点历史照片,进行原位放大或提前放大展示。《八路军抗战史陈列》第二部分"八路军前方总部"单元中,"朱德总司令与彭德怀副总司令在华北前线"的合影照,采用的就是这种展示方式。

（3）对历史经典照片,则采用灯箱片的形式展示。《八路军抗战史陈列》第二部分"毛泽东撰写《论持久战》"照片、第三部分"彭德怀在百团大战前线"照片等,是这种展示方式的代表作。

（4）对于有立体感的精彩照片,采用照片轮廓剪影的形式展示。例如《八路军抗战史陈列》第三部分"朱德总司令驻马太行"照片、第四部分"八路军在长城喜峰口抗击日军"照片等。

（5）对于与主题展览相关而且内容相对独立的照片，采用专题的形式展示。例如《八路军抗战史陈列》第二部分"八路军驻各地办事机构"专题和第五部分"海外华侨与国际友人的援助"专题等。

（6）为了突出一个事件、一个人物、一次战斗，也可以采用照片组合的形式进行展示。例如《八路军抗战史陈列》第一部分"平型关战斗"、第三部分"百团大战"和第四部分"抗日名将左权将军"等。

2. 历史照片展示设计应该把握的基本原则

（1）不能因形式设计需要而随意调整、改变展览图片内容的基本思路和顺序。

（2）坚决杜绝将展示照片无限放大，当作背景画面，又把其它照片叠加其上的不规范设计方式。

（3）同时杜绝照片说明文字印制在照片画面中间或上方的不规范设计行为。

（4）纪念类博物馆展览喷绘制作照片时，无论采取哪种制片方式，各部分、各单元的展示照片要做到色调一致；背景色调也要明朗、亮丽，要区别于古代历史类博物馆陈展的灰暗色调。

（5）展示照片必须是真实的历史图片，严禁使用虚假照片，并防止张冠李戴现象发生。

（6）扫描、喷绘照片时，一定要作技术处理，最大限度地确保展示照片的清晰度。

三、历史地图的陈列展示设计

历史地图的设计制作，是纪念类博物馆陈列展览的重要组成部分。通过历史地图的制作展示，可以给观众形象、直观的印象,同时加深对主题展览的了解与记忆。

1. 历史地图展示设计的常用方式

(1)普通历史地图的设计。纪念类博物馆设计的普通历史地图主要包括部队行军转移路线图、主要战役战斗示意图、重要机构分布图、各阶段年代形势图等。例如《八路军抗战史陈列》第二部分"八路军总部移动路线图""长乐战斗要图""八路军驻各地办事机构分布图"等。

(2)电动平面地图的设计。电动平面地图融入了电控的科技含量,可以产生让历史地图"活起来"的展示效果。例如《八路军抗战史陈列》第五部分"八路军南下支队行军路线图"等。

(3)电动沙盘地形图的设计。电动沙盘地形图是在地貌轮廓模型上,安装脚踏、电控装置,使历史地图增加了立体感和真实感,也增加了观众的互动性。例如《八路军抗战史陈列》第二部分"八路军创建的华北抗日根据地分布图"等。

(4)灯箱地图的设计。在现代陈列中,灯箱地图的设计制作,是近年来纪念类博物馆兴起的一种展示形式。例如《八路军抗战史陈列》第三部分"八路军115师挺进山东形势图"等。

2. 历史地图展示设计应把握的基本原则

(1)历史地图中的地理名称,必须用当年使用的历史地名标注。千万不能在历史地图上标注演变后的现当代地理名称。

(2)历史地图中的行政区划,必须以当年的地理范围为标准进行划分标识,从而增加所制地图的历史感。

(3)历史地图中的所有图例符号要规范统一。具体讲就是图例中的标识符号、地域名称,要和大图中的符号、名称完全一致。

（4）历史地图的设计制作,要做到设计精美,图例色调清晰亮丽。切忌粗枝大叶,把手工绘制的草图挂上展墙。

四、编制序列表的陈列展示设计

在纪念类博物馆陈列展览里,编制序列表的设计制作,也是必不可少的重要一环。既可以提升主题展览的学术研究含量,帮助观众深层次地把握历史,又能引起专家与观众驻足参观的浓厚兴趣。

1.编制序列表展示设计的常用方式

（1）普通编制序列表的设计。纪念类博物馆展览编制序列表主要包括重要机构主官序列表、重要战役战斗指挥系统表、重点部队的编制序列表和重要事件的编制列表等。

（2）灯箱片序列表的设计。为了突出对重点序列表的展示,有时采取灯箱片的形式进行设计。例如《八路军抗战史陈列》第二部分"八路军总部主官序列表"等。

（3）表格式序列表的设计。表格式序列表也是纪念类博物馆展览设计编制序列时常用的一种方式。例如《八路军抗战史陈列》第二部分"八路军驻各地办事机构负责人一览表"等。

（4）配印人物头像的序列表设计。在重要领导机构主官序列表中,配印人物头像照片的展陈方式,近年来也屡见不鲜。例如《八路军抗战史陈列》第一部分"国民革命军第八路军指挥系统表"等。

2.编制序列表展示设计应把握的基本原则

（1）序列表的设计,要按照"家谱式"形式设计,要做到层次清晰,隶属分明。

（2）每个层级的人物及职务名称书写时字号要统一,格式要对齐,避免出现参差不齐的不工整行为。

（3）序列表的设计版面不宜太大,也不宜太小,字体要加粗,展示格式要大气。

五、革命歌曲的陈列展示设计

为了起到烘托讲解气氛的作用,纪念类博物馆设计展览时常常会点缀一些革命歌曲展板。通过讲解员领唱革命歌曲,进而把观众的思绪带回到硝烟弥漫的革命战争年代。

1. 革命歌曲展示设计的常用方式

（1）革命歌曲的无背景图案设计。就是说设计革命歌曲展板时使用单色背景,并尊重革命歌曲歌谱和歌词的符号原样。例如《八路军抗战史陈列》第一部分《八路军将士出征歌》、第三部分《抗日军政大学校歌》等。

（2）革命歌曲的有背景图案设计。就是指设计革命歌曲版面时,用相关的历史图片作背景图案映衬。例如《八路军抗战史陈列》第三部分《三大纪律八项注意》和第四部分《游击队歌》等。

2. 革命歌曲展示设计应把握的基本原则

（1）革命歌曲的歌谱和歌词的设计,要再现历史的原样。切勿用现代歌曲的音符及简体字。

（2）革命歌曲的背景图案设计,可以把与歌曲相关的历史照片淡化后印制,而且图案色调要有历史沧桑感。

六、文物展品的陈列展示设计

经过长期陈列布展工作的实践,认为文物展品的辅佐陈列,是纪念类博物馆主题展览陈列的灵魂所在。一件珍贵革命文物的精彩展示,可以给观众演绎一段荡气回肠的经典故事。

1. 文物展品展示设计的常用方式

（1）文物展品的通柜式展示。这是纪念类博物馆文物展陈最常见的展示方式。通柜式展示往往是在某一单元里的展墙下面，放置一组与本单元或邻近单元展墙照片内容相关联的精品文物，然后用玻璃通柜保护起来。例如《八路军抗战史陈列》第一部分"出师华北抗日前线"单元的文物展示等。

（2）文物展品的独立展柜展示。在纪念类博物馆陈展中遇到重要文物的陈列时，采取的就是独立展柜的展示方式。例如《八路军抗战史陈列》第二部分"八路军前方总部使用过的行军锅"等。

（3）文物展品的集中展示。这种展示方式适用于文物展品的专题展示，集中展示的最佳效果就是给人以壮观的视觉感受。例如《八路军抗战史陈列》第一部分和第六部分设计的两个武器台景观，以及百米文化墙"八路军抗战书刊"文物展示，都是典型的例证。

（4）文物展品的展墙式展示。展览中有一部分展示文物，根据它们的质地和形状特征，把它们跟本单元的历史照片在展墙上统一展示，效果会更佳。例如《八路军抗战史陈列》第三部分"抗日军政大学校旗"文物展示等。

（5）文物展品的灯箱片展示。这是近年来才采用的一种文物展示方式，最大的优点就是能对文物展品进行突出展示。例如《八路军抗战史陈列》第二部分"毛泽东撰写的《论持久战》"文物版本展示等。

2. 文物展品展示设计应把握的基本原则

（1）文物展品应根据文物的形状和用途进行设计，要有立体感，给观众以冲击力。

（2）每件文物展品的摆放，都要与相邻或相靠的展墙照片内容相辅相成，对号入座，切忌张冠李戴，随意摆放。

（3）文物展品可以是真品，也可以是复制品，却不宜用仿制品或赝品。

（4）文物说明牌的设计，依据国内外观众的需求，要用中英文双语说明进行设计。

（5）文物展品的展柜，不要使用空中楼阁式的抽屉展柜。这样做既不美观，也给广大观众的参观造成障碍，陈展时千万注意这一点。

七、艺术展品的陈列展示设计

绘画展品和雕塑展品的陈列，是纪念类博物馆陈列艺术园地里两朵绚丽的奇葩。作为展览中的辅佐展品，更增添了主题展览的熠熠光辉。

1. 艺术展品展示设计的常用方式

（1）绘画展品的设计方式。纪念类博物馆的绘画展品的创作设计主要分为两类。一是革命战争年代创作并流传下来的绘画作品；二是陈列布展前，特邀当代著名画家依据历史人物、历史事件或历史照片为素材，新创作的绘画作品。设计精美的绘画展品，可使展墙蓬荜生辉。例如《八路军抗战史陈列》第一部分油画《夜袭阳明堡飞机场》、第三部分油画《八路军新四军会师》和第六部分油画《收复山海关》等。

（2）雕塑展品的设计方式。雕塑展品的设计，主要包括单体雕塑和群体雕塑的设计。制作时用材质地可以是铜质，还可以是汉白玉等其它材质。大型革命题材展览中，常常用雕塑展品的形式，来塑造与展示领袖人物和英雄人物的光辉形象。例如八路军太行纪念馆院内大型群雕《太行山——

八路军将领组雕》以及主展馆《八路军抗战史陈列》第一部分雕塑《抗战领袖毛泽东》、第三部分汉白玉雕像《抗日名将左权将军》、第四部分雕塑《狼牙山五壮士》和第五部分铜雕《抗战英模张思德》等。

2. 艺术展品展示设计应把握的基本原则

（1）绘画展品展示设计的基本原则。陈展中绘画展品的展示设计，应遵循的基本原则是，绘画展品必须以真实的历史人物、历史事件和历史照片为素材进行创作。坚决杜绝对历史人物、历史事件及画面构成要素的虚构和想象性创作。绘画展品的尺寸大小和挂放位置，都要协调合理，恰到好处。

（2）雕塑展品展示设计的基本原则。雕塑展品的展示设计，应遵循的基本原则是，无论是单体雕塑，还是群体雕塑，雕塑人物的身高、胖瘦及人体轮廓、形象等，都要跟历史真实人物的基本情况保持一致，切勿脱离真实，随意发挥创作。特别是在群雕创作中，一定要依据各个历史人物当时的职位和历史地位，将其摆放在客观公正的位置，以免引发不必要的争议。

八、历史景观的陈列展示设计

近年来，历史景观（或称场景复原）作为现代陈列艺术的新宠，大有方兴未艾的发展趋势，以其精美而独特的亮点设计，成为纪念类博物馆主题展览中一道道逼真而亮丽的红色风景。

1. 历史景观展示设计的常用方式

（1）历史景观的静态设计方式。历史景观的设计制作，最初是以静态景观设计为主，大都是以一幅历史照片、一座历史建筑或一幅历史题材的半景画为背景，加上惟妙惟肖的蜡像或硅胶人物仿真置景,最终形成历史场景再现的展示宣传效果。例如《八路军抗战史陈列》第二部分"八路军前方总部"景观、第三部分"黄崖洞兵工厂"景观、第四部分"地道战"景观和"南泥湾大生产"景观等。

（2）历史景观的动态设计方式。随着现代高科技的迅猛发展,纪念类博物馆主题展览中历史景观的设计,呈现从以静态景观为主向以动态景观为主的发展态势。具体说就是在静态景观的基础上,辅佐以声光电等高科技展示手段,观众仿佛置身于真实的历史场景,最终产生心灵的震撼与共鸣。例如百团大战半景画馆演示,以及《八路军抗战史陈列》第一部分"平型关战斗"景观、第三部分"黄土岭战斗"幻影成像景观等。

2. 历史景观展示设计应把握的基本原则

（1）历史景观所展示画面要有真实感,每一饰物和符号都要符合历史真实。

（2）历史景观的设计,最好辅佐以历史照片或绘画作背景画面,这样可以烘托一种历史氛围。

（3）历史景观中建筑与环境的设计制作,要做到修旧如旧,尽量掩饰掉新做的痕迹。

（4）历史景观中人物形象的设计制作,要反复雕琢,达到栩栩如生、惟妙惟肖的展示效果。

（5）制作历史景观的选材用材,要采用最能体现当代高科技成果的最新产品,最大限度地延长历史景观的使用寿命。

（原载2017年8月中文核心期刊《东南文化》增刊《陈列艺术》）

略论纪念馆人物馆的陈列设计

——以主题展览《八路军将领陈列》为例

纵观全国革命纪念馆的人物馆,主要分为两类,一类是群体人物馆,集中展示某一类重要人物的丰功伟绩,如八路军将领馆、新四军人物馆等;另一类是个体人物馆,主要展示一位重要人物的生平事迹,如李大钊纪念馆、雷锋纪念馆等。无论哪类人物馆,都是展示革命历史、弘扬民族精神的重要场所和平台。从这个意义上说,革命纪念馆人物馆的陈列设计就显得至关重要。作为一名长期从事博物馆陈列工作的策展专家,我想以八路军太行纪念馆策划推出的大型主题展览《八路军将领陈列》为例,就当今革命纪念馆人物馆的发展现状、革命纪念馆人物馆的陈列内容设计构想、革命纪念馆人物馆的陈列形式设计理念、革命纪念馆人物馆的创新发展及其对策等专业话题,略述自己的一些观点与看法,并和全国文博界各位专家商榷。

一、当今革命纪念馆人物馆的发展现状剖析

总体来说,全国革命纪念馆人物馆的陈列设计呈现发展滞后、水平一般的普遍现象。从人物馆的陈列内容设计现状来看,内容设计以流水账框架和思路为主,内容单调,展示语言还保留严重的书本语言的痕迹,内容设计千篇一律,没有充分体现重点展示的设计理念;从人物馆的陈列形式设计现状来看,形式设计以头像和人物简介展示为主,大多是照抄照搬传统的灵堂式展示格局,表现形式单一呆板落后,缺乏自己独特的文化内涵和展示风格,缺乏声光电等现代展示效果。总而言之,大部分人物馆的陈列设计缺乏创新理念,严重地影响和制约了革命纪念馆人物馆的繁荣发展。

二、革命纪念馆人物馆的陈列内容设计构想

内容设计是革命纪念馆人物馆陈列展览的根基和灵魂,内容设计的好坏直接影响着陈列展览工作的成败。从这个意义上讲,内容设计就是革命纪念馆陈列策展工作的重头戏,内容设计搞好了,人物馆的陈列形式设计就有了方向和坐标,当今博物馆界普遍存在的轻视内容设计的价值和作用、偏重和过分强调形式设计重要性的思潮是完全错误的,也是完全不可取的。下面就结合大型主题展览《八路军将领陈列》,谈谈革命纪念馆人物馆陈列内容设计的思路和构想。

(一)人物馆内容设计首先要做到主题鲜明,陈展思路脉络清晰。主题展览《八路军将领陈列》以抗日战争时期八路军领导机构组织发展序列为主线,共分八路军前方总部、第115师暨山东军区部队、第120师暨晋绥军区部队、第129师暨晋冀鲁豫军区部队、晋察冀军区部队、八路军后方留守兵团暨陕甘宁晋绥联防军部队、八路军第一、二、三、四、五纵队、八路军其它直属单位(包括河南军区、八路军南下支队、八路军驻各地办事机构)、抗日军政大学、八路军中1955年至1966授衔将领名录等11部分,集中展示了八路军将领光辉形象和历史风采。

(二)人物馆撰写内容设计方案和陈展大纲时,一定要给展示人物设定统一的规格和界限。主题展览《八路军将领陈列》策展时,我们经过专家论证,界定八路军将领馆重点展示抗日战争正旅级以上八路军将领的丰功伟绩。对于

有八路军经历抗战时期未达到正旅级、建国后授衔的将领，我们采用了附表的形式进行了补充展示。这样既有了统一的展示规范，又避免了八路军将领亲属子女对展览的争议和质问。

（三）人物馆的总序言、各部分前言和结束语，要做到语言高度凝练、高度概括，言简意赅，集中提炼主题思想，是人物馆展览的重要看点。主题展览《八路军将领陈列》总序言概述和评价了八路军将领8年全面抗战的历史功绩和杰出贡献；各部分前言则具体描述了各主要部队的建制沿革、作战区域、主要战绩和历史贡献；结束语是该展览的主题思想、办展宗旨和精神价值所在，高度提炼和升华了伟大的八路军将领革命精神和高尚情操。

（四）人物馆人物肖像的选取，要确立一个基本原则，就是要用特定历史时期的照片，如实在找不到特定历史时期的照片，再考虑用人物生平中其它历史时期的照片替代展示。同时为了避免灵堂式的传统展示方式，展示各部分各单元的主官或重要人物时，可以适度增加展示一些活动照片，以活跃展览版面的气氛。主题展览《八路军将领陈列》编写陈列方案时，我们就有个原则，先查询和征集每个将领在抗战时期的照片，再找其它历史时期的照片作补充。而且各部分各单元主要将领都展示了该将领的战斗生活照片。

（五）撰写人物馆每个人物的生平简介文稿时，要首先确定一个范本样稿，比方说可以按姓名、生卒年代、籍贯、各个历史时期的最高职务，而且重点展示该人物特定历史时期的职务和主要贡献。在设计主题展览《八路军将领陈列》时，我们就先拿八路军总司令朱德生平简介文稿作为撰写整个展览人物简介的参考样本，并突出了该将领在抗战时期的职务和贡献。

（六）在做人物馆展览时，设计重要人物或主官的编制序列表，也是设计展览内容大纲的重要组成部分，也是活跃、调节展览版面的重要手段。主题展览《八路军将领陈列》策展时，各部分各单元都设计了重要部队主官序列表，从而增强了人物馆展览的研究性和观赏性。

（七）人物馆的文物展陈，也要定一个原则，就是重点展示主要人物使用过的文物，而且应主要考虑该人物在特定历史时期的文物，其它历史时期的文物，可作适当的补充展示。我馆进行主题展览《八路军将领陈列》文物布展时，就优先考虑陈展每个八路军将领在抗战时期使用过的珍贵文物，八路军将领在其它历史时期使用过的文物，只供补充展示。

三、革命纪念馆人物馆的陈列形式设计理念

形式设计是革命纪念馆人物馆陈列展览的蓝图和包装。形式设计的质量直接决定着陈列展览工作的水平。从这个意义上讲，内容设计是主心骨，形式设计是为内容设计服务的，形式设计的亮点必须是内容设计的重点。在策划人物馆展览时，我们既反对拘泥于内容设计的条条框框、束缚手脚从而制约形式设计的想象发挥空间，又反对脱离内容主题需求、过渡地渲染形式设计的华丽夸张。总而言之，不能让形式设计的华丽外衣夺去广大观众的眼球和视线，继而影响观众对主题内容的观赏和关注。下面就结合主题展览《八路军将领陈列》，说说革命纪念馆人物馆陈列形式设计的思想和理念。

（一）序厅的形式设计，应该是人物馆的经典点睛之作，可以说序厅是人物馆的装点脸面和展示窗口，因此，序厅的设计理念一定要做到上档次、高水平，给观众以光彩夺目的

感觉。主题展览《八路军将领陈列》序厅设计,采用了大型紫铜雕塑形式,突出展示了朱德总司令、彭德怀副总司令这两位八路军首长驻马太行、并肩作战、挥师华北、决胜千里的伟大形象和战友情谊。

(二)各部分前言版面,是人物馆展览的概括性介绍语言,所以前言版面的设计要做到别出心裁,想方设法以独特的设计形式充分吸引广大观众的眼球注意力。主题展览《八路军将领陈列》各部分前言版面的设计,采用了凹凸不平的立体展示手段,给观众以耳目一新的感觉。

(三)照片展示是人物馆形式设计的主体部分,设计时可依据展示人物的级别,人物肖像可按不同的尺寸放大展示,也可采用灯箱片形式展示。主题展览《八路军将领陈列》就采用重要人物放大头像的展示方式,各部分各单元的主官放大照片加以突出展示,而且各部分领军人物的活动照片组合全用灯箱片突出展示,体现出良好的展示效果。

(四)各部分、各单元设计展览版面背景图案,要充分再现地域风貌和展示人物战斗生活场所轮廓。主题展览《八路军将领陈列》设计展板时,各部分各单元的版面背景,采用的就是各部队作战区域代表性山水风光图,比如八路军第115师部队展板背景展示的就是山东沂蒙山风景图;八路军第120师部队展板背景展示的就是山西管涔山风景图;八路军第129师部队展板背景展示的就是晋冀豫三省交界的太行山风景图;八路军后方留守兵团部队展板背景展示就是延安宝塔山风景图。展板背景图的设计映衬,对人物馆各部分主题内容的展示,起到了烘托展示氛围的作用。

(五)在人物馆的表现形式中,艺术品诸如绘画、雕塑精品的展示,也是当今人物馆辅展的重要手段。主题展览《八路军将领陈列》中各部队主要将领都采用了群雕形式展示；绘画作品主要有根据一幅珍贵历史照片创作的油画《八路军将领东渡黄河》和再现中共第一代领导集体核心成员和1955年授衔的解放军十大元帅、十位大将在一起的油画《红地毯述》等。

（六）革命旧居、遗址的沙盘模型和历史景观复原设计，也是人物馆形式设计的常见手法，给观众一种亲临历史场景的感觉。主题展览《八路军将领陈列》中，主要有八路军115师司令部山东莒南大店村旧居、八路军120师司令部山西兴县蔡家崖村旧居、八路军129师司令部河北涉县赤岸村旧居和八路军晋察冀军区司令部山西五台金刚库村旧居等景观模型，以及抗战时期指挥过著名百团大战的八路军前方总部山西武乡砖壁村旧居等历史场景。

（七）随着现代科学技术的迅猛发展，视频演示、电子触摸屏、电子翻书等高科技手段，也势不可挡地融入了革命纪念馆人物馆的展示殿堂。同时科技含量的增加，大大提升了人物馆展览的知识性、趣味性和参与性，从而提高了人物馆的质量和品牌。主题展览《八路军将领陈列》安装了视频设施，重点演示介绍八路军将领生平的影像资料；电子触摸屏主要演示八路军重要将领的生平介绍详细资料、八路军将领趣味故事、八路军将领新中国成立后授衔情况等专题知识文库；电子翻书主要演示八路军各部队主要将领生平事迹、活动图片等。这些现代多媒体手法的运用，不仅满足了当代观众对革命纪念馆的高品位需求，同时也生动形象地展示和宣传了八路军将领的历史功绩和伟大精神。

四、革命纪念馆人物馆的创新发展及其对策

创新发展是一个博物馆生存壮大的生命和希望，革命纪念馆中的人物馆也不例外。要想改变目前人物馆陈列展览的现状，就必须大胆引进创新机制，借鉴和更新设计理念，用先进的现代的设计思想和理念武装革命纪念馆陈列策展人的头脑，从而指导陈列设计者的实际行动。从内容设计上说，革命纪念馆人物馆必须打破传统设计模式，丰富展示内容，突出重点亮点，从而为形式设计指明航向，理清思路。从形式设计上讲，革命纪念馆人物馆必须打破过去单一呆板的设计模式，走出发展瓶颈，大量引进声光电等现代高科技展示手段，真正做到形式设计为内容设计服务，最大限度地采用多种现代新颖的展示方式，使革命纪念馆人物馆的陈列设计工作充满生机，充满活力，从而让革命纪念馆人物馆在现代博物馆的生存与挑战中永远立于不败之地，铸就革命纪念馆人物馆的辉煌未来和美好明天。

（原载2018年4月中文核心期刊《东南文化》增刊《陈列艺术》）

青春在这里闪光

——访青年作家、八路军研究专家李东光

《山西日报》记者　白续宏

　　如今,当您步入位于太行山革命老区的八路军太行纪念馆景区时,一定会被这里扩建改陈后优雅舒适的旅游环境、雄壮威武的场馆建筑和现代新颖的军史展览所吸引,鲜为人知的是,在这辉煌而夺目的业绩里却饱含着一位默默无闻地从事八路军战史研究与展示工作的普通共产党员的智慧与心血。从景区红色旅游建设方案、基建项目可研报告的编写,到主编主题展览《八路军抗战史陈列》布展方案、文物配置大纲、图表设计大纲和解说词、重点讲解故事集等一系列编研工作,都是他一人全程主笔。他为2005年八路军太行纪念馆的扩建改陈工程,大力弘扬与宣传伟大太行精神,赢得社会效益与经济效益的双丰收,作出了有目共睹的突出贡献,并以惊人的毅力和顽强的拼搏,创造了我国革命纪念馆扩建改陈工程史上的闪光奇迹。他就是优秀共产党员、八路军太行纪念馆战史研究专家李东光同志。我们慕名去馆里采访他的时候,东光同志碰巧因公出差,于是,从朝夕相处的同事们口中,我听到了他在扩建改陈工程中的许多感人事迹。

　　八路军太行纪念馆扩建改陈工程是党中央、山西省委交办的一项纪念抗战胜利60周年的献礼工程,被确定为山西

省发展红色旅游一号工程。时间紧,任务重,而且要求质量高,这既是百年难逢的发展机遇,又是一种挑战与压力。当时正值驻地党组织掀起保持共产党员先进性教育活动的学习高潮。在这千钧一发的关键时刻,李东光作为馆里一名抗战史研究专家,一种共产党员的责任感和使命感,使得他冲锋在前,勇挑重担,奋不顾身地投入了这场史无前例的特殊战斗。按照整个工程倒计时的安排,当务之急是尽快搞出《八路军太行纪念馆扩建改陈工程可行性研究报告》,上报省计委。于是,东光同志便马不停蹄地跟随馆领导驱车到省城太原,与山西省建筑设计研究院的专家们一道,昼夜奋战,全力编写可研报告,那些日子东光同志真是食不甘味,夜不能寐,他查阅了大量革命题材纪念馆的建筑材料,又结合当今国内外背景形势和时代发展的需求,引经据典地对八路军太行纪念馆扩建改陈工程的重要性、必要性和可行性,进行了深层次的剖析与阐述,为可研报告的最终出台,付出了心血与汗水。正当可研报告的撰写工作接近尾声的时候,突然从北京传来消息,国家计委紧急催要《八路军太行纪念馆红色旅游景区建设方案》,几乎与此同时他爱人从家里打来电话,说瘫痪在床多年的老父亲突患重感冒,高烧不退。在需要他作出抉择的时刻,东光同志毫不犹豫地给妻子打电话请医生去家里给父亲会诊,输液治疗,自己却毅然选择留在省城,连夜赶写景区建设方案。经过连续几个昼夜的苦战,一本沉甸甸的景区建设方案按时上报国家计委。东光同志还多次跑太原赴北京,亲自参加清华大学美术学院编制的《八路军太行纪念馆环境景观总体规划方案》的论证研讨,与环艺设计专家进行面对面交流,提出许多有关纪念馆景区环境规划方面的科学而合理的建议,其中有的意见当即就被专家们采纳,编入方案中。他为八路军太行纪念馆景区环境总体规划方案和基建蓝图的最终完善与形成,作出了重要的贡献。

李东光同志常说:"共产党人最大的特权,就是为国家与人民的利益,无私地拼搏和奉献。"东光同志在这次扩建改陈工程中的出色表现,正是他忠实履行闪光人生格言的真实写照。此次工程中一个重要项目就是策划与制作主馆《八路军抗战史陈列》大型主题展览。东光同志凭着他从事八路军研究近20年的工作经验,怀着对祖国博物馆事业的无限钟爱之情,在有关专家的指导下,胸有成竹地独自承担起编写《"八路军抗战史陈列"内容大纲及布展方案》的艰巨任务。单位的图片资料不够,他就把自己家珍藏多年的100多部有关八路军人物、事件方面的画册无偿奉献出来,从中筛选大量珍贵历史照片,诸如长乐战斗中叶成焕团长的遗照和反映八路军12种游击战术的图片等,补充到展览图片大纲中,就连整个展览序厅的总序言和每个部分展板的前言及结束语,他都精雕细凿,反复推敲修改,努力做到让观众看后感觉到言简意赅,展陈思路清晰明了。除了完成展览图片陈列提纲,东光同志还花费心血精心编制了展览图表大纲和文物配置大纲,参与了重点景观设计的创意与策划工作。为了按时高质量完成编撰任务,其中所付出的艰辛可想而知,东光同志常常是夜以继日,牺牲了所有法定的节假日,2006年春节时,别人家里都在筹备买年货,东光同志只好让爱人去采买,自己却关在家里聚精会神地依据各次研讨会专家们提出的展陈大纲建议,逐条反复进行修改落实。按照惯例,凡大型展览上墙前,陈展大纲及图片小样都要经中宣部终审。为了及时向中宣部送交图片展陈方案,他常常穿梭往来于清华工美和江苏爱涛两个制作单位的驻地。反复核对图片清样稿,连续几个晚上他都是通宵达旦,与制作单位员工一起在忙碌中度过的,东光同志辛勤的劳动成果终于得到了上级领导和专家的首肯,中宣部火速组织解放军总政治部、军事科学院、中央文献研究室和中共中央党史研究室等专业机构的几位专家进行了认真的审阅,对《"八路军抗战史陈列"布展图片方案》给予了高度的评价:"展示内容翔实丰富,编排布局思路清晰,是一个较为成熟的展陈方案。"就在距离开展只有15天的最后冲刺阶段,东光同志更是忙得不可开交,他一边在主展馆图片展览小样稿上标注尺寸大小,以及先后排序的符号,一边又得在《"八路军抗战史陈列"图片方案》的基础上,参与挑选和精编大型专题巡展《太行精神光耀千秋》的图片展示大纲。每天晚上他都要拎着一本展览清样稿,兴冲冲地走进主展馆布展施工现场,仔细审查图片上墙展示效果,总是一个图片一个图片地把关,各部分前言也是一字一句地审核,同时还得兼顾通盘审查整个展览的文物配置是否准确到位,他往往顾不得辛劳和疲倦,一个夜晚不知要在展厅里面转多少圈,有时候熬到深夜2、3点钟,就连加班施工的展陈人员全部席地熟睡了,东光同志还独自一人在寂静空旷的主展馆里盯着墙上的图、表、照版面,耐心地对照审阅。东光同志就是凭着这种锲而不舍的战斗精神,确保了主馆《八路军抗战史陈列》在纪念抗战胜利60周年的预定日子里,高质量高水准按时完成,及时地对观众开放,向党中央和山西省委交上了一份令人满意的答卷。

在八路军太行纪念馆,无论是战史编研、陈列布展,还是文物配置、对外宣传,只要是馆领导安排的工作,东光同志总是超常的敬业、精心的策划,而且每件事都干得非常出色,是馆里名副其实的复合型人才。东光同志既是造诣极深的八路军抗战史研究专家,又是文笔流畅、著书立说的青年作家。在策划陈列方案的同时,东光同志还承担了八路军抗战史陈列馆解说词的撰写工作。他广泛查阅自己珍藏的上万种八路军战史资料,又经过自己艰苦的艺术构思与创作,于是一部语气磅礴、具有"煽情"效应的解说词终于诞生了。为了让讲解效果有骨有肉,生动感人,他还将左权、叶成焕、马本斋、狼牙山五壮士、张思德、李林、白求恩等抗日英烈的先进事迹,精编成《八路军抗战史陈列馆重点讲解故事集》,供讲解员在解说展览时讲故事。紧接着,东光同志专程拎着"解说词"书稿到首都北京,面见专家老师,征求对解说词的修改审定意见。当时正值盛夏季节,酷暑袭人,由于为工程过度的奔波劳累,东光同志身体倍感不适,曾一度头晕目眩,可他为了不影响工作,既没有向单位领导电话反映,也没有同家里人联系,自己硬支撑着到北京的一家医院检查就诊,只是吃药输液之后,就又投入了紧张的战斗。回来之后,东光同志先是集中精力对馆内讲解员进行八路军抗战史知识的培训辅导,专门按展览思路,详细地讲述"解说词"的讲解脉络。他还从百忙中抽出时间,多次走进展厅,聆听讲解员的试讲效果,依据讲解员讲述的口气语感进行修改加工,力求使讲解语言达到炉火纯青的地步。除此之外,为了迎接工程的剪彩纪念日,东光同志还与北京军事博物馆专家合作,编著出版了《八路军将领故事集》和《八路军将领传略》等宣教工具书,同时为馆内"八路军精神宣讲小分队"采编节目,充实"中国八路军网"展示文稿,编印《"八路军抗战史陈列"简介》和介绍景区的活页图片等,为八路军纪念馆的品牌宣传,尽职尽力。工程竣工剪彩那天,国内许多知名军史、陈展专家观摩展览,听过讲解员声情并茂的讲解后,给予

了极高的评价。其中中央文献研究室的彭宏教授十分感慨
地说:"我走过全国众多的纪念馆、博物馆,还没有遇到过像
东光同志这样在大型扩建改陈工程中各个环节全程主笔的
复合型人才,能够拥有东光同志这样既精通工作业务,又爱
岗敬业、无私奉献的专家级员工,真是你们八路军太行纪念
馆的福气!"

这就是李东光,一位普通共产党人的闪光人生追求。我
相信,在今后的工作中,凭着东光同志这种对祖国文博事业
的执着和痴爱,一定会为八路军太行纪念馆的繁荣与发展,
创建全国一流爱国主义教育示范基地,打造中国红色旅游经
典景区,谱写更加辉煌灿烂的时代华章。

(原载 2006 年 9 月《山西日报》)

抒写太行精神的壮丽篇章

——记党史军史与策展专家李东光

《山西晚报》记者　张文举

　　在太行老区武乡县，有一位名副其实的优秀共产党员，他三十年如一日，不忘初心，牢记使命，扎根革命老区，潜心从事八路军抗战史研究与展示工作，默默无闻奉献，勤勤恳恳耕耘，以实际行动践行了一名共产党员的使命担当，为研究和展示八路军光辉业绩，传承红色基因，宣传与弘扬伟大太行精神，作出了突出贡献。他就是被山西省文物系统授予"优秀共产党员"光荣称号的八路军太行纪念馆陈列部主任、研究馆员李东光教授。此值中国共产党建党100周年前夕，我们专程赴八路军太行纪念馆采访了他。

　　接过父亲手中的笔，立志让太行精神薪火相传，永放光芒。

　　李东光出生于革命老区武乡县的一个书香世家。父亲李志宽是享誉太行的八路军研究专家，一生著书立说，是上党老区研究与宣传八路军文化和太行精神的奠基人和开拓者。小时候父亲经常给他讲述《小英雄雨来》和《少年英雄李爱民》的抗日故事，常常为八路军浴血太行、英勇奋战的动人事迹感动得热泪盈眶，在幼小的心灵里就发誓长大后要像父亲一样挖掘与研究八路军文化、宣传与弘扬伟大太行精神。大学毕业后，父亲把他叫到跟前说"别人家传的是物质财富,我留给你是1万余册八路军研究藏书,咱们家传承的是红色基因和太行精神。"他领悟了父亲的谆谆教诲,于是便子承父业,来到武乡县委党史研究室潜心从事地方党史和八路军抗战史研究,决心用无私奉献的太行精神来研究与宣传太行精神。

太行山雄奇壮美,抗战时期在这块红色热土上,八路军和英雄的太行人民用鲜血和生命孕育了光耀千秋的太行精神,铸就了一座座千古流传的太行丰碑,演绎了荡气回肠的人民战争凯歌。李东光铭记初心,背负使命,沿着抗日当年的八路军红色线路,他的足迹踏遍太行山的沟沟岭岭,走访抗战遗址,寻访老八路、老民兵、老党员、老儿童团员和老房东,采访收集他们红色记忆中的太行抗战故事,多少个不眠之夜,他含泪挥毫,用通俗流畅的纪实散文笔法,记录塑造了一个个感人肺腑的太行抗日英雄光辉形象,他们中有身经百战的八路军将领;有支前杀敌的英雄战士;有壮烈殉国的新闻记者;有救死扶伤的战地医生,还有浴血太行的国际友人,一大批栩栩如生的太行抗战人物群像跃然纸上,于是上至《人民日报》,下到《武乡小报》,各级主流媒体和专业期刊大都发表过他讴歌太行抗战、弘扬太行精神的文稿,为了扩大太行精神的宣传效应,他又把这些在各大报刊上发表过的文章结集出版成纪实散文作品集《太行诗魂》,向全国发行宣传,让内涵丰富、博大精深的太行精神传遍全国,走向世界。

作为太行精神的红色传承人,李东光紧抓配合重大节庆日纪念活动的宝贵机遇,广泛进行八路军历史和太行精神的高频次宣传。1995年纪念抗战胜利50周年的日子里,他重点参与执编长治市委党史办组织的《邓小平在太行实录》

一书,专门撰写了《邓小平在太行革命活动大事记述》;主编了反映抗战时期中国抗战中外国医生的《国际主义医士之光》一书。该书由中国医药科技出版社出版发行,热情讴歌了以白求恩为代表的白衣战士的国际主义可贵精神,这一年恰逢联合国第四次世界妇女大会在首都北京召开,他又精心主编出版了再现太行妇女抗战的《太行烽火铸女杰》一书,由山西人民出版社出版,向大会献礼。与此同时,他还撰写发表了多篇关于太行精神的专题论文,其中《八路军总部和驻各地办事机构的作用与贡献》一文荣获全国纪念抗战胜利50周年优秀论文奖;《邓小平经济改革思想探源》一文荣获山西省委组织部和山西省委宣传部联合颁发的邓小平生平思想研讨会优秀论文一等奖,深刻揭示了"邓小平经济改革思想萌芽在太行山上"这一重要研究课题。为此,《山西日报》曾发表《两代人的追求》专题文稿,对他孜孜不倦研究和宣传太行精神的先进事迹,进行了专门的宣传报道。

关键时刻,冲锋在前,勇挑重担,彰显一名共产党干部的使命担当。

李东光常说"战争年代八路军和根据地人民铸就了伟大的太行精神,作为一名新时代的共产党员最大的特权就是吃苦在前,勇挑重担,就是要用八路军浴血奋战的拼搏姿态来宣传与弘扬伟大太行精神。"他用实际行动践行了一名共产党干部的庄严承诺。2004年对于八路军太行纪念馆来说是最不寻常的一年,根据中央领导的指示精神,决定对主题展览《八路军抗战史陈列》进行提升改陈,向抗战胜利60周年献礼,连扩建带改陈只有9个半月时间,时间紧任务重,这注定是一场争分夺秒的鏖战。关键时刻,李东光作为共产党员干部主动请缨,率先垂范,全身心地投入这场特殊的战斗，先是废寝忘食编写《八路军太行纪念馆红色旅游景区规划方案》，后又夜以继日策划设计《"八路军抗战史陈列"展陈大纲和布展方案》，特别是研究编写出《"八路军抗战史陈列"解说词》后，他冒着酷暑去首都北京请专家审稿，甚至还把自己家珍藏多年的珍贵抗战图片无偿贡献出来，填充到展览中。为了征集到长乐战斗中牺牲的叶成焕团长的遗像，他还不远千里跑到四川成都，寻访到90岁高龄的叶团长秘书王波，几经周折终于找到了叶团长的珍贵头像，成为基本陈列的一大亮点。最终使整个工程按时保质保量圆满完成，向抗战胜利60周年献上了一份厚礼，最终主题展览《八路军抗战史陈列》荣获全国第七届博物馆陈列展览十大精品评选特别奖。

他致力于扩大太行精神的宣传阵地和平台，积极推动实现了八路军太行纪念馆展览展示从静态宣传到动态宣传的转型发展。他参与策划设计了大型专题展览《太行精神光耀千秋》，先后在北京、长春、哈尔滨、长沙、太原等大城市进行巡展，引起轰动，使得太行精神传遍全国，家喻户晓。主持策划的专题展览《我们在太行山上——八路军总部在太行》在山西省地级市及环太行山各大城市进行巡展，收到良好的社会效益。积极倡导实施以"宣传八路军文化，弘扬太行精神"为主题的"八路军文化进高校"系列活动，策划主编了《黄河在怒吼——八路军抗战文化专题展》，组织在省内外各大专院校进行巡展巡演，在高校掀起了学习八路军文化、传承太行精神的热潮。

围绕、配合《八路军抗战史陈列》和《八路军将领陈列》两个主题展览的讲解和太行精神的宣传，他积极参加了国家出版基金项目大型文献图书《八路军》和《烽火中坚——

八路军抗战将领》的编纂工作,双双荣获中国出版政府奖。此外,还执编出版了《八路军抗战史陈列解说词》《八路军抗战史陈列图集》《八路军将领传略》《八路军将领故事集》《八路军纪念馆精品文物故事集》等。他还应邀编写完成了长治市委宣传部安排的《长治抗战文化——新闻文化篇》的撰写任务,为弘扬太行精神,积累了大量珍贵的宣教图书。

功夫不负有心人。李东光利用工作之余,把研究策展经验之谈、心得体会,撰写成《略述博物馆业务工作的科学管理》《略述抗战类博物馆藏品的征集与利用》《抗战时期八路军报刊研究》《论革命纪念馆的陈列设计》《浅谈纪念馆人物馆的编辑设计》《八路军太行纪念馆宣教方式述略》等一篇篇文博学术专题论文,发表在《中国文物报》《文物天地》和《陈列艺术》等国家级中文核心专业报刊上,为全国纪念类博物馆的业务管理、陈列布展、宣传教育、文物展藏、历史研究等方面工作提供了成功经验和基本遵循。

面对网络媒体给宣传太行精神带来的新机遇,他致力于新媒体的宣传与推广,先后主持策划创建了八路军太行纪念馆官方网站、微信平台、360度全景展示等,并精心设计编排栏目,加大和推动了新媒体展示太行精神的宣传力度。

对口援疆是山西省援疆工作的重要政治任务,作为一名共产党员,他深知自己责无旁贷,于是便积极响应上级号召,踊跃报名,不辞辛劳亲赴新疆参加了省文物系统对口支援新疆维吾尔自治区五家渠市农六师博物馆主题展览展陈提纲的评审与改稿工作,并对展览的整体提升改陈提出了关键性建议,受到当地干部群众的首肯与表扬,圆满完成了援疆政治任务,向上级交了一份满意的答卷。

把崇高的荣誉当作人生新征程的起点，牢记初心使命，誓为研究与宣传太行精神奋斗终身。

辛勤的耕耘终于迎来丰硕的收获。由于李东光同志学术研究成果突出，而且在纪念馆陈列策展方面的深厚造诣，2014年11月，他光荣当选中国博物馆协会陈列艺术委员会委员，他是山西省纪念类博物馆界唯一的全国艺委会委员，更是长治老区唯一的全国艺委会委员，他为太行老区赢得了博物馆高级策展专家的最高荣誉。2020年8月当选山西省博物馆协会陈列艺术和展览交流专业委员会副秘书长。同年11月当选长治市爱国主义教育（示范）基地改陈布展评审专家组成员。他的先进事迹和学术成果曾被中央电视台、《解放军报》《中国文化报》、山西电视台、《山西日报》《三晋都市报》《山西生活晨报》等省内外多家新闻媒体做过专题采访报道，还入编《中国百科全书专家人物传》《山西文博系统高级专业人才数据库》和《世界华人文学艺术界名人录》《山西作家大辞典》等辞书典籍。面对一份份沉甸甸的荣誉，他总是说"荣誉是对过去工作的总结，更是今后我人生新征程的崭新起点"。

2020年为了纪念全民族抗战胜利75周年，他又不辞辛苦，冒着新冠肺炎的疫情风险，连续几次跑北京中国人民抗日战争纪念馆，合作策划设计展出了《为抗战吹响号角——中国共产党与抗战文化专题展》，受到省市领导的首肯与好评。为此，《中国文化报》、山西电视台、《山西日报》、长治电视台、《长治日报》《上党晚报》等作了专题采访报道。

作为长治市委宣传部钦定的长治市爱国主义教育示范基地改陈布展评审专家组成员，他和专家组的领导专家们一道，不顾旅途劳顿，在为长治老区革命旧址的展览大纲评审论证忙碌奔波,从展览提纲的撰写到陈列布展设计方案的制定,他倾注了大量心血,提出了许多合理化修改建议。他还参与主编了《长治老区在革命战争年代的历史地位和重要贡献》等重要研究课题,举办《简述纪念类博物馆展览策划中的大纲编辑与版式设计》专题讲座,为长治老区挖掘红色文化、弘扬太行精神,奉献了自己的一份力量。

今年是中国共产党建党100周年,作为陈列部主任和党史军史策展专家,李东光的工作重点是负责完成大型主题展览《八路军抗战史陈列》的充实提升工程项目,还策划引进《中国共产党与抗日根据地建设专题展》,进行革命根据地的专题展示宣传。此外,他正在研究编写《抗战时期中共中央北方局研究》《八路军抗日英雄传》《八路军太行纪念馆研究与展示》等八路军研究系列丛书,还应邀到省城各大专院校主讲《解读"太行精神"》专题讲座,以优异的成绩向中国共产党建党100周年献礼。

太行山神奇瑰丽,是一座取之不尽、用之不竭的历史文化宝库,太行精神是他一生写不尽、唱不完的英雄之歌!

（原载2021年6月中共中央宣传部"学习强国"平台）

为了八路军精神永放光芒

——李东光从事八路军研究与展示工作大事记述

从事八路军研究与展示工作,是我人生规划中最钟爱的辉煌事业。为此,我把大学毕业后从事八路军研究与展示工作以来的大事要事,精选记录下来,谨以此篇文稿献给在抗日战争中浴血奋战的八路军将士们!献给正在和即将从事八路军抗战历史研究与展示工作的我的同行们!

1988 年

9月 大学毕业后,分配到武乡县教育局教育史编辑室,从事太行革命根据地教育史稿编研出版工作。

同月 出席八路军太行纪念馆开馆剪彩仪式。

10月 为纪念武乡县盲人曲艺队成立50周年,参与主编了《武乡曲艺志》一书。

12月 出席武乡县韩北镇西堡村革命烈士纪念碑落成典礼。

1989 年

2月 纪实散文《彭总夫人回太行》,发表在《山西老年》月刊。

5月 出席在武乡宾馆举行的高沐鸿早期文学作品学

术研讨会。山西省作家协会《批评家》期刊作了专题报道。

9月　为纪念武乡光明剧团建团50周年，参与主编了《光明普照五十年》一书，撰写的纪念文稿《太行敌后新文化运动对武乡剧运的影响与推动》入选其中。《山西日报》作了专题报道。

1990 年

初春　参与主编的长篇纪实文学《太行岁月》（又名《北京制药厂厂史》），正式脱稿。

3月　专题文稿《民兵英雄马应元传》，发表在《山西革命英烈》月刊。

4月　调入武乡县史志研究室，从事八路军抗战史和地方史志编研工作。

5月　参与主编出版了《武乡财政史稿》。

6月　赴北戴河参加了北京军区举办的解放军烈士传研讨会。会后考察了北戴河、山海关等风景名胜。

8月　参与主编的《中国风光物产大典》一书，由华龄出版社出版发行。

11月　赴北京参加编写《中共武乡简史》座谈会，首次登上万里长城。

1991 年

5月　出席山西省作家协会和《批评家》杂志社联合举办的高沐鸿作品研讨会。与会论文《浅析高沐鸿当代新诗的艺术风格》，入选《高沐鸿诗文集》一书。

6月 为庆祝建党70周年,参与主编了《武乡政协文史资料》第五辑,收录了大量武乡建党初期的重要文稿。

7月 撰写学术论文《试论武乡农民"五抗"运动在山西建党初期的重要作用和贡献》,发表于《山西党史通讯》,荣获山西省庆祝建党70周年论文评选一等奖。

10月 专题文稿《武乡革命开辟事略》,发表在《长治文史资料》。

12月 赴四川仪陇县,参加了纪念朱德诞辰105周年学术研讨会。沿途考察了都江堰、乐山大佛、杜甫草堂、武侯祠,登上峨眉山金顶。

1992 年

8月 《长治日报》发表了弓德旺总编采写的人物通讯报道《父子辉煌在仪陇》。

12月 参与主编的《高沐鸿诗文集》(上、下册),由北岳文艺出版社正式出版发行。

1993 年

3月 纪实散文《"洋八路"林迈克》,发表在长治《漳河水》文学双月刊。

4月 参与主编的《中共武乡历史大事记述》(新民主主义革命时期)一书,由北京文津出版社出版发行。

同月 专题文稿《八路军太行纪念馆筹建始末》,发表在《山西文史资料》。

6月 正式加入山西三晋文化研究会会员。

7月　撰写论文《试论朱德在华北农村统一战线中的重要策略及重大意义》，入选中共党史出版社《朱德和他的事业》一书。

8月　专题文稿《中国第一支柴胡注射液的诞生》，发表在《山西晚报》。

9月　参与主编的《武光汤文集》一书，由山西人民出版社出版发行。

同月　专题研究文稿《邓小平太行行踪录》，发表在《八路军太行纪念馆馆刊》。

同月　纪实散文《狂飙社与晋人三高》，发表在长治《漳河水》双月刊。

10月　参与主编的《柳沟烽烟》（又名《柳沟兵工厂》）书稿正式完成。

同月　专题文稿《中国第一支柴胡注射液的诞生》，发表在广州《羊城晚报》。

11月　纪实散文《狂飙社与山西三高》，发表在《太原晚报》双塔文学副刊。

同月　《山西晚报》文化副刊"旅游相册"发表了在峨眉山金顶观云海、日出的仙境奇观。

12月　专题文稿《毛主席授予太行山的荣誉》，发表在《山西日报》。

同月　专题文稿《主席夸太行》，发表在《山西经济日报》现代周刊。

1994 年

2月　专题文稿《邓小平在山西革命活动大事记》，发表在长治《巍巍太行》期刊。

同月 青年作家李东光入编学苑出版社出版的《中国当代文艺名人辞典》。

春天 为创作出版长篇纪实文学《邓小平在太行》一书，与采访组一行6人，到以太行山为依托的晋冀鲁豫老根据地林县、安阳、涉县、邢台、邯郸、南宫等地参观采风，历时20天。

3月 纪实散文《太行诗魂》，发表在长治《漳河水》文学双月刊。

4月 李仲明撰写的人物通讯《雏凤清于老凤声》，发表在《长治日报》周末版。

5月 纪实散文《萧红和萧军的文侣生涯》，发表在《山西青年》月刊。

同月 专题文稿《邓小平在山西革命活动大事记》，发表在山西《沧桑》期刊。

6月 撰写的《毛泽东派来访问团》一文荣获"先河杯"优秀论文奖，入选北京出版社《毛泽东光辉照太行》一书。

同月 专题文稿《邓小平与刘伯承的战友情谊》，发表在山西《沧桑》期刊。

7月 纪实散文《唯有兰花香正好》，发表在《山西日报》周末版。

8月 出席武乡宾馆举行的冈夫作品研讨会，撰文《冈夫与狂飙社》入选山西高校联合出版社《纪念冈夫创作七十周年文集》。

同月 纪实散文《两帧照片之间的故事》，发表在山西《生活晨报》。

同月 专题文稿《巴山蜀水太行情》，发表在《太行日报》。

9月 庆祝建党70周年专题论文《试论武乡农民"五抗"运动在山西建党初期的历史地位和重要影响》,入选《山西党史通讯》月刊,荣获山西省委党史研究室颁发的庆祝建党70周年优秀党史论文一等奖。

同月 纪实散文《童话王国话太行》,发表在晋城《太行日报》文艺副刊。

10月 专题研究文稿《邓小平在山西革命活动大事记》,发表在山西《沧桑》双月刊。

同月 党史军史专家李东光入编西北大学出版社出版的《中国当代历史学学者辞典》。

11月 专题文稿《巴山蜀水连太行》,发表在《山西老区报》文化副刊。

12月 参与主编的《邓小平在太行拾录》一书,由山西人民出版社出版发行,撰稿《邓小平在太行革命活动大事记述》入选其中。

1995 年

2月 纪实散文《五台山的忆念》,发表在晋城《太行文学》双月刊。

3月 纪实散文《报界女杰黄君珏》,发表在山西日报《新闻研究》期刊。

5月 纪实散文《矿山星火》,发表在山西《支部建设》月刊。

6月 专题文稿《朱老总与儿童团》,发表在《长治日报》。

7月 撰写纪实散文《报界女杰》,发表于7月29日《人民日报》文学副刊,荣获全国青年文学与道德暨创作研讨会一等奖。

同月 纪实散文《太行山的骄傲》,发表在《山西政协报》连载。

8月 出席在八路军太行纪念馆召开的山西省纪念抗战胜利50周年大会。

同月 参与主编的纪实文学作品集《太行烽火铸女杰》一书,由山西人民出版社正式出版发行,向在北京召开的联合国第四次世界妇女大会献礼。

同月 纪实散文《猛士如云唱大风》一文,发表在《长治日报》周末版。

同月 纪实散文《汉斯·米勒的中国心》,发表在《中国医药报》文化副刊。

同月 纪实散文《战火诗情》,发表在《山西文学》月刊。

同月 纪实散文《太行山里的"李向阳"》,发表在《长治日报》。

同月 纪实散文《纵马太行度关山》,发表在《太行日报》。

同月 山西电视台《战地黄花》专题片摄制组对党史军史专家李东光的主要事迹作了专题报道。

9月 撰写学术论文《八路军总部和驻各地办事处的关系和作用》,发表于中文核心期刊《东南文化》,转载于中国人民大学编印的《中国现代史》月刊,荣获庐山全国纪念抗战胜利50周年优秀论文奖。

同月 纪实散文《为声援中国抗战的两位美国女记

者》,发表在《人民政协报》。

同月　纪实散文《太行山的骄傲》,发表在《人民政协报》文史副刊。

同月　参与撰写的长篇纪实通讯作品《老区纪行》,发表在《山西日报》。

同月　纪实散文《母亲颂歌》,发表在《长治日报》。

同月　《解放军报》特约记者张坤平专程来武乡,对党史军史专家李东光的主要创作研究成果,作了专题采访报道。

同月　《山西政协报》发表专题文稿《抗日报人黄君珏》。

10月　纪实散文《名震太行的盲人宣传队》,发表在文化部《新文化史料》双月刊。

12月　主编的纪实文学作品集《国际主义医士之光》一书,讴歌了中国抗战中的外国医生的感人故事,由中国医药科技出版社正式出版发行,向纪念全民族抗战胜利50周年献礼。

同月　《山西日报》文化副刊发表记者白小平撰写的介绍《太行烽火铸女杰》的书评《历史的丰碑》。

同月　纪实散文《烂柯英豪》,发表在《山西民政》期刊。

1996 年

2月　参与撰写的专题文稿《悠悠太行情》,发表在《中国老区报》映山红副刊。

同月　专题文稿《中共中央北方局转战山西纪事》,发表在《山西文史资料》。

同月 纪实散文《滔滔黄河祭忠魂》,发表在山西《沧桑》双月刊。

3月 《山西日报》周末版发表刘树清撰写的"《国际主义医士之光》出版发行"的书评。

4月 为纪念红军东征60周年,《八路军炮兵之父武亭》一文,发表在山西《沧桑》双月刊。

夏天 赴首都北京,参观世界公园和中华民族园等风景名胜区。

10月 纪实散文《泪光里的妈妈》,发表在中国妇女出版社出版的大型丛书《母恩难忘》。

11月 《太原晚报》发表专题文稿《高君宇的笔名》。

12月 纪实散文《英名长留太行山》,发表在《山西日报》文化副刊。

1997 年

2月 纪实散文《丰功高太行》,发表在晋城《太行文学》。

同月 专题研究文稿《邓小平在山西革命活动大事记》,发表在《山西文史资料》。

8月 为中共中央编译局主编、红旗出版社出版的大型丛书《当代共产党人》撰稿。

同月 专题文稿《历史的抉择》,发表在《山西经济日报》现代周刊。

10月 党史军史专家李东光入编中国人事出版社出版的《中国百科全书专家人物传》。

1998 年

2月　长篇历史传记《从奴隶到皇帝——石勒传》一书，由中央民族大学出版社正式出版发行。

同月　参与主编了武乡籍干部书画精品集《武乡墨宝》。

3月　青年作家李东光入编文化艺术出版社出版的《世界华人文学艺术界名人录》。

5月　李秋保撰写的人物通讯《千年梦圆》，发表在《长治日报》周末版。

同月　郝伟撰写的人物通讯《十年圆一梦》，发表在《武乡小报》。

7月　当选长治市赵树理文学研究会理事。

12月　纪念改革开放20周年，为中共中央编译局主编、红旗出版社出版的大型丛书《辉煌二十年》撰稿。

同月　纪实散文《威名震三晋》，发表在《山西政协报》长城副刊。

1999 年

8月　魏平撰写的采访通讯《甘洒热血写春秋》,，发表在《山西政协报》委员风采专栏。

10月　纪实散文《风范永存》，发表在《山西作家通讯》。

2000 年

2月 专题文稿《访新中国第一位女大使丁雪松》,发表在《党史文汇》月刊,荣获《党史文汇》编辑部颁发的"社会主义与新中国"征文活动一等奖。

3月 当选武乡县政协委员。

5月 参与主编的《中共武乡简史》,由山西古籍出版社出版发行。

7月 正式加入山西省作家协会会员。

同月 阎赋、赵砚撰写的专题采访文稿《志在文坛终无悔》,发表在《文艺报》作家剪影专栏。

8月 纪实散文《血染诗稿化长虹》,发表在《山西日报》文学副刊。

9月 在武乡宾馆,出席八路军太行纪念馆主办的全国八路军新四军第六届学术年会。参会论文《论香港八路军办事处在中国抗战中的历史贡献》,入编中国社会科学核心期刊山西《文物世界》双月刊。

10月 武强撰写的人物通讯《太行娇子》,发表在《山西日报》文化副刊。

2001 年

3月 借调八路军太行纪念馆,从事八路军研究、展览展示、编研宣传工作。

同月 专题文稿《艰苦岁月》,发表在《中国教育报》。

4月 纪实散文《卢沟桥畔的遐思》,发表在《山西

晚报》

8月　时任中共中央总书记、国家主席、中央军委主席江泽民视察八路军太行纪念馆,亲笔题词"发扬老八路光荣传统,为中华民族伟大复兴而奋斗。"并合影留念。

同月　纪实散文《活跃在太行山上的文艺轻骑兵》,发表在《中国文物报》和山西《文物世界》。

9月　专题文稿《总书记的太行情》,发表在《山西政协报》。

11月　撰写长篇通讯《八路之光》,报道魏国英馆长的先进事迹,发表在《中国文物报》。

12月　参与主编的《八路军抗战辞典》一书初稿完成。

2002 年

2月　《山西作家通讯》报道了著名作家张承信撰写的长篇人物通讯《志在文坛终无悔》,报道青年作家李东光的创作成果。

4月　《山西日报》发表记者胡向泽的长篇人物通讯《太行娇子》,报道青年作家李东光的创作成果。

7月　正式加入中国共产党。

8月　专题文稿《关怀与期望》,发表在《人民日报》。

10月　赴河南、山东,先后考察了洛阳八路军办事处纪念馆、龙门石窟、开封清明上河园、中岳嵩山、东岳泰山和曲阜孔庙博物馆。

12月　赴北京为《八路军将领陈列》征集文物。

2003 年

2月 撰写专题研究文稿《海外华侨与八路军抗战》,发表在山西《文史月刊》。

8月 执编的《八路军太行纪念馆》一书,由山西经济出版社出版发行。

同月 专题研究文稿《思路与构想》,发表在《山西旅游》期刊。

9月 策划主编了《八路军游击战演示馆陈列大纲》和纪录片剧本《人民战争的凯歌》,并通过专家鉴定。

10月 赴四川考察九寨沟和黄龙景区。

同月 纪实散文《太行浩气传千古》,发表在《上党晚报》。

同月 纪实散文《太行添美景》,发表在《中国旅游报》。

11月 接待天津电视台《延安行》摄制组。

同月 接待中共山西省委组织的电视专题片《邓小平在太行》摄制组。

2004 年

5月 陪同接待来八路军太行纪念馆参观的藏传佛教第十一世班禅额尔德尼·确吉杰布。

6月 讴歌八路军太行抗战的散文集《太行诗魂》一书,由香港银河出版社正式出版发行,并在八路军太行纪念馆举行了"青年作家李东光散文集《太行诗魂》首发式暨抗战题材文学作品研讨会"。中国作协和山西省作协发来贺电。

同月　长篇历史传记《汉赵枭雄——刘渊传》一书,由香港银河出版社正式出版发行。

7月　主编完成了《八路军太行纪念馆扩建改陈工程可行性研究报告》和《八路军太行纪念馆红色旅游景区建设方案》。

8月　正式调入八路军太行纪念馆,从事抗战历史研究、陈列展览和太行精神编研宣传工作。

同月　出席山西省委省政府主办的八路军太行纪念馆扩建改陈工程领导组成立大会。

同月　在八路军太行纪念馆,出席太行老区纪念邓小平同志诞辰100周年大会。

同月　在太原并州饭店,出席八路军太行纪念馆红色旅游景点扩建工程可行性研究报告评审会议。

10月　撰写学术论文《邓小平经济改革思想探源》,出席山西省纪念邓小平生平思想研讨会,荣获山西省委宣传部、山西省委组织部、山西社会科学联合会等联合颁发的山西省纪念邓小平生平思想学术研讨会论文一等奖。

同月　在北京康铭大厦,出席八路军太行纪念馆扩建改陈工程《八路军抗战史陈列方案与大纲》专家论证会议。

同月　出席八路军太行纪念馆扩建改陈工程奠基仪式。

2005 年

2月　出席山西省旅游局在八路军太行纪念馆举办的"太行情——山西行"红色旅游启动仪式。

同月　出席在太原新纪元大酒店举行的八路军太行纪

念馆扩建改陈工程改陈布展设计招标会议。

3月　主编完成了主题展览《八路军抗战史陈列》布展大纲（包括《图片展陈大纲》、《文物展陈大纲》、《艺术品配置大纲》、《地图、序列表配置大纲》)，以及《"八路军抗战史陈列"解说词》和《八路军抗战史陈列重点讲解故事集》。

6月　参与主编的大型巡展《太行精神光耀千秋》在北京军博展出，受到中央领导的高度评价。

7月　时任中共中央总书记、国家主席、中央军委主席胡锦涛视察八路军太行纪念馆，受到亲切接见。

同月　主编设计的《八路军抗战史陈列大纲及布展方案》，正式通过中共中央宣传部审定。

8月　八路军太行纪念馆扩建改陈工程基本完工，主题展览《八路军抗战史陈列》正式对公众开放。

同月　参与主编的《八路军将领故事集》，由解放军出版社出版发行。

同月　专题文稿《为声援中国抗战奔走呼号——记两位美国女记者》，入编山西省史志研究院主编、中央文献出版社出版的《烽火太行半边天》。

同月　出席在八路军太行纪念馆举办的山西省纪念抗日战争暨世界反法西斯战争胜利60周年大会。

同月　观看在八路军太行纪念馆举办的中央电视台心连心艺术团的慰问演出，与莅临现场演艺界的众多明星合影并签名留念。

9月　出席在八路军太行纪念馆举办的全国革命纪念馆协作发展研讨会，并向与会领导专家赠送散文集《太行诗魂》。与会论文《国际友人与八路军抗战》，入编中文核心期刊《文物世界》月刊。

2006 年

2月 参与主编的《八路军将领传略》,由解放军出版社出版发行。

4月 山西省委宣传部和韶山市委宣传部联合举办的《毛泽东家史家事展》,在八路军太行纪念馆开展。

同月 专题文稿《走进雄伟的红色殿堂》,发表在《山西旅游》月刊。

7月 赴新疆乌鲁木齐,出席中国革命纪念馆第十四届年会,并在天山天池、吐鲁番、高昌古城、喀纳斯等景区考察学习。

8月 转聘文博系列馆员中级专业技术职称。

9月 《山西日报》发表了记者白续宏撰写的长篇通讯《青春在这里闪光》,报道八路军太行纪念馆青年作家、战史专家李东光的先进事迹。

同月 专题文稿《开发太行山红色旅游的几点建议》,发表在《中国旅游报》视野专版。

同月 主笔撰写的《再现辉煌的历程——八路军太行纪念馆主题展览巡礼》,发表在《山西日报》经典山西专版。

10月 入编《山西作家大辞典》。

12月 《三晋都市报》以"青春无悔铸辉煌"为题,报道了党史军史专家李东光的先进事迹。

2007 年

2月 主编完成了八路军太行纪念馆主题展览《八路军

抗战史陈列》申报全国博物馆十大精品奖的材料汇编。

3月　设计完成了《党和国家领导人历年视察八路军太行纪念馆》图片展。

6月　策划主编的专题展览《八路军总部在太行》陈列大纲及布展方案,正式通过军事博物馆专家和山西省委宣传部审定。

7月　撰写的宣传八路军太行纪念馆景区的专题文稿《太行追思》,发表在中共中央宣传部机关刊物《党建》杂志。

8月　山西省委宣传部、省文物局和省军区联合举办的大型巡展《八路军总部在太行》,在上党古城长治开展。

同月　陪同日本"女人们的战争"与和平纪念馆专家一行,考察在八路军太行纪念馆举办《二战时期日军性暴力图片展》的相关事宜。

9月　山西省委宣传部、省文物局和省军区联合举办的大型巡展《八路军总部在太行》,在山西晋城开展。

同月　出席在八路军太行纪念馆举办的"将帅子女太行行"大型系列活动。

10月　与长春伪满皇宫博物院联合举办的专题展览《从皇帝到公民》,在八路军太行纪念馆开展。

同月　陪同山西电视台电视风光片《八路军太行纪念馆》摄制组在本馆拍摄。

同月　出席八路军太行纪念馆胜利广场落成典礼。

同月　出席聂荣臻研究会、河北省委宣传部、山西省委宣传部联合举办的"革命后代情系太行"大型红色纪念活动。

11月　与日方合作,参与主编了专题展览《二战时期日军性暴力图片展》陈列大纲和布展方案。

12月 主题展览《八路军抗战史陈列》,荣获全国第七届博物馆陈列展览十大精品评选特别奖。

2008 年

2月 参与主编了八路军将领组雕设计汇报方案和百团大战半景画馆设计汇报方案。

4月 主编《八路军太行纪念馆申报国家一级博物馆材料汇编》,八路军太行纪念馆正式评为国家一级博物馆。

同月 参与主编的百团大战半景画馆和八路军将领组雕两个设计方案,通过山西省委宣传部审定。

7月 出席中共中央宣传部在北京举行的"八路军将领组雕"泥稿小样评审会议。

8月 晋升八路军太行纪念馆战史研究部副主任。

10月 出席北京国际旅游博览会,和世界各国同行朋友合影留念。同时参观了水立方和鸟巢等奥运会场馆。

同月 赴陕西汉中市出席首届秦晋豫三省博物馆理论与实践研讨会。

11月 出席山西省文物局在八路军太行纪念馆举办的全省文博系统"太行杯"讲解员大赛相关活动。

同月 赴四川广安出席全国首届邓小平纪念地协作发展研讨会。同时考察了邓小平故居纪念馆、重庆红岩革命纪念馆和中国三峡博物馆。

12月 出席纪念八路军太行纪念馆建馆20周年盛典。

同月 专业论文《浅谈革命纪念馆的历史研究》,发表在军事科学出版社出版发行的《奋进20——八路军太行纪念馆20年发展历程》一书。

同月　专题文稿《光辉的历程　壮丽的画卷——大型主题展览"八路军抗战史陈列"巡礼》，发表在军事科学出版社出版发行的《奋进20——八路军太行纪念馆20年发展历程》一书。

同月　参与主编的《奋进20——八路军太行纪念馆20年发展历程》，由北京军事科学出版社出版发行。

同月　百团大战半景画馆正式对外开放。

2009 年

3月　主持修订了"中国八路军网"新版纲目。

5月　时任中共中央政治局常委、中共中央书记处书记、中华人民共和国副主席习近平同志视察八路军太行纪念馆，作出"四个始终保持"重要指示。陪同接待并现场记录。

6月　合作举办了专题展览《党风楷模周恩来》。

8月　合作举办了"新闻史料全国展"。

9月　陪同接待来自香港特别行政区和澳门特别行政区的全国人大代表和全国政协委员。

11月　学术论文《论石勒文治武功的当代借鉴意义》，发表在中国社会出版社《石勒——武乡千古一帝》一书。

12月　晋升文博系列副研究馆员高级专业技术职称。

同月　武乡文化名人李东光入编武乡县政协主编、山西人民出版社出版的《武乡人物志》(第三卷)。

2010 年

2月　主编了《八路军太行纪念馆国家4A景区申报材

料汇编》。

4月 主持实施了八路军太行纪念馆官网改版工作。

5月 赴上海出席第41届世界博览会,和世界各国博物馆、纪念馆界的同行朋友进行交流,并合影留念。同时考察了嘉兴南湖革命纪念馆、杭州宋城和黄山风景区。

同月 出席在八路军太行纪念馆举行的全国首届八路军文化研讨会。

同月 在八路军太行纪念馆,出席八路军将领组雕揭幕仪式。

10月 主编完成专题展览《黄河在怒吼——八路军抗战文化专题展》,在太原正式启动"太行精神进高校"大型巡展巡演活动。

11月 出席八路军太行纪念馆国家4A级旅游景区挂牌仪式。

2011 年

2月 主编完成的《"八路军抗战史陈列"解说词》,由北京军事科学出版社出版发行。

3月 专题论文《略述革命纪念馆的陈列内容设计》,入编山西科学技术出版社《晋陕豫博物馆理论与实践研讨会论文选》。

4月 主编了《八路军前方总部王家峪旧址纪念馆陈列布展大纲》和《八路军前方总部砖壁旧址纪念馆陈列布展大纲》。

6月 出席在八路军太行纪念馆举办的"在太行山上——山西省庆祝中国共产党成立90周年群众歌咏演

唱会"。

同月 策划设计了西馆主题展览《八路军将领陈列》。

7月 参与主编的《八路军太行纪念馆精品文物故事集》,由北京军事科学出版社出版发行。

9月 出席八路军将领馆剪彩仪式。

同月 学术著作《山西抗战中的国际友人》一书,作为三晋文化研究丛书之一,由香港天马出版有限公司正式出版发行。

10月 赴连云港出席中国博协陈列艺术委员会年会。

11月 晋升八路军太行纪念馆陈列展览部主任。

12月 专业论文《略谈博物馆业务工作的科学管理》,入编文心出版社《豫陕晋冀四省博物馆理论与实践研讨会论文选》。

2012 年

2月 策划设计并展出了专题题展览《老八路镜头里的将帅风采》。

4月 策划完成了《太行情韵——在京部分老干部书画作品展》。

5月 参与主编出版的《太行高歌——八路军太行纪念馆》,由吉林人民出版社出版发行。

6月 《中国文物报》对党史军史专家李东光的先进事迹作了专题报道。

7月 赴延安革命纪念馆参观学习,途中考察了黄帝陵景区。

8月 与上海一大纪念馆合作,大型专题展览《光辉历程——中共一大至十八大图片展》,在八路军太行纪念馆和山西省博物院同时开展。

同月　赴太原参加山西省文物局主办的海峡两岸展览策划培训班学习,同台湾地区博物馆同行进行了面对面的交流。

9月　参与主编的大型图集《八路军抗战史陈列》,由山西人民出版社出版发行。

10月　赴湖南韶山,参观毛泽东同志故居纪念馆。同时考察湘西凤凰古城、南岳衡山和张家界自然景区。

11月　赴新疆五家渠,出席新疆生产建设兵团农六师历史陈列展览招投标评审会议。

12月　赴哈尔滨出席中国博协艺委会年会。沿途考察了沈阳故宫、九一八纪念馆、张氏帅府博物馆和长春伪满皇宫博物院。

2013 年

2月　赴北京主持召开"八路军将领子女书画作品展"征集会议。

6月　参与了山西省文物局扶贫项目工程"山西省平顺县豆口村生态博物馆"布展项目建设。

7月　参与主编的大型图书《八路军》,由山西春秋电子音像出版社出版发行,荣获国家新闻出版总署颁发的第三届中国出版政府奖。

8月　与延安革命纪念馆合作,重点推出大型专题展览《光辉典范——中国共产党党风廉政建设专题展》。

9月　专题论文《略述华北根据地的八路军文化》,入编山西人民出版社出版发行的《八路军文化研讨会论文集》。

10月　出席北京全国博物馆陈列展览学术研讨会。

12月　出席大同晋冀豫陕四省博物馆理论与实践研讨会。

2014 年

3月　赴石家庄,拜谒了华北军区烈士陵园。

4月　赴山东考察了临沂革命纪念馆和八路军115师司令部旧址纪念馆。

同月　纪实散文《走进雄伟的红色殿堂——八路军太行纪念馆红色景区游记》,发表在中共中央党校《中华魂》半月刊。

5月　参加中国文物交流中心举办的兰州展览策划培训班学习,荣获国家文物局颁发的合格证书。同时考察了世界文化遗产敦煌莫高窟。

6月　《解放军报》报道了党史军史专家李东光的先进事迹。

7月　与延安革命纪念馆合作,举办了大型专题展览《党从群众中走来——党的群众路线教育实践活动专题展》。

9月　正式加入中国八路军研究会会员。

10月　主持完成了八路军太行纪念馆微信平台建设。

11月　出席厦门中国博物馆及相关产品与技术博览会和中国博协艺委会年会,光荣当选中国博协陈列艺术委员会委员,成为山西纪念类博物馆唯一的全国艺委会委员。同时考察了厦门鼓浪屿、福建土楼和武夷山景区。

2015 年

4月 主办了《抗日战争时期印章票证专题展》。

6月 山西《生活晨报》报道了党史军史专家李东光的先进事迹。

7月 荣获山西省文物局颁发的全省文物系统庆祝建党94周年"优秀共产党员"光荣称号。

同月 策划设计的《八路军抗战史陈列》提升改陈项目正式完成,并对公众开放。

同月 与中国人民抗日战争纪念馆合作,举办了《中国与世界反法西斯战争专题展》。

8月 赴沈阳九一八纪念馆,出席东北十四年抗战学术研讨会,参会论文《略论八路军挺进东北的伟大战略部署》入选辽宁人民出版社出版发行的《九一八历史研究》一书。

9月 与中国延安精神研究会合作,举办了《八路军将领肖像油画暨箴言书画作品展》。

同月 出席在八路军太行纪念馆举办的山西省纪念抗日战争暨世界反法西斯战争胜利70周年大会。

10月 山西电视台"新闻联播"栏目,对党史军史专家李东光研究八路军抗战历史和太行精神的先进事迹,作了专题报道。

12月 主题展览《八路军抗战史陈列》提升改陈工程,荣获全国第五届环境艺术最佳范例奖。

2016 年

2月 主编了凤凰山碑林公园的内容与形式设计汇报方案。

4月 专业论文《简谈纪念馆陈列大纲的编辑设计》,入编山西人民出版社《晋陕豫冀博物馆理论与实践研讨会论文集》。

5月 参加中国文物交流中心举办的大同展览策划培训班学习,荣获国家文物局颁发的合格证书。同时考察了北岳恒山、应县木塔和云冈石窟。

7月 与上海中共一大纪念馆合作,举办了《开天辟地——中国共产党创建史图片展》。

9月 出席成都第七届中国博物馆及相关产品与技术博览会。同时赴建川博物馆考察学习。

10月 赴扬州出席中国博协陈列艺术委员会年会。同时考察了盐城新四军纪念馆。

同月 参与由中国人民抗日战争纪念馆牵头、国内18家抗战类博物馆在俄罗斯莫斯科举办的"东方主战场"专题展览。

12月 中央电视台"军事频道"对党史军史专家李东光研究八路军抗战历史和太行精神的先进事迹,作了专题报道。

2017 年

4月 参加中国文物交流中心举办的郑州展览策划培

训班学习,荣获国家文物局颁发的合格证书。

5月　为征集八路军将领文物,率八路军太行纪念馆陈列部员工赴上海、南京、江西和湖北等地,依次考察了上海一大纪念馆、上海鲁迅纪念馆、南京抗战纪念馆、南京中山陵和总统府、南昌滕王阁景区、南昌起义纪念馆、庐山抗战博物馆、井冈山革命纪念馆和武汉革命博物馆、中山舰博物馆、武汉八办纪念馆等纪念场馆。

6月　《中国文化报》报道了党史军史专家李东光的先进事迹。

同月　与长治市革命文物收藏协会合作,举办了《老电影海报专题展》。

8月　与山西省军区合作,举办了《庆祝中国人民解放军建军90周年国防教育图片展》。

同月　参与主编了长治市委宣传部组织的《长治抗战文化研究》一书。

同月　专业论文《略述革命纪念馆的陈列形式设计》,发表在国家级中文核心期刊《东南文化》增刊《陈列艺术》。

9月　专题展览《八路军将领陈列》改造提升工程完工,正式对公众开放。

10月　参与策划的山西省文物巡展工程项目"山西军民抗战史实专题展"在太原美术馆开展。

12月　先后向广东东江纵队纪念馆和旅顺日俄监狱旧址纪念馆输出大型巡展《八路军总部在太行》。

2018 年

2月　赴沁源出席太岳军区司令部旧址纪念馆陈列布

展大纲及设计方案的评审论证会议。

4月 专业论文《略述抗战类博物馆藏品的征集与展示》,发表在国家文物局主管的《中国文物报》博物馆周刊。

同月 专业论文《略述革命纪念馆人物馆的陈列设计》,发表在国家级中文核心期刊《东南文化》增刊《陈列艺术》。

5月 参加中国文物交流中心举办的南昌展览策划培训班学习,荣获国家文物局颁发的合格证书。

6月 与陕西照金陕甘边革命纪念馆合作,举办了《照金精神专题展》。

同月 专业论文《八路军太行纪念馆宣教工作实践》,发表在国家文物局主管的《中国文物报》博物馆周刊。

7月 与邓小平故居纪念馆合作,举办了大型专题展览《改革开放总设计师邓小平——纪念改革开放40周年专题展》。

同月 参与主编的大型电子图书《凝固的历史——八路军太行纪念馆数字展馆》,由山西春秋电子音像出版社出版发行。

同月 参与策划了在重庆举办的《不忘初心、牢记使命——中国革命精神联展》。

同月 专业论文《八路军出版报刊综述》,发表在国家文物局主管的《文物天地》月刊。

8月 赴西安八办纪念馆,出席大型巡展《八路军总部在太行》开展仪式。

同月 与山西省群众艺术馆合作,举办了《太行故事民俗版画专题展》。

9月 参加北京大学考古与文博学院举办的博物馆展

览策划培训班学习,荣获结业证书。

　　同月　主持举办了《翰墨丹青　八路情韵——纪念建馆30周年馆藏题词书画专题展》。

　　同月　出席纪念八路军太行纪念馆建馆30周年盛典,并合影留念。

　　10月　专题文稿《冀南银行行徽》,发表在由中国博协纪念馆专业委员会主编、中共党史出版社出版的《中国纪念馆珍贵文物故事》一书。

　　11月　出席福州第八届中国博物馆及相关产品与技术博览会和中国博协陈列艺术委员会年会。

　　12月　赴西安出席中国文物交流中心主办的中国博协展览交流专委会年会。

2019 年

　　5月　出席长沙2019全国博物馆策展人论坛,荣获全国博物馆策展优秀案例奖。同时考察刘少奇同志故居纪念馆。

　　同月　专业论文《"八路军将领"展览形式设计略述》,发表在国家文物局主管的《中国文物报》博物馆周刊。

　　6月　出席中国博协纪念馆专业委员会主办的武汉2019主任年会。同时考察江汉关、黄鹤楼、东湖景区。

　　7月　与朱德故居纪念馆合作,举办了《人民的光荣——朱德同志生平事迹展》。

　　同月　《红色热土　壮丽山河——山西革命英烈暨抗战遗址专题展》在八路军太行纪念馆展出。

　　8月　赴北京出席中国博协陈列艺术委员会年会。

　　同月　与中国文物报合作,举办了《谱写新时代革命文物保护利用崭新篇章》专题展。

　　同月　与中国煤炭博物馆合作,举办了《抗日烽火中的中国煤炭工业》专题展。

　　9月　赴河北唐山地震博物馆、蔚县博物馆和承德避暑山庄皇家园林参观考察。

　　10月　赴陕西铜川出席纪念陕甘边革命根据地创建86周年暨传承红色基因学术研讨会。

　　11月　赴海南三亚出席中国文物交流中心主办的中国博协展览交流专委会年会。

　　12月　晋升文博系列研究馆员正高级专业技术职称。

　　同月　入编《山西省文物志——专家人物篇》。

2020 年

　　3月　撰写的纪念祖父文稿《鞠躬尽瘁　无私奉献——农学家李玉金传》,发表在武乡政协主编的《家乡之音》期刊。

　　6月　入选山西省文物博物高级职称评审委员会专家库成员。

　　7月　与中国人民抗日战争纪念馆合作,举办了《为抗战吹响号角——中国共产党与抗战文化专题展》。

　　同月　与山西省国家安全厅合作,举办了《誓言无声英雄无名——太行国家安全馆专题展》。

　　8月　赴大同出席山西省展览交流与陈列艺术专委会成立大会,当选山西省展览交流与陈列艺术专委会副秘书长。

　　同月　专题展览《黄河在怒吼——八路军抗战文化专

题展》在江西南昌新四军军部旧址纪念馆开展。

9月 策划主编了山西襄垣县主题展览《上党战役陈列》内容大纲和设计方案。

10月 出席广西壮族自治区百色市邓小平革命纪念地学术研讨会,现场发表专题讲话。

11月 出席长治市委宣传部组织的长治市爱国主义教育(示范)基地改陈布展专家评审组成立大会,当选长治市爱国主义教育(示范)基地改陈布展评审专家组成员。

12月 赴南京出席中国博协陈列艺术委员会年会。

同月 赴长春出席中国博物馆协会展览交流专业委员会年会。

同月 《长治日报》记者潘银丽以《接过父亲的笔 谱写太行精神的壮丽篇章》为题,报道了党史军史研究、陈列布展专家李东光教授的先进事迹。

2021 年

2月 策划主编了山西沁县新军纪念馆《山西新军抗战史陈列》内容大纲和设计方案。

4月 赴新疆库尔勒民俗博物馆,出席大型巡展《八路军总部在太行》开展仪式。

5月 策划主编了沁县小东岭高级将领会议旧址纪念馆改陈布展大纲和设计方案。

6月 "学习强国"平台发表了《山西晚报》记者张文举撰写的长篇通讯《抒写太行精神的壮丽篇章》,报道八路军太行纪念馆党史军史与策展专家李东光的先进事迹。

7月 中央电视台《新闻联播》栏目,对党史军史专家李东光研究八路军和太行精神的先进事迹,作了专题报道。

同月 为庆祝中国共产党成立100周年,与中国人民抗日战争纪念馆合作,举办了《中国共产党与抗日根据地建设》专题展。

同月 专题展览《八路军总部在太行》在浙江嘉兴南湖革命纪念馆开展。

同月 专题展览《黄河在怒吼——八路军抗战文化专题展》在吕梁市博物馆展出。

8月 参与主编的长治市重点研究课题《长治老区在革命战争年代的历史地位和重要贡献》一书正式编印完成。

同月 赴北京红楼旧址纪念馆和天津平津战役纪念馆参观学习。

9月 出席长治市委宣传部在太行干部学院主办的长治市爱国主义教育(示范)基地改陈布展培训班,主讲《简述纪念类博物馆展览策划中的大纲编辑及版式设计》专题讲座。

9月 专题展览《在太行山上——庆祝中国共产党成立100周年抗战文物展》在八路军太行纪念馆展出。

10月 参与主编的《烽火中坚——八路军抗战将领》大型电子图书,由山西春秋电子音像出版社出版发行,荣获国家新闻出版总署颁发的第五届中国出版政府奖。

11月 出席山西省委宣传部主办的山西省爱国主义教育(示范)基地改陈布展培训班学习。

12月 策划主编了山西平顺县川底村农业合作社旧址纪念馆主题展览《初心映太行》改陈布展大纲和设计方案。

2022 年

2月　策划主编了山西黎城县广志山八路军后方医院旧址纪念馆改陈布展大纲和设计方案。

3月　赴首都北京参观中国共产党党史陈列馆。

4月　参与主编了山西平顺县申纪兰纪念馆《申纪兰生平事迹专题展》的内容大纲和版式稿设计,并赴平顺西沟申纪兰纪念馆考察学习。

5月　策划主编了山西武乡县圪垛庙冀南银行旧址纪念馆改陈布展大纲和设计方案。

6月　主题展览《八路军抗战史陈列》充实提升工程正式完工。

7月　参加上海大学文化遗产与信息管理学院举办的文物科技创新能力培训班学习,荣获结业证书。

8月　到省城各大专院校,主讲《解读"太行精神"》专题讲座。

9月　赴郑州出席第九届中国博物馆及相关产品与技术博览会和中国博协陈列艺术委员会年会。

同月　赴太原出席山西省档案馆组织的《山西珍品档案专题展》政采需求方案论证会议。

同月　参加长治市爱国主义教育示范基地管理人员培训班学习。

10月　策划主编了八路军前方总部后勤部西堡旧址纪念馆主题展览《八路军后勤工作纪实》陈列布展大纲。

12月　赴江苏苏州出席中国博物馆协会展览交流专委会年会。

2023 年

3月　　出席《中国共产党武乡历史陈列》内容设计方案评审论证会议。

4月　　入选国家文物局革命文物专家库成员。

5月　　赴太原出席中国现代史学会和山西师范大学联合主办的纪念八路军参战85周年暨山西抗战研讨会,参会论文为《八路军游击战在华北抗战中的战略地位和重大贡献》。

6月　　赴重庆出席重庆大学与长治市委宣传部共同举办的长治市宣传系统推动文化高质量发展专题培训班学习。同时考察了重庆大韩民国临时政府旧址纪念馆和重庆抗战遗址纪念馆,拜谒了台湾回归纪念碑。

7月　　赴内蒙古自治区首府呼和浩特出席《伟大精神引领伟大事业——中国共产党精神谱系主题展》开展仪式,"伟大太行精神专题展板"位列其中,格外醒目耀眼。同时参观了乌兰夫同志纪念馆和内蒙古博物院。

同月　　接受山西大学港澳台生暑期社会实践关于红色文化的集体采访。

同月　　中国红色旅游网发表了李东光撰写的《不朽的贡献　无尽的思念——为父亲李志宽先生诞辰90周年而作》回忆文稿。

8月　　出席《中国共产党武乡历史陈列》形式设计方案评审论证会议。

同月　　举办《中流砥柱——中国共产党抗战文物展》。

9月　　武乡县政协主编的《家乡之音》双月刊连载发表

了李东光撰写的《不朽的贡献　无尽的思念——为父亲李志宽先生诞辰90周年而作》回忆文稿。

同月　全国党史军史和策展专家李东光教授接受人民网记者田小丽的专家访谈。

10月　中国红色旅游网发表《山西晚报》记者张文举撰写的《抒写太行精神的壮丽篇章》长篇采访通讯,报道了八路军太行纪念馆党史军史与策展专家李东光教授的学术成果和先进事迹。

11月　出席广西柳州承办的中国博物展览交流专委会年会,并考察桂林"八办"纪念馆。

12月　赴北京出席中国博协陈列艺术委员会年会。专题学术论文《略述革命纪念馆的陈列形式设计》入编《中国博物馆协会陈列艺术委员会成立40周年纪念文集》。

本书主要参考书目

《世界反法西斯战争中的中国》   五洲传播出版社   2005 年 6 月版

《中国共产党组织史资料汇编》   红旗出版社   1983 年 4 月版

《中国共产党历史》（第一卷）   中共党史出版社   2002 年 9 月版

《抗日战争大事典》   学林出版社   2005 年 8 月版

《解读抗日战争》   解放军出版社   2016 年 1 月版

《抗日战争事件人物录》   上海人民出版社   1988 年 6 月版

《抗战精神》   中共党史出版社   2017 年 1 月版

《中华民族抗日战争全史》   中国青年出版社   2010 年 1 月版

《中国抗日战争史简明读本》   人民出版社   2015 年 5 月版

《中国抗日战争与第二次世界大战》   解放军出版社   2012 年 8 月版

《中国抗日根据地发展史》   北京出版社   1995 年 7 月版

《中共抗日部队发展史略》   解放军出版社   1990 年 10 月版

《中国人民解放军战史》   军事科学出版社   1987 年 3 月版

《中国人民解放军发展序列》   解放军出版社   1985 年 11 月版

《八路军抗战纪实》   人民出版社   2005 年 7 月版

《八路军战史》   解放军出版社   2011 年 4 月版

《八路军第 115 师战史》   解放军出版社   2017 年 7 月版

《八路军第 120 师战史》   解放军出版社   2017 年 7 月版

《八路军第 129 师战史》   解放军出版社   2017 年 7 月版

《八路军老战士口述实录》   中央文献出版社   2005 年 7 月版

后 记
HOUJI

公元1965年8月18日,我出生于山西省武乡县韩北镇西堡村的一个书香世家。祖父李玉金是闻名乡里的能工巧匠,也是全国劳模和著名农学家;祖母史改秀粗通文字,是村妇女识字班里的头名状元。父亲李志宽一生著书立说,是中国作家协会知名作家和全国抗日战争和太行精神研究专家;母亲暴素萍熟谙诗书,是品学兼优的乡村女教师。由于我出生在早晨,恰逢一轮红日在东方冉冉升起,普照万道光芒,撷取"东方之光"的寓意,起名"东光"。记得小时候父亲常给我讲:"孩子,在武乡想以文化谋生,吃历史这碗饭,你要研究和精通两个文化品牌,一个是历史上出过石勒皇帝,另一个就是抗战时期住过八路军。"我人生奋斗的轨迹基本就是遵循父训,朝着这两个研究方向发展的,而且刻苦钻研,学有所成,成果丰硕,独占鳌头,在中国文化史上谱写了闪光的篇章。

漫漫人生之路,步步含辛茹苦。1988年大学毕业后,我被分配到八路军前方总部驻地王家峪村的红星杨中学担任语文教师,当时恰巧武乡县教育局新成立的史志办,组织编写《武乡老区教育史》，急需历史研究的专业人才，所以我就被借调到县教育局从事教育史编研工作，这是我梦想起飞的人生驿站。同年9月3日，中央军委在八路军太行纪念馆举行了隆重的开馆剪彩仪式，许多中央首长莅临大会，当时我很荣幸出席了这次盛会，面对雄伟而庄严的红色殿堂，八路军英勇抗战的光辉历史深深地触动和感染着我青春的心灵，我当时就暗暗发誓，有朝一日一定要迈入八路军太行纪念馆的门槛，从事八路军抗战历史和太行精神的专题研究与展示工作，为传承红色基因，赓续红色血脉，实现中华民族伟大复兴汲取和铸就生生不息的精神力量，实现我人生奋斗的最高理想。

古往今来，多少文人墨客吟诗作赋、著书立说，笔耕千秋伟业，名震天下，流芳青史。所以编史修志是利在当代、功垂千秋的大事。1990年春夏之交，我按照父亲的意愿调入武乡县史志研究室从事地方史志编研工作，这是我历练成长的人生舞台。俗话说，十年磨一剑。在史志办辛勤笔耕的10年时间里，先后编研出版了《武乡曲艺志》《武乡戏曲志》《武乡财政志》等专业史志图书；执编出版了《中共武乡简史》《中共武乡历史大事记》（新民主主义时期）以及武乡历史文化名人《武光汤文集》《高沐鸿诗文集》。这段时间我最辉煌的成就是，历经千辛万苦，研究撰写了中国历史上第一部抒写魏晋南北朝少数民族帝王的长篇历史传记《从奴隶到皇帝——石勒传》，当时轰动了国内外史学界，《长治日报》以通栏标题《千年梦圆》率先报道了这件大事；《山西日报》发表书评"《石勒传》是中国历史上第一部全面描述石勒皇帝传奇生涯的长篇历史传记"；《光明日报》给予了高度评价：

"《石勒传》开创了研究出版中国少数民族皇帝的先河,填补了中华民族历史研究的空白,是中国史学界具有里程碑意义的大事。"这部书与后来研究出版的长篇历史传记《汉赵枭雄——刘渊传》,被史学界称作是"研究中国少数民族皇帝生平业绩的绚丽双星"。

在从事地方史志工作的同时,依然不忘初心、牢记使命,钟爱和执着于八路军抗战历史的研究和编写工作。1995年是我八路军研究成果出精品的高峰期,恰逢纪念全民族抗战胜利50周年和联合国世界妇女大会在北京召开。我连续编著出版了《邓小平在太行拾录》《太行烽火铸女杰》《国际主义医士之光》等专业研究著作;纪实散文代表作《报界女杰》发表在《人民日报》文学副刊,荣获全国青年文学与道德暨创作研讨会一等奖;党史军史论文《略论八路军总部和驻各地办事机构的关系与作用》,荣获庐山全国纪念抗日战争胜利50周年大奖。

伟大导师卡尔·马克思说过:"在科学上没有平坦的大道,只有不畏艰险沿着崎岖山路攀登的人,才有希望到达光辉的顶点。"2001年春天,巧遇八路军太行纪念馆二期扩建工程急需军史研究和写作人才,永远铭记和感激魏国英馆长的伯乐之恩,把我从史志办抽调到八路军太行纪念馆,专门从事八路军抗战历史编研和撰稿工作。如果形容我当时的心情,那就恰似天马行空、蛟龙戏水,真正到了我魂牵梦绕的人生圣地,圆了我日思夜盼的光荣梦想。初来乍到,由于编研人员奇缺,不分科室,无论是历史研究、展览展示、宣传教育、文物保护和后勤保卫方面的专业文稿,还是单位领导的论文和讲稿,都有我一个人主笔撰写,真正成了脚蹬锣鼓手打铙的多功能复合型写作人才。在这块八路军鲜血染红的红色殿堂里，我潜下心来长期从事八路军抗战史和太行精神研究展示以及抗战题材的文学创作工作。期间，重点主撰出版了国家出版基金项目大型文献图书《八路军》和《烽火中坚——八路军抗战将领》，两部书双双荣获国家新闻出版广电总局颁发的中国出版政府奖；执编出版了《"八路军抗战史陈列"图集》《"八路军抗战史陈列"解说词》《八路军纪念馆精品文物故事集》《八路军将领传略》《八路军将领故事集》等10余部重点图书；主要文学和学术专著有纪实散文集《太行诗魂》《抗战时期中共中央北方局研究》《山西抗战中的国际友人》《八路军抗日英雄传》《八路军太行纪念馆研究与展示》等9部；学术论文《邓小平经济改革思想探源》，荣获山西省委宣传部、山西省委组织部、山西社科联、山西省委党校联合颁发的优秀论文奖。

在长期的工作实践中，我深刻认识到陈列展览是博物馆的灵魂和品牌，也是整个博物馆工作的展示窗口和宣传阵地，更是博物馆研究、文保、宣教等其它业务部门的重要纽带和展示平台。所以在研究八路军抗战历史的同时，我就全身心地投入了八路军抗战历史的策展工作，先后策划主编了《八路军抗战史陈列》《八路军将领陈列》《八路军总部在太行》《八路军抗战文化掠影》等主题展览，其中专题展览《八路军总部在太行》被中宣部和国家文物局推荐为全国巡展重点项目工程；专题展览《八路军抗战文化掠影》被列为山西省"太行精神进高校"的重点宣讲展览；主题展览《八路军抗战史陈列》荣获全国第七届博物馆陈列展览十大精品评选特别奖和全国第五届环境艺术最佳范例奖。另外，还重点策划执编设计了《太行精神光耀千秋》《中国妇女与八路军抗战》《少数民族与八路军抗战》《港澳台同胞与八路军抗战》《海外华侨与八路军抗战》《国际友人与八路军抗战》《山西抗战历史陈列》《巍巍太行——长治抗战历史陈列》等大型专题展览，其中《太行精神光耀千秋》先后在北京、哈尔滨、长沙、重庆等地隆重展出，受到党和国家领导人和全国策展专家的高度好评。

辛勤的工作和无私的奉献，终于取得了丰硕的成果，赢得了崇高的荣誉。记得2014年厦门博博会，我同时当选为中国博物馆协会陈列艺术委员会、展览交流委员会和传媒专业委员会的全国委员；后来担任了山西省博物馆协会展览交流与陈列艺术专业委员会副秘书长；还被长治市委宣传部特聘为长治市爱国主义教育示范基地改陈布展评审专家组成员。特别是当选中国博物馆协会陈列艺术委员会委员，也是山西省纪念类博物馆唯一的全国委员，我的心情非常激动，因为这是中国博物馆陈列艺术界的最高荣誉，就像世界影视界夺得"奥斯卡"金奖一样的心情，凭着自己的辛苦拼搏，终于登上了中国博物馆陈列艺术的荣耀巅峰，真正实现了从八路军抗战史研究与展示普通从业人员锤炼成炉火纯青的党史军史专家和博物馆策展专家的人生嬗变和跨越，这不仅是标志我个人策展能力和水平的重要荣誉，更是八路军太行纪念馆在全国博物馆界的无限荣光。

作为全国凤毛麟角的高级策展专家，我倍感使命光荣、责任重大，于是便马不停蹄地奔走于全国各大博物馆、纪念馆，应邀出席各类博物馆、纪念馆展览工程招投标、展览大纲评审、设计方案论证以及展览工程验收等重要会议，还经常出席全国各类博物馆、纪念馆学术研讨会，与全国顶尖策展专家欢聚一堂，切磋展陈艺术技巧，聆听博物馆展陈大咖的陈展秘籍，把自己的策展实践撰写升华为别具一格的策展理论，在全国重要博物馆会议上作策展专题讲座，其中有的策展专业论文还发表在《中国文物报》《中国博物馆》《陈列艺术》《文物天地》《博物馆管理》《策展研究》等文博界国家级中文核心期刊，从此在全国文博界名声大振，蜚声博坛，我为跻身为他们中的一员，感到无比自豪与骄傲。同时还亲自操刀撰写博物馆、纪念馆展览文案，包括展览内容大纲和展陈设计方案，先后主撰完成了《八路军前方总部后勤工作专题展》《八路军新闻工作专题展》《冀南银行行史专题展》《山西新军抗战历史陈列》《国共两党小东岭高级将领会议专题展》《八路军后方医院在太行》《上党战役历史陈列》《中国第一个农业生产合作社川底专题展》等重要展览项目的展陈内容大纲及形式设计方案，为革命老区展陈事业和八路军文化展示宣传，作出了特殊的历史贡献。功成名就之后，我就想着到全国各地主讲《解读"太行精神"》和《简述纪念类博物馆展览策划中的大纲编辑和版式设计》等重要讲座，继续为八路军抗战历史和伟大太行精神的研究与展示工作，奉献自己的光和热，作出自己新的更大的贡献。

当精编《八路军太行纪念馆研究与展示》书稿接近尾声的时候，我倏然想起苏联著名作家奥斯特洛夫斯基《钢铁是怎样炼成的》主人公保尔·柯察金说过一句名言："人的一生应该这样度过，当你回首往事时，不因虚度年华而悔恨，也不因碌碌无为而羞愧！"等到耄耋之年回眸人生往事的时候，我会庄严地向全世界宣告：我把人生的所有精力和整个生命,都全部无私地献给了"八路军抗战历史和伟大太行精神的研究与展示"这一最辉煌壮丽的事业之中。俗话说:纸笔千年会说话。八路军抗战是中国人民反抗外族入侵的永远的正义之战,是千秋万代永恒的伟大历史壮举,如果现在正在和将来即将从事八路军抗战历史研究与展示工作的同仁们,能从中汲取到八路军抗战文化的磅礴力量,以及研究与展示八路军抗战光辉历史的真知灼见,这便实现了我编著出版《八路军太行纪念馆研究与展示》这部书稿的初心和使命。

2023年12月18日
于城西竹园别墅